社会语言学构建研究

潘巍巍　著

西北工業大學出版社

【内容简介】本书是北京高等学校青年英才计划项目（Beijing Higher Education Young Elite Teacher Project）（项目编号：YETP1742）的阶段性成果。全书共分九章，从语言学、社会学以及交叉学科审视社会语言学的建构体系。语言是一种社会行为，是一种社会事实。强调语言变化中存在着社会文化因素的巨大作用，从社会的角度出发来观察和解释语言现象是本书的基本出发点。同时本书以大量的、丰富的语言材料作为基础，运用语言学理论通过对语料的分析与统计，试图得出较为合理有效的结论，并且从边缘学科或交叉学科角度建构语言这种复杂的有机构成。本书系统介绍了国内外社会语言学研究的历史与现状，展示了中国社会语言学的基本研究方向和主要成就。本书还就研究背景、研究价值和发展方向等对一些文章进行了客观评析，以帮助读者深刻理解有关内容，还提供了本学科的主要文献索引。

图书在版编目（CIP）数据

社会语言学构建研究/潘巍巍著.—西安：西北工业大学出版社，2015.11 （2025.1重印）

ISBN 978-7-5612-4669-6

I.①社… II.①潘…III.①社会语言学—研究 IV.①HO

中国版本图书馆 CIP 数据核字（2015）第 289593 号

出版发行：西北工业大学出版社
通信地址：西安市友谊西路 127 号　　邮编：710072
电　　话：（029）88493844　88491757
网　　址：www.nwpup.com
印 刷 者：北京市彩虹印刷有限责任公司
开　　本：710 mm×1 000 mm　　1/16
印　　张：12.5
字　　数：211 千字
版　　次：2015 年 11 月第 1 版　　2025 年 1 月第 2 次印刷
定　　价：42.00 元

前　言

到底什么是“社会语言学”，如何定位“社会语言学”，这些问题从该学科兴起到现在，人们一直争论不休。随着各种专著、教材的出版及学术论文的发表，这个问题不但没有解决，反而越来越呈现出大家“各执一词”的趋势。在20世纪70年代初，著名人类学家及语言学家海姆斯(Hymes)就曾说过：对于不同的人来说，“社会语言学”一词有着各种各样的理解，因此当然不会有谁对其定义拥有专利(吕叔湘，1980) 。我们必须认识到海姆斯诊断的正确性：不同的人抱着不同的目的从不同的角度出发，对于同一问题的认识是会有不同的侧重点的，也必然会产生不同的理解，这是无可厚非的。但对于一名社会语言学的研究者而言，无论是从专业发展的角度还是从学术研究的角度来说，都要求我们必须对社会语言学的定义有一个清晰的、准确的认识。如果我们对于该学科的定义都不能有一个明确认知的话，那是不利于对该学科进行更深入地分析与研究的。由此，本人在北京高等学校青年英才计划项目（Beijing Higher Education Young Elite Teacher Project）（项目编号：YETP1742）的资助下，尝试从多视角度构建社会语言学这门学科。全书共分九章，主要从三个方面入手探讨社会语言学。

首先，从语言学学科角度看，在进行社会语言学研究时必然要以大量的、丰富的语言材料作为基础，通过对语料的分析与统计得出合理有效的结论，这就要求研究人员必须经过专门的语言学训练，具有扎实的语言学基本功。因此，许多语言学者把社会语言学定位为语言学，将其作为语言学的一个分支。

其次，从社会学学科角度看，语言是一种社会行为，是一种社会事实，强调语言变化中存在着社会文化因素的巨大作用，并认为普通语言学的伟大任务就是要确定一定的语言结构和与什么样的社会相对应，因此，人们也习惯从社会的角度出发来观察和解释语言现象。

再次，从边缘学科或交叉学科角度看，社会语言学就是为了适应作为社会现象的语言这种复杂的有机构成而兴起的一门边缘科学。它既不是单纯意义上的社会学，也不是单纯意义上的语言学(陈原，2000)。苏联尤尼斯·D.德舍里耶夫也持相同观点，认为社会语言学不仅仅属于语言科学的范围。

它诞生于其他学科之间，是一门学科际的学科(郭熙，1999) 。在以上各方据理力争，成鼎足之态势时，还有一些学者采取了回避的态度，不明确指出社会语言学的定位，而安于一种笼统、模糊的论述：“把语言学和社会科学各学科的研究方法和成果运用于研究社会语言的学科总称。”(哈特曼等，1981)

从上三个角度我们可以看出，论争的交点主要在于“社会语言学”与语言学及社会学到底是个什么关系。但是，语言与社会本来就存在着复杂而密切的关系，二者不是一清二白、截然分明的。社会语言学研究的切入点又是必须同时考虑语言与社会的双方面因素：研究语言现象要考虑社会现象并寻求这种现象出现的原因；研究社会现象又必须以语言的变异为佐证。这种你中有我、我中有你的现实就使得这种划分难以得到统一的认识，这也正是有些语言学家绕开这一点来给“社会语言学”下定义的原因所在。鉴于此，本书首先要从社会语言学的研究对象——对于语言的认识入手。

著 者

2015 年 9 月

目　录

第一章　认识语言

语言并不存在于真空，是用人们习惯通过的记号、姿势、符号，特别是音节分明的口头声音交流思想和感情的工具，是人类思维的外在表现。本章通过介绍语言的起源，阐述语言的社会性、交际性与工具性等本质属性及语言的社会功能，进而总结英语的形成、统一、扩散和发展的过程及汉语“七大方言”的形成、发展历程及主要分布区。在世界语言谱系的理论基础上，概括世界语言的分布规律，然后分析自然环境和社会人文因素对语言传播的影响，并引用实例分析语言扩散带来的影响。

第一节　语言的起源与发展

语言是无形的文化要素，没有直接的痕迹，因此只能依靠间接的证据来推测语言的起源问题，如研究幼儿学习语言的过程、比较人与动物发声器官的区别、辨别化石头骨中留下的大脑和发声器官的痕迹，以及对人类祖先早期生活情况的推测等。

人类学家研究发现，在36亿年的生物史中，猿类出现后经过1 800万年的进化，才产生了人类的语言。人类的语言经过近 200 万年的进化后，才出现了记录它的文字。一般认为，劳动是语言产生的唯一源泉，没有劳动就没有语言。声音和意义是语言的两大组成部分，语言的产生必须有足够的声音材料和意义要素。声音材料和意义要素都是在劳动过程中形成的。劳动使类人猿的前肢和后肢逐渐分工，后肢直立行走使人的肺部和声带得到了发育，能够连续发出许多高低不同的声音。声音的产生，奠定了语言产生的基础。人的直立行走，使之可以自由地观察周围的一切事物，扩大了视野。由于劳动，人类才能获得各种各样的食物，增加了大脑的营养，促进了大脑皮层的形成，为人类意识的产生准备了物质条件。手在劳动中的各种活动及与外界各种事物的接触，促进了神经系统的反应机能，锻炼了区别和认识这些事物的能力。制造工具，事先要在头脑里有一个蓝图，包括制作工具的材料、手段、过程及工具的式样，并能预见劳动的成果。总之，人类的劳动，促进了神经系统的发达，促进了思维的产生。思维的产生和发展过程就是语意的形成和完善过程。有了语意，借助于声音对其进行表达和传播，就产生了语言。

在语言的起源问题上，有一源论与多源论的对立。一源论认为，人类语言同出一源，尽管世界上各种语言差异纷呈，这些差异都是后来发展的结果。世界语言同出一源，它们之间有亲缘关系，彼此都是亲属语言。而多源论则认为，世界语言的来源不只一种，如很多欧洲学者坚持认为印欧语无亲属语言。双方都在寻找各自的证据，但均未成定论。

第二节　语言的本质属性及社会功能

（一）语言的本质属性

关于语言，有着各种不同的定义。例如韦伯斯特将语言(language) 定义为“用习惯的记号、姿势(旗语、手语等) 、符号，特别是音节分明的口头声音交流思想和感情的工具”；又如《辞海》中的“语言”定义：语言是以语音为物质外壳、以词汇为建筑材料、以语法为结构规律而构成的体系。这些定义都指出了语言的基本功能，即语言是作为一种表达思想、促进交流的工具。

语言的重要属性就是“人类社会最重要的信息交际工具”，可以概括为以下三点。

1．社会性

语言是社会约定俗成的，是所有成员以不同形式参与、约定和服从这种约定的结果。语言依赖于社会，社会也同样需要语言。失去了语言，社会的发展就会受到极大的限制，人们的思维活动也难以完整地表达，人们的生产和生活活动也就难以协调。

语言的社会性还表现在语言中语音和语意间的结合是由社会所决定的，是约定俗成的东西，两者并没有内在的联系。同一种事物可以用不同的声音、不同的词语来表达，如“书”汉语的发音为[shū]，而英语的发音则为[buk]，同样，同一种声音可以表示不同的内容，如汉语中[lèi](累)指的是“疲劳”，而在英语中则表示“躺”的意思。至于人们为什么用[lèi]这种声音意指“疲劳”，这并没什么内在联系，只不过人们都这样说，使之具有了一定的社会性而已。

2. 交际性

语言的存在价值就在于交际。语言首先是适应人们的交际需要而产生的，离开了这种交际需要，语言也就没有存在的必要。语言不是唯一的交际工具，但却是最主要的交际工具。手势、烽火、鼓声、数学公式、化学符号、红绿灯等等，都可以成为交际工具，而且在特定的条件下，这些交际工具非常有效，但它们只是建立在一定基础上的语言，或者说是语言成分的代用品。它们不能取代服务面极广的语言，相反，语言则完全有能力取代它们，来应付社会非常复杂的交际需要。

3. 工具性

语言是人类的一种思维工具。语言不仅是一种现实的意识，同时也是一种思想的直接现实。人们不但在交际时需要语言，而且在进行思维活动时同样需要语言。思维是人的大脑对现实的抽象反映活动，它必须用词和句子来进行，没有词和句子，人类的抽象思维就不能进行，因为精神活动必须用物质的东西做手段。人的思维活动的成果也必须用语言表达出来，使交流思想成为可能，使听者或读者产生与思维者同样的思想，人在沉思默想的时候也不能脱离语言，只不过这是别人不易觉察的无声的“语言”罢了。当然语言也不能离开思维，如若没有思维活动，没有思想，那么，语言作为思想的交流工具就不会存在。

(二) 语言的社会功能

通过语言，人们可以交换意见，把自己的经验教给别人；或者使彼此的经验在交流中逐渐完善，成为社会成员可以共享的财富。通过语言，人类在实践中获得的习得经验就可以被继承下来，扩散出去，得以延续和发展。可以说，没有语言就不可能有文化的继承和传播。

1. 语言是人类认知交流的媒介

语言是人类认识世界的中介。如果没有语言，思想、认识和经验等都失去了重要的媒介。人类无法进行相互交流与沟通，无法实现信息共享，当然就会阻碍社会发展及人类文明的进程。

2．语言是人类进行智力开发的工具

语言与人的智能活动密切相关。语言能力的获得是人类进化的关键。人的智力和素质在很大程度上表现为语言思维和表达。

3．语言是人类文化传承的载体

在没有文字出现之前，通过语言这个载体，人类在实践中获得的习得经验才可以通过一代代人的口传身授保留下来，历史才能够得以传承和延续。有了语言记录，民族特色的文化精华才能在共时的空间中更广泛地传播。

4．语言是民族心理的寄托

共同的语言被视为辨别一个民族的基本特征之一，是构成民族特征的重要部分，并成为民族心理的寄托。语言在长期的使用过程中，被赋予了丰富而深厚的民族文化内涵。

5．语言是促进生产力发展的工具

从信息革命的角度看来，任何信息手段(如文字、印刷术、电报、电话、电视、电子计算机等) 的创造和发明都是语言功能的延伸，都表现了语言在以不同的形式促进着生产力的发展。

第三节　语言的发展

语言在产生以后，随着自然条件及社会政治经济的变迁等因素，也一直处于不断的发展变化之中，但是与其他人文要素相比，语言的发展变化是一个长期而缓慢的渐进过程，是人类心理上比较稳定的因素。语言的发展一般都是随着人群的接触和移动而产生的。各种语言在接触过程中也相互融合，取长补短，以更好地适应社会需要。本节主要介绍世界上最重要的语言——英语的发展历程。

目前，英语是最重要的国际语言。虽然在英国说英语的只有 5 500 万人，但在英国以外，说英语的却有 3.7 亿人，再加上将英语作为第二语言与官方

语言的，则超过 10 亿人，占世界人口的 20%以上。

（一）英语的形成和统一

在大不列颠岛上有史料可查的最早语言是凯尔特语，大约在公元前 500 年左右。公元前 55 年，罗马人入侵大不列颠，并一直占领了大约 500 多年，因而使拉丁语进入了该地区，并称为官方语言，凯尔特语的地位下降。大约公元 449 年，居住于丹麦与德国北部的 3 个日耳曼人部族趁罗马帝国衰落入侵到大不列颠岛上。他们分别是盎格鲁人(Angles，往日德兰半岛中部)、萨克逊人(Saxons，往日德兰半岛南部) 和朱特人(Jutes，往日德兰半岛北部)。他们分别到达英格兰的中部、西南部和东南部。在语言上，他们取代了当时该地所使用的凯尔特语。

这三个日耳曼部族方言随着社会发展，逐渐融合为一种新的语言，即盎格鲁－萨克逊语(Anglo-Saxon)，这就是后来形成的英语的基础。到公元 700 年，人们把大不列颠岛上三部族混合形成的语言称为 Englisc。到公元 1000年，岛上整个国家被称作 Englaland。这两个词后来就演变成 English(英语) 和 England(英格兰或英国)。

8 世纪末，丹麦人大批入侵英国，在其东北部建立丹麦区，这种活动延续了近 300 年，他们所带来的斯堪的那维亚语对英语的发展有很大影响。

公元 1066 年，法国的诺曼蒂公爵侵入英国，并加冕为英国国王，建立了诺曼蒂王朝，一直延续到 1154 年。在诺曼蒂王朝统治期间，英国实际上存在着三种语言，法语是官方语言；拉丁语是宗教语言，用于阅读圣经、教堂宗教活动；英语则是下层社会劳动者用的世俗语言。法语在英国的特殊地位一直延续到 14 世纪，法院、学校、宫廷分别于 1362 年、1385 年和 1399 年才停止使用法语。1382 年用英语书写的圣经出现，才结束了拉丁语的宗教语言地位。这时英语才成为英国的全民语言。因此英语中保留着大量的法语词汇(如 age，air，brush，cry，bourgeoisie) 和拉丁语词汇(angel，candle，moke，pope)。

在“文艺复兴”时期，人们对古代希腊、罗马文化开始表现出浓厚的研究兴趣，英语又吸收了大量古代社会及当时欧洲大陆文化精华，词汇量大增。例如来自希腊语的 geometry，astronomy，botany；法语的 comrade，alloy，surpass；西班牙语的 banana，cocoa，mosquito；意大利语的 violin，piazza。

18 世纪后，英国的工业革命兴起，对殖民地的争夺使英语随着帝国的发展走向世界。英语在与各地交往中吸收大量新词汇。如来自非洲的 zebra，chim-pazee；来自印度的 cashmere，shampoo；来自汉语的 tea，litchi；来自澳大利亚的 kangaroo，boomerang；来自西印度群岛的 cannibal，canoe。

殖民地的发展与向海外的大量移民，英语亦从其本土向国外传播。目前在英国以外，把英语作为母语的国家有爱尔兰、美国、澳大利亚、新西兰、圭亚那，在加拿大大部分人说英语；把英语作为官方语言的国家有尼日利亚、加纳、肯尼亚、乌干达、坦桑尼亚、赞比亚、津巴布韦、南非、新加坡、印度、菲律宾等国；作为第二语言的有丹麦、芬兰、瑞典、挪威、冰岛等国。英语逐渐发展成为一种世界语言，在外交上的地位也取代了法语，成为今天世界政治、经济、科技、文化交流最重要的语言。

英语也像其他语言一样，由于历史与地域的差异而出现差异。在英国本土，由于原来由日德兰半岛来到大不列颠岛的盎格鲁人、萨克逊人、朱特人分别定居于不同地点，这就使英语的发展在起始时期就出现地域差别。

随着工业与城市的发展，首都伦敦不仅成为全国最大的城市，而且也吸收了国内各方言区来的居民，各种方言相互融合，以伦敦地区作为全国文化中心的牛津和剑桥所用的语言便成为英国的标准语，再通过广播和电视向全国及国外传播，使国内语言及海外英语逐渐统一。

（二）英语的扩散和发展

继 15～16 世纪西班牙、葡萄牙、荷兰海外扩张之后，英国在与这三个早期帝国的争夺和与法国的竞争中，依靠其国内资本主义生产的绝对优势，17 世纪一举夺得海上霸主，发展为独一无二的世界帝国。早期英语在世界范围内的海外扩张跟英国的海外殖民地征服是同步进行的，英语在世界范围内的扩张可以划分为四个阶段。

1. 英语在美洲、大洋洲等的殖民

第一阶段始于 16 世纪末至 17 世纪初，英国主要殖民势力进入美洲、大洋洲和西印度群岛，并建立“第一英帝国”。

17 世纪，奴隶贩子把洋泾浜英语(pidgin) 带到美国的南部和加勒比海地区，而他们的第二代移民又将其发展为克里奥耳语(creole) 。1776 年美国独立后，许多亲英人士又从美国移民到加拿大。

加拿大和英语的首次接触虽然最早可推溯到 1497 年，然而，英语沿大

西洋海岸向北的迁徙直到一个世纪以后才得以发展，是农业、渔业和皮毛贸易业吸引了大批讲英语的殖民者(王昺，姜芃，2008) 。1608 年，法国人开始在魁北克建立定居点，随即向内地扩张，导致法语也出现在这片大陆。因此，英法两种语言一直冲突不断。

澳大利亚的英语传播从 1788 年到 1852 年开始。为了减缓英国本土监狱拥挤的压力，大量英国社会底层的流放犯被转移到澳大利亚(Fennell，2005) ，他们构成了澳大利亚初期移民人口的主体，随后又有大批从英格兰、苏格兰和爱尔兰的自由移民来到澳大利亚寻找谋生机会，他们的混合方言受到澳大利亚土著人方言的影响，形成特有的澳大利亚英语变体。

英语在新西兰的传播较晚。从 1790 年到 1885 年，欧洲商人从各地来到新西兰做生意，他们的混合方言受到新西兰当地毛利语(Maofi) 的影响，形成新西兰英语变体。这些美国英语、加拿大英语、澳大利亚英语和新西兰英语形成了“新大陆英语”变体, 在相当大的范围内带来了世界英语的变化和发展(颜治强，2002) 。

2．英语在亚洲和非洲的殖民

大英帝国从 17 世纪末开始，对亚洲和非洲进行大规模殖民。

在亚洲，英语是 18 纪后半叶被引进南亚次大陆的，特别是 1835 年英国的教育体制被引进印度后，英语就成为印度教育领域的语言，即使今天英语仍然是印度的协助官方语言，并且经历了印式化的过程，已经像美国英语和澳大利亚英语一样具有自己的地方特色。英语在东南亚和南太平洋的影响始于 18 世纪后期的航海探险，主要地区是新加坡、马来西亚、中国香港和菲律宾群岛，这些英国的保护领地使用的全是“洋泾浜”英语。这些世界英语有其共同的历史渊源以及与英语或美语文化的密切关系，使得语言学家很难将它们进行分类。但是，这些世界英语有其各自的特点，特别是有各自独特的口音，另外在词汇的习惯用法、语法和语篇策略上都与标准英语有明显的区别，构成了今天的“新型英语”种类，这是世界英语形成和发展中的一个组成部分(颜治强，2002) 。

非洲殖民地的英语主要分“南非”“西非”“东非”和“北非”。随着 1795 年英国对好望角的占领，英语也进入了南非。由于南非之前被荷兰殖民，所以英国占领后立即采取同化政策，在法律、教育和公众生活的大部分领域中都开始使用英语。1814 年英语已成为殖民地的官方语言(Kamwangamalu，2002) 。不过，荷兰移民与英国移民时而相互争夺，时而又相互勾结。就这样，经过无数次的兼并与反兼并，1910 年，南非组成联邦后，确立荷兰语和英语共为其官方语言。西非的英语与奴隶贩卖时的“洋泾浜”英语和克里奥耳语的发展有关，由于当时的英国商人不定期地来来往往，与当地说着各种土著方言的居民做生意，他们之间就用混合英语进行交流。直到今天英语在西非已建立一定的官方地位后，当地居民仍然用“洋泾浜”英语作为他们的第二语言。东非与西非的殖民情况完全不同。虽然 1888 年，英帝国东非公司成立，随后建立了殖民地保护国体系。但是，欧洲其他国家(德、法、意) 也和英国争夺控制权，而且这个时期的殖民扩张一直沿袭斯瓦西里语的传统，对英语在东非扩张的意义不大。情况的改变是在第一次世界大战以后，大批的英国移民在东非定居，出现许多侨民和非洲出生的白人，尤其在 19～20 世纪之交，许多传教士将英语带到这里，也将英国英语的模式带到了学校。这样，出现了大量的以英语为基础的变体(Josef Schmied，2006) 。英国的殖民对于北非埃及的影响从 19 世纪 80 年代开始，英国占领埃及之后，埃及的贵族阶层虽然依旧对法语情有独钟，但英语也取得长足进展。尤其在两次世界大战期间，英国政府上下齐心合力致力于扩大英语教学在埃及学校中的影响。

3. 工业革命与英语的规范化

起始于 18 世纪后半叶并一直延伸到 19 世纪中叶的工业革命是英国历史上一个重要时期。这是英国社会结构发生巨大变化的时期。工业革命给英国社会带来的不仅仅是生产方式的巨大改革和技术上的革新与进步，它的影响渗透到英国社会的各个方面，尤其是再次引发了对英语本体地位的进一步规化与推广。

鉴于工业革命时期，英国经济迅速发展，国力迅速增强，大英帝国的影响力开始蔓延到世界各地，而英语也随着大不列颠日不落帝国的士兵和商人输出到亚、非、拉美等世界各个角落，向全球性语言迈进。语言学家们认为，当前英语已成为一个拥有巨大的词汇，富有表现力，具有强大生命力的语言，为了更好地提升英语在世界范围的推广力度，创新已不是推广之根本，而将英语规范化、普及化才是第一要务。

那么何为语言规范化？语言的本体规化主要包括语音的标准化、文字和词汇的标准化、语法的标准化等等。而所有这些规划措施中，“定”即规定、规范化是本体规划的关键所在。因此，当时的语言学家提出规范英语、使语言纯洁化对于英语的推广做出了重大的贡献。

为了界定英语的正确用法，并且尽可能把它巩固下来，在推广机构方面，斯威夫特在1712年提出了建立一个英格兰国家学院的设想，旨在通过这个监督机构，对语言中的问题作出裁决，遏制语言中的不规范用法，将英语中的短语规范化。

在语法、词汇标准化方面，约翰逊在1755年出版的《英语辞典》是工业革命时期在语言规范化方面最重要的一本辞书。它给所收的每个词都下了准确、清晰的定义；把所收的每个词的拼写固定了下来；从英国各时期文学作品里引证了大量的例句来说明词义和词的用法。在其问世后的数百年来，它一直是有关英语语言的一本权威性词典。它对于英语的书面语、惯用法和拼写法这几方面所起的稳定作用比其他任何著作都要大，为《牛津英语大词典》的编著打下了结实、牢靠的基础 (颜治强，2002) 。

在英语发音的规范化方面，谢里登1780年出版的《英语语音普通字典》是有关标准化发音的重要著作。他在推广英语规范化发音方面做出了巨大的努力。他曾说过:“总的来说，如果此类词典和语法得以出版，它们必须很快为教英语的学校采用。用同一方法，同一套系统规划教育学生，其结果是他们的发音就会统一。因此，生长于不同地域的人们及其他们的后代将不再说不同的方言，从而成为说同一语言的英王的臣民。这些人将会重新获得生而具有的用同一语言交流的权利，这一权利曾被剥夺太久，转而成为少数人的特权(Sheridan，1995)。”这套标准规约语言的正确用法，其中的规范化发音可在以英语为母语的国家通用。今天，为操英语的人们特别是英式发音的人们所熟悉的RP发音，与起始于工业革命时期的这一规范化大潮有密不可分的联系。应该说，谢里登等人所大力倡导的英语发音规范化标准已经确定，并在世界范围里传播和推广，英语能成为一个逐渐被世人公认的国际性语言在一定程度上要归功于这一场规范化革命。

但纵观英语发展史，每一历史时期的规范语言要绝对非地域化、中性化是难以做到的。规范英语的基础带有浓厚的地域和阶级色彩。从语言学角度来看，工业革命时期英语发音规范确定遵循的是规约性传统。语言规范原则的确定受掌握确定规范权的学者们的主观意愿左右,非理性，非始终如一，并带有那个时代的阶级偏见。然而，规范语言有明显的好处，有一个大体上一致划一的发音，有助于不同地区的人们用英语进行交流，促进了英语在世界范围内的传播。

4．20 世纪以后英语霸权的全球再扩张

辉煌了一个多世纪的“日不落”大英帝国在 20 世纪上半叶逐步走向衰落，其殖民体系也最终瓦解。英语本应伴随大英帝国的衰落而衰落。然而，从大英帝国中独立出来的前殖民地，由于没有经历欧洲民族国家自然形成的过程，大多存在多种族多语言的矛盾，并且在建立新的国家过程中，由于英帝国遗留下来的国际边界、政府机构、经济方案、法律和语言等诸多问题，使它们很难一切从头开始，因而它们大都选定英语为官方语言或官方语言之一。尤其是美国作为世界超级大国在 20 世纪的兴起，对英语霸权的发展是至关重要的一步，这意味着英语作为地理平台语言的霸权地位在世界各地的延续与进一步加强。正如 Graddol(1999) 所说，如果没有美国兴起，那么英语的地位将会随同大英帝国的衰落而衰落，就像原来的欧洲殖民强国语言如葡萄牙语和荷兰语一样。

(1) 英殖民体系的瓦解和语言政策的转变。1914 年至 20 世纪初，殖民国家及殖民地已占全世界 85%的陆地面积。各国的殖民地分布是不均衡的，除了实力仍然强大的英国和法国外，早已衰落的西班牙、葡萄牙仍然掌握着大片的殖民地，而新兴的美国、德国、日本和意大利这些国家只占有一些面积不大、资源贫乏的“剩余地区”。随着争夺殖民地的手段趋于激烈化，各主要殖民国家在 19 世纪末至 20 世纪初相继卷入一系列外交和军事冲突，爆发了两次世界大战。

第二次世界大战结束后，旧的殖民体系被打破。许多英国殖民地纷纷独立，他们的信仰发生了动摇，不再相信帝国的神话，尤其是亚非民族独立运动使英国面临最严重的挑战。而英国在二战结束时，也已从资力雄厚的债权国沦为一个欠债 37 亿英镑的负债国，财力耗尽，出现内忧外患的局面。这时，国际的新格局逐渐形成，美苏在二战后期以及 20 世纪 50 年代对殖民地问题直接过问，这更大大削弱了英国的国际地位。

在新的形势下，英国的对外政策被迫面临全面的调整，文化政策一度失去了明确的方向。回顾英国之前的语言推广政策：16～17 世纪殖民扩张时期，英国在与老牌殖民者的纷争中取胜，随即在欧洲范围内进行大规模、明目张胆的殖民扩张；18 世纪中叶，英国政府对殖民地普遍实行的是种族隔离的教育政策，使英语渐渐成为文化和经济上步入殖民地主流社会的正式渠道，这也是英国语言推广在那一时期采用的最主要的政策；20 世纪随着第一次世界大战和殖民解放运动的兴起，英国的殖民扩张大幅缩减，不

得不转而借助商业及教育等手段对英语进行推广。

第二次世界大战以后，面对旧的殖民体系彻底被打破，英国语言对外推广的政策被迫再一次转变，借助“文化交流”“援助”等更为温和、间接和隐蔽的方式来推广英语。1934 年成立的英国文化委员会，实际上就是政府给予支持的一个语言推广机构。可以说,英国文化委员会的成立，标志着英国语言的推广进入了一个崭新的阶段，即正式由政府支持，使英国的语言推广形成了系统化、标准化的模式。它将语言推广政策的重心放在了借助语言优势保持和提高自身的文化影响力，并且将语言推广放到了国家文化战略的高度。20 世纪 80 年代，英国文化委员会在一份年度报告中坦言：“英国拥有的黑色金属并非北海石油，而是英语。英语是我们民族文化的基础，我们的任务就是充分发掘这种资源。”

近年来，虽然英国对外语言推广纷纷设立，如英国广播公司(British Broadcasting Corporation，BBC) 、教育发展中心(Centre for Education Development) 、大不列颠及北爱尔兰旅游协会(The Travel Association of Great Britain and Northern Ireland) 、海外发展署(Overseas Development Agency，ODA) 以及英国教育部所属的各类公共教育机构都在英国英语推广中发挥了非常重要的组织运作与平台作用。然而在这些机构当中，英国文化委员会仍然是唯一一个专门致力于海外英语推广的准官方机构，是当代英国海外英语推广政策的制定与执行主体，更是我们借以了解英国海外英语推广政策与实施的切入口(张西平，柳若梅，2008) 。

(2) 英殖民地语言的继承。自 20 世纪 50 年代后期至 70 年代中期，民族独立风暴席卷亚、非、拉美、欧，大多数英帝国的殖民地在这个时期获得独立，建立起了一大批崭新的民族国家。例如在亚洲，获得独立的殖民地有印度、缅甸、香港等，非洲有莱索托、津巴布韦、赞比亚、南非等。

这些国家独立后，在其重建过程中，一个首要问题就是官方语言的确立，这为新兴国家的重建提出了严峻的考验。一方面，对于大多数前英殖民地，民族语言颇多，要选择一种语言作为新成立民族国家的官方语言非常困难。这是由于亚非拉的大部分新兴民族国家并没有经历欧洲民族国家自然发展的漫长过程，也没有形成民族语言与民族国家的密切关系，多民族多语言现象极为普遍。确立官方语言的问题处理不得当，很容易由语言冲突引发民族纷争乃至国家政治的不稳定。另一方面，对于前英帝国殖民地国家，大英帝国作为一个制度霸权，其政治、经济、文化等方面对其殖民地的影响早已根深蒂固，尤其在教育方面。英属殖民地的初、中、高级教育体系大都是由英国人建立起来的，并以英语为教育媒介语言。他们继承了对英语的使用，英语仍然在各个领域中起着非常重要的作用，已成为国家现代化不可缺少的工具。所以，独立后的社会结构和教育结构不能保证不说英语的人可以获得的利益与说英语的人所获得的利益相等，或者大于他们。因此，刚刚摆脱大英帝国殖民统治的新兴民族国家，在民族国家语言选择问题上面临了一个难题。

然而，令大英帝国都始料未及的是，从大英帝国中独立出来的新兴民族国家最终大多选择了英语作为民族国家的官方语言，大体情形分为两类：在前移民式殖民地地区，如美国、加拿大、澳大利亚、新西兰、加勒比海地区、南非等地，由于大量的早期移民来自英伦三岛，加之英帝国在政治、经济、文化等方面的长期统治，英语在移民式殖民地地区占据强势的主导地位，因而这些国家的独立，英语作为官方语言是毋庸置疑的，也没有遇到太多的阻碍。在前侵占式殖民地地区，在英帝国殖民统治者离开后，多种族、多语言的矛盾非但没有消除，反而由于殖民造成的诸多不平衡发展等因素更加激化，斗争的最终结果是，英语成为调和多民族矛盾的折中方案，最终还是在新成立的民族国家中获得官方或半官方语言的地位。对于很多新兴的民族国家来说，将英语作为官方、半官方语言，是大多数新成立的民族国家非常无奈的选择，也许只是国家成立之初一种应急的、过渡性语言政策，然而一旦确立之后就很难再更改了。

虽然二战结束后，“日不落帝国”不复存在了，然而日不落帝国的语言却在前大英帝国殖民地地区不断独立出来的新兴民族国家中获得官方、半官方语言或重要通用语言地位，成为大英帝国殖民统治的重要遗产。

(3) 美国语言霸权地位的确立。在美国成为一个独立的国家后，同样由于民族主义的兴起和影响，产生了建立一个新的民族的强烈愿望，政治上的独立也使得美国人民继而追求语言文化上的独立，加之美国政治、经济、人口结构和社会方式的特殊性，对作为社会交际工具的语言提出了迫切而特殊的要求，这些因素都有力地推动了美国英语的独立与发展。而 19 世纪末至二战结束初期，旧的殖民体系被打破，又为美国霸权崛起与确立创造了历史机遇，所以美国英语也伴随美国霸权崛起。

二战后美国成为英语国际化的第二阶段的推广主体，它主要借助美国强大的国力为后盾，以文化软实力的渗透、信息产业革命为先导。

首先为了提升经济强国的地位，美国于 19 世纪末至 20 世纪初成功地完成了“第二次工业革命”，并迅速跻身世界强国行列，为美国语言霸权的形成提供了经济上的有力支持。

当然，经济强国地位也需要相称的国际政治地位和军事实力。军事扩张方面，虽然老牌殖民帝国所建立起来的地理平台语言霸权和制度语言霸权，都已发展、完善近乎极限，没有更大的扩展空间了，但是1898年美西战争的胜利使拉美、太平洋地区和亚洲成功地被美国控制，并顺利扫清美国扩张道路上的最直接障碍——昔日的世界强国西班牙，从而使美国成为殖民帝国。国际政治地位方面，美国成功地抓住了第一次世界大战的历史机遇。既为结束战争做出了重要贡献，又坐收渔翁之利取代了英国的霸主地位。1919年的巴黎和会上，美国充分发挥了超级大国的领导作用，坚持反对法语作为会议讨论和文件起草的唯一法定语言，从此英语成为与法语并驾齐驱的国际性语言，使法语丧失了唯一国际性语言的地位。

美国全方位霸权地位的形成是在第二次世界大战以后。二战彻底改变了世界的权利分配蓝图：它摧毁了军事力量迅速增长的德国和日本，进一步削弱了原来国家实力相对强大的世界级大国英国和法国，使美国的军事实力超过了包括苏联在内的所有国家。美国凭借其强大的政治、经济、军事、科技的综合实力，登上了战后国际体系中权力的巅峰，成为历史上第二个全球性霸权国家。美国为了实现其霸权意志，通过一系列国际性会议协议和组织建立起以美国为首的安全和经济两大体系，这些国际性会议协议的签订与实施和组织的建立，既稳固了美国在国际体系中的霸权地位，又奠定了在二战后形成的冷战中以美国为首的西方阵营的基础。以美国和苏联为首的东西方两大政治、军事阵营的冷战是构成二战后国际关系的主体特征。美国英语也伴随美国在二战后建立起来的国际安全与经济体系，确立了其国际体系语言霸权的地位。

其次，美国“文化渗透”战略的实施。主要借助美国大众传媒与大众文化的影响，使得美国文化以庞大的规模向外传播，它不光传播到欧洲和日本，而且传播到社会主义国家和许多第三世界国家，对以美国为首的西方阵营最终以胜利结束冷战功不可没。按照约瑟夫·奈的软实力理论，美国的“文化渗透”战略是美国冷战期间软权力的重要表现，其具体包括美国的大众传媒与文化传播和美国官方“文化战略”的制定与实施。

另外，大量新兴的信息产业及其相关服务业的出现以及美国传媒集团的全球扩张，使人民对语言的依赖程度得到前所未有的增强。信息技术推动下的全球化使英语完成了全球再扩张的旅程，并且与英帝国时期的全球扩张相比，由于传播方式的改变，这一次英语在全球的扩张更快、更有效、更深入、更易于人接受。信息产业驱动下的科学和技术研究成果、职工的教育、精密的软件、巧妙的经营管理、先进的电讯、电子化的财物等等都更多地需要通过语言来实现，这使得新型经济的发展越来越与语言行为相关联。例如，世界各地的人可以不受时间、地域限制，随时观看他们喜欢的好莱坞大片电影，收听 VOA 广播，收看 CNN24 小时的滚动新闻报道，在网络上浏览《纽约时报》的新闻、信息，欣赏英国的摇滚音乐或美国职业篮球赛，可以同时使用互联网收发邮件，和世界任何国家的人使用英语进行网上聊天，还可使用英语进行网上购物。由于目前媒体已经实现了从单方面传递信息向交互式媒体的转变，人们在通过媒体接受英语的同时，通过英语接受其所承载的美国文化成分越来越多，并潜移默化地受到隐藏在该语言背后的价值观念和思维方式的影响。可见，文化与信息产业的结合，使以美国为首的西方文化渗透到全世界，是英语对全球影响向纵深方向发展的重要方面。不得不承认，信息产业革命加速了美国的“文化渗透”战略向全球扩张的侵略行为。

纵观英语千年的传播进程，英语崛起大体经历了四次历史性飞跃。第一次是 14 世纪，英国从依附法国逐步走向摆脱诺曼人的控制，成为独立的统一的民族国家，从此英语的地位在英伦三岛重新得到确立；第二次是 1588 年英国打败西班牙的无敌舰队，一举夺取海上霸主地位，在欧洲大陆站稳脚跟，并且开始把手伸向全世界，到 17 世纪初，英国在亚洲、非洲、北美、西印度群岛，先后建立了大量的殖民据点，上百万英国人移居世界各地，英语也随之输出到了美、加、澳、南非以及西印度洋群岛等地，导致英语在 19 世纪末成为世界上最大的殖民帝国语言；第三次是在 1640—1660 年英国资产阶级革命的影响下，18 世纪末到 19 世纪初资本主义发起了第一次工业革命，给英国社会的生产方式带来前所未有的巨大改革和技术创新，它的影响渗透到英国社会的各个方面，尤其是引发了对英语本体地位的进一步规化与推广；第四次是两次世界大战后，旧的殖民体系被打破，原有的大英帝国的殖民地纷纷独立，一方面英语出于种种原因获得了新兴民族国家官方、半官方语言或重要通用语言地位，成为大英帝国殖民统治的重要遗产，另一方面美国因大发战争横财，异军突起，接过发展英语的接力棒，实现了英语崛起的第四次历史性飞跃。

(三) 英语扩散的模式

1．17～19 世纪大英帝国语言的海外扩张

17～19 世纪是英语国际化的第一阶段，英语的推广主体以英国国力为后盾，以军事为先导，另一方面也与欧洲文艺复兴的思潮、宗教改革的推行和工业革命的成功关系密切。这期间“日不落帝国”迅速崛起，英语的势力范围也在 300 年的时间内迅速扩张，成为当今世界名副其实的全球通用语。正如 McKay(2002) 所指出的那样，殖民主义、移民以及新技术等因素在英语国家的发展都在英语最初的传播中起到了重要的作用。

首先，人口迁移是英语传播的根本原因。对于美洲和大洋洲等地区，英语最主要的传播方式就是人口迁徙。以美洲为例，17 世纪前往美洲的移民数约为 22 万人，18 世纪的人数是它的两倍，19～20 世纪共计 400 万移民(Ostler，2006) 。对于语言的选择，关键一点是第一批移民所使用的语言，基本上来自英伦三岛，所以英语对其影响是决定性的。大规模的移民潮在数量上超过了本土原住民，形成了庞大的语言共同体，所以虽然也曾遭遇到本土抵抗和另一个殖民势力的挑战，英语还是以众多的人口和具有压倒性优势的殖民取代了当地分布稀疏且技术不发达的本土语言。这是英语超越其他殖民语言而成为霸权语言的关键。

第二，军事扩张是英语传播的力量源泉。对于亚洲和非洲等国家，英语传播最主要采取这种模式。以亚洲为例，18 世纪后半叶，英语是随着英国的军事征服同步进入南亚次大陆的，特别是 1835 年英国的教育体制被引进印度后，英语不仅成为印度教育领域的语言，而且还被强制规定为印度的官方语言。正是由于英国通过军事征服从法国手中完全抢占了印度这个战略位置，才从此顺势扩张到南亚和东南亚其余地区，最后扩张到东亚地区，主要地区包括新加坡、马来西亚、菲律宾群岛和中国香港等。所以，这些国家或地区英语的形成有其共同的历史渊源，在语言使用人数上确保了英语走上语言帝国的道路。

第三，贸易通商是英语传播的经济基础。英政府为了赶超其他老牌殖民国家，在不同时期和不同类型的殖民地，实行了不同的资源经营的谋略和手段。垄断时期推行了北美(西印度) 公司和东印度公司两种样式，在自由放任时期则在移民型殖民地实行属地分权制，在非移民型殖民地实行中央集权制(潘兴明，2014) 。英语正是在这些外贸公司与殖民地进行大量的

贸易中，出于商业利益的需要，逐渐被殖民地民众接受推广开的。

第四，政治同化使英语在殖民地扎根。18 世纪中叶，英国政府对殖民地普遍实行的是种族隔离的语言政策，使英语渐渐成为文化和经济上步入殖民地主流社会的正式渠道，这也是英国语言推广在那一时期采用的最主要的政策。

第五，文化诱惑也加速了英语的传播。大英帝国在殖民地一直标榜西方文明是一种先进思想，西方的制度模式能够推动社会发展，具有实用价值。所以这些观念在殖民地人民的心灵深处打上深刻的烙印，具有一种特殊的魅力和吸引力。因此，在殖民期间，这些所谓的“诱惑”一直牵制着殖民地人民的思想意识，自愿学习和模仿宗主国的语言和文明，促进了英语的有效传播。

第六，宗教传播是英语传播的又一重要途径。在欧洲文艺复兴的带动下，人们发起的宗教改革本质上也是一场文化运动。大英帝国是一个自信的民族，渴望将他们的价值观和文化作为一种工具传播到世界各地。所以，英文版《圣经》的传播与海外传教士的传教，无疑对奴役殖民地民众的思想从而在政治上牵制起到至关重要的作用。例如 18 世纪末，英国殖民者一直想侵占非洲，但由于语言上的障碍，计划不得实施，最后好望角的地理位置成为战略成功的关键。英国殖民者巧妙地利用宗教在当地传播英语，通过用英文传播《圣经》对当地民众实施思想的同化与侵略(贺鹭，2009) 。可见，宗教成为英国政客的有力臂膀，助长他们大肆海外英语的殖民扩张。

第七，技术革命是英语传播的催化剂。18 世纪后半叶兴起的工业革命不仅仅给英国生产方式带来技术上的革新与进步，它的影响更是渗透到英国社会的方方面面，尤其是再次引发了对英语本体地位的进一步规化与推广。语言家们认为随着英语向全球性语言迈进，将英语规范化、普及化才是第一要务。所以，斯威夫特在 1712 年提出建立一个英格兰国学院的设想，希望遏制英语中的不规范用法；约翰逊在 1755 年出版的《英语辞典》也是针对英语的书面语、惯用法和拼写法这几方面进行规范，为《牛津英语大词典》的编著都打下了结实、牢靠的基础(颜治强，2002) 。可见，英语能成为一个逐渐被世人公认的国际性语言在一定程度上要归功于这一场规范化革命。

2. 20 世纪后英语霸权的全球再扩张

“日不落帝国”辉煌了一个多世纪，在 20 世纪上半叶逐步走向衰落。

英语本该像其他通用语言一样，伴随帝国的衰落而衰落。然而美国作为世界超级大国在 20 世纪的兴起，成为巩固英语霸权至关重要的一步，这意味着英语作为地理平台的语言霸权地位在世界各地的进一步延续与加强。正如格拉多尔(Graddol，1999) 所说，如果没有美国的兴起，那么英语的地位将会随同大英帝国的衰落而衰落，就像原来的欧洲殖民强国语言如葡萄牙语和荷兰语一样。另一方面，英国的前殖民地在国家重建过程中，由于大多存在多种族多语言的矛盾，并且很难摆脱英帝国遗留下来的政府机构、经济方案、法律和语言等诸多问题，所以英语并没有消除，而是以官方语言或第二语言或第一外语的形式暂时保留下来。鉴于以上原因，是美国作为英语第二代的推广主体，以及前殖民地作为英语传播客体的妥协与无奈全方位地延续了英语在全球范围的霸权地位。

军事地位方面，1898 年美西战争的胜利，使美国成功控制了拉美、太平洋地区和亚洲的语言传播空间，打破了老牌殖民帝国所建立起来的近乎发展极限的语言地理平台，并跻身于语言殖民帝国；二战后，通过摧毁军事力量迅速增长的德国和日本，削弱当时世界级大国的英国和法国，美国的军事实力超过了包括苏联在内的所有国家，彻底改写了世界军事权力的分配蓝图。

政治地位方面，美国成功地抓住了第一次世界大战的历史机遇。既为结束战争做出了重要贡献，又坐收渔翁之利取代了英国的霸主地位。1919 年的巴黎和会上，美国充分发挥了超级大国的领导作用，坚持反对法语作为会议讨论和文件起草的唯一法定语言，从此英语成为与法语并驾齐驱的国际性语言，使法语丧失了唯一国际性语言的地位。

经济地位方面，美国为了提升经济强国的地位，不仅于 19 世纪末至 20 世纪初成功地完成了“第二次工业革命”，迅速跻身世界强国行列，而且通过一系列国际性会议和组织建立起以美国为首的安全和经济两大体系，进一步稳固了美国在国际体系中的霸权地位。所以这一系列举措为英语在世界语言格局中超级国际语言地位的形成提供了经济上的有力支持。

文化渗透方面，美国战略的实施主要借助美国大众传媒与大众文化的影响，使英语以强大的美国文化为载体大规模地向外传播。因为文化渗透是一个潜移默化的同化过程，人们通过媒体接受美国文化的同时，也将文化所承载的语言成分逐渐吸纳，并受到隐藏在该语言背后的价值观念和思维方式的影响。所以在后殖民时期，文化渗透是通过与信息产业的有机结合，将英语在全球推向纵深方向发展。

技术创新方面，与英帝国时期的语言扩张相比，后殖民时期主要是大量新兴的信息产业使人们对英语的依赖程度得到前所未有的增强。因为在信息产业驱动下，科学技术、商务管理、文化教育、电子通讯等领域都越来越与语言行为相关联，都更多地需要通过语言来实现。而英语作为信息产业强国的语言，首当其冲成为不可替代的霸权语言。所以，英语在信息技术推动下，跨越了时间、地域的限制，完成了全球再扩张的旅程。

殖民地方面，20 世纪 50 年代后期，民族独立风暴席卷亚、非、拉、欧，大多数英帝国的殖民地在这个时期获得独立，而在其重建过程中，既要考虑殖民历史根深蒂固的影响，又要考虑多民族多语言的国情，以及美国霸权下英语的全球化问题。所以，官方语言的选择如果处理不得当，很容易引发民族纷争乃至国家政治的不稳定。最终殖民地的语言选择大体分为两类：以人口迁移方式殖民的地区，如美国、加拿大、澳大利亚、新西兰等地，由于大量的早期移民来自英伦三岛，英语早在移民式殖民地占据强势的主导地位，因而这些国家独立后，将英语作为官方语言没有遇到太多的阻碍；以军事扩张方式殖民的地区，如南亚和东南亚等地，由于英政府分而治之的政策导致多种族、多语言矛盾的更加激化，所以对于这些国家来说，英语或成为调和多民族矛盾的中立语言，或成为依附西方大国的妥协语言，或成为顺应全球化大潮的实用语言，最终获得官方或第二语言或第一外语的地位。对众多新兴的民族国家来说，这也是一种无奈的选择，是国家成立之初的一种应急、过渡性的语言政策。

第四节　世界语言分类与分布

(一) 世界语言谱系

目前世界上的语言大约有 5641 种，其中正处于衰亡或尚在识别的有 1400 多种，使用人数超过 5000 万的语言有 17 种。世界上虽然有这么多的语言，但是某些语言之间具有亲缘关系，虽然经过漫长的进化过程各自形成独立的语言系统，但是仍可以从其语法特点辨别其产生的轨迹，可以按照彼此的亲属关系对语言进行分类，即进行谱系分类。语言谱系分类的依据是语言在发生学上的关系，即哪些语言最初是从一个单一的语言分化出来的。从同一语言分化出来的所有后代语在谱系分类中都归为一类，叫作“语系”。确定不同语言是否属于同一语系(即有同源关系) 的根据，主要是语言的基本词根有语音对应关系；如果是有形态变化的语言，形态变化成分的语音对应也是很好的证据。同语系的语言相互间有亲属关系，因而成为亲属语言。语系之下还要根据语言的分化层次(也即亲属关系的远近)再分为“语族”“语支”“语言”“方言”“土语”等下级类。谱系分类法是基于历史同源关系的发生学分类的历史比较方法，是语言分类中应用最广的方法。谱系分类的等级体系和基本意义如下。

1．语系

分类的最大单位，是由一个共同的原始母语分化的若干具有亲属关系的语言组成。属于同一语系的不同语言，一般在语音、词汇和语法等方面，都在不同程度上具有共同特征，这些共同特征既把同语系的各种语言联系在一起，又与其他语系及其所属语言区别开来。由于世界语言十分复杂，人们对它们的研究程度不同，故在语系的具体划分上还存在一定的分歧，不过对主要的语系，无论划分还是命名，都比较一致。

2．语族

分类的二级单位，同一语族的语言尽管可能出于一个共同的原始母语，但各种语言在演化上又有亲疏远近之分，从而形成次一级的语言群，就是语族。语族的划分因标准不同有粗细之别。语族一般又可进一步分为语支，有的语族所含语言较少，则不再划分为语支。

3．语支

在语族单位划分的基础上进一步细分的单位。由本语族内若干更具有亲属关系的语言组成，通常是同一语系中最小的语言群。当然，也有的学者进一步划分为语种，不过这种情况并不具有普遍性。

4．语种

分类中的最小单位，一个语种就是一种语言。但一种语言往往包含有若干方言。前述英语和汉语即为语种。

以此原则为基础，世界上的语言被划分为10个左右的语系，即汉藏语系、印欧语系、阿尔泰语系、闪含语系、芬兰乌戈尔语系、达罗毗荼语系、伊比利亚高加索语系、马来波利尼西亚语系(南岛语系) 、南亚语系、班图语系等。由于语言和方言的界限有时不是十分清楚，或研究者的观点不同，对于某些语言体系的分类尚存争议。

（二）语言的发展与传播

理论上说，任何一种语言都是平等的，那么为何经历数千年的发展之后，某些语言的使用者数以亿计，而另一些却濒临灭绝？为什么当罗马帝国被袭时，拉丁语永远地存活下来，希腊语却在几代轮回后销声匿迹？为什么西班牙作为海外扩张的先锋，西班牙语的传播速度远不如英语传播的长久与广泛？荷兰殖民印尼长达 350 年，英国只是短暂的控制过印尼，但为什么唯独英语成为与印尼语接触最为密切的语言之一？法语曾经是欧盟最重要的跨国交际语言，为什么自从英国 1973 年加入欧共体以来，法国的霸主地位每况愈下，连在东南亚前法国殖民地，法语地位也被英语取代？本节通过对具有代表性的西方语言传播状况的研究，重新审视一些发人深省的历史事实，进而对西方语言传播的成败进行探讨。

1. 中世纪语言的陆地传播

(1) 希腊语。希腊语是中世纪世界通用语之一。它的传播方式多种多样，有些甚至与英语兴起的模式完全相同，但为何如今操希腊语的人只有一千万，这其中缘由要从希腊无休止的扩张史谈起。希腊语的扩张模式主要源于三种：一是海外移民，二是军事扩张，三是宗教传播。

前者史称“希腊大殖民”,并非是希腊有计划的推广希腊语，而是公元前 8 至公元前 6 世纪受贸易通商利益的驱动，大批希腊的破产者去海外谋生，通过在海外做贸易经商，在黑海沿岸、欧洲南部(包括意大利) 、小亚、北非建立了独立的奴隶制城邦，他们或赶走或奴役当地的土著居民，致使希腊语也随移民传到地中海沿岸和黑海沿岸, 成为局部世界的通用语。虽说这次希腊语的传播与政治无关，是历史原因造成的，但却较为成功地使希腊语得到推广，这说明一种语言的有效传播与政策导向并非有直接的关联。

其次，军事扩张使希腊语开始有计划地被传播。公元前 334 年，马其顿国王亚历山大率希腊马其顿军队东征，到公元前 330 年，希腊灭了庞大的波斯帝国，到亚历山大东侵，希腊人建立了人类历史上第一个跨欧亚非三大洲的庞大帝国，希腊语一路随着战争不断传播，并成为被征服地区的官方语言和主要学术语言，各民族上层和知识分子也开始学习使用希腊语。

第三，希腊语也是希腊宗教活动的主要语言。客观上讲，宗教传播活动促进了希腊殖民地、移民城邦发挥语言文化据点的辐射作用。因此，希腊语作为希腊文化的载体和传播媒介，一举成为东地中海希腊化地区统一的通用语言。

然而希腊语并没有英语推广那么久远，主要归结于语言传播主体的力量薄弱或缺失。因为把控一种语言传播活动的主体一旦失利，语言的传播也就随之失去了话语权。首先，希腊战争上的连连失利导致其先被马其顿统治，后又被罗马征服，沦为罗马东部的一个省份，于是希腊语由希腊化时代通用语的强势地位降格为省份语言。直至罗马帝国分裂，由于东罗马帝国(拜占庭帝国) 对希腊文化无比崇尚，认为这种被征服的语言更具有文化底蕴和优势，所以传播主体的回归为希腊语暂时赢得了相对稳定的语言环境，在很长一段时间里成为罗马有教养阶层使用的语言，并不断向外扩张，以至于把南海岸以及内部地区的一些方言都取代了。然而 1453—1821 年奥斯曼帝国的征服，彻底终结了希腊化时代，也斩断了希腊语传播的羽翼。

其次，语言和文化忠诚度的缺失，也使得个人构成的语言传播主体力量略显薄弱。奥斯曼帝国的多元文化导致希腊人的文化焦点发生了变化。土耳其语、波斯语及阿拉伯语都是当时有影响力的语言，这导致了希腊人逐渐接受了异族的语言和信仰，希腊语的教育也不再是西欧教育的一部分。

此外，20 世纪发生在希腊和土耳其之间的战争，更是将希腊语从小亚细亚地区排挤出去，禁锢在一个相对较小的区域里，致使那种使语言保持统一性的传统范式随之减弱，最后走向衰落。

(2) 拉丁语。继希腊语后成为世界通用语的第二种语言是拉丁语。拉丁语成为世界通用语的原因与希腊语一样，首要原因都是通过帝国军队的顺利扩张实现的。从公元前 509 年至前 3 世纪初，在罗马军队一系列大规模的军事扩张中，拉丁语从拉丁姆地区小范围的使用，逐渐成长为帝国境内的行政、司法和军队的唯一用语，同时它也是各地上层人士的共通语。到公元 2 世纪初，罗马的扩张达到了顶点，拉丁语的传播更是到达了鼎盛时期，充当欧洲不同国家交流的媒介语，也是研究科学、哲学和神学所必须的语言。

第二，拉丁语的传播不仅依赖武力，也借助了当时先进、发达、高水平的罗马文化作为推广载体。罗马文化又是继承了希腊文化的精华和优良传统，在建筑、工程、技术、农学、法学、军事等方面均有进一步发展, 因而为各民族上层和知识分子所敬畏。拉丁语作为罗马人的民族共同语，它集中地将各地区的民族文化凝聚在一起，形成了强烈的向心力。

第三，拉丁语广泛传播的原因还在于罗马帝国行之有效的拉拢政策。与亚历山大帝国相比，罗马帝国的成功之处在于，当局对非罗马血统的各民族中上层也予以拉拢，对政治上臣服者普遍授予罗马公民权，与罗马人平等；在被征服地区普遍建立行省，与意大利本土平等。此外，罗马也相对尊重被征服地区、民族的语言文字、文化和宗教，例如让东地中海流行的希腊语文成为与拉丁语文并列的官方行政语文。这些政策促成了各民族部分中上层人士自觉学习使用拉丁语，逐渐罗马化。这很好解释了为什么西罗马灭亡后，拉丁语能继续在东罗马——拜占庭帝国盛行，而希腊语在帝国被袭后却由于文化中心转移日渐衰落。

拉丁语并非一直是历史的“宠儿”，随着东西罗马的分裂拉丁语先后经历了两次“衰亡”。第一次“衰亡”有两方面的原因：一是缺乏稳定的国际环境，西欧蛮族国家对地中海世界的霸权争夺使东罗马帝国周边的格局发生了变化，致使西欧各国使用的拉丁语方言差异逐渐加大，也导致拉丁语或其语法不再是各国语言的书面语形式，不足以维持口语的规范，拼写也越来越不规则，只有律师、神职人员等少数精英才能掌握读写技能。二是缺乏和谐的国内环境，东、西部教会争夺基督教世界的领导权等复杂因素导致拉丁语作为东罗马的官方、行政、司法、学术语言之一的地位也逐渐动摇。拉丁语的第二次“衰亡”是由印刷革命和欧洲宗教改革运动引发的。印刷革命爆发后，出于经济学原则，用民族语言写成的价格廉价的书，迫使大量拉丁语著作下架，从语言传播的媒介直接阻碍了拉丁语的发展。而欧洲宗教改革运动的兴起，一下子打破了人们对于思想传播渠道的严格禁锢，把矛头对准以罗马教皇为首的、掌握话语权的基督教世界，各民族语言的优势日益凸显，在语音和语法结构上逐渐脱离了拉丁语而各自发展，致使拉丁语的传播严重受阻。

虽然现如今拉丁语通常被认为是一种“死”语言，但实际上在公元 5 世纪瓜分罗马帝国的野蛮人已欣然接受这种语言，并进一步分化导致现代罗曼语诸语言的出现，如意大利语，法语，西班牙语，葡萄牙语和罗马尼亚语。从某种程度上将，拉丁语仍然是一种存活的语言，因为西班牙语、法语、荷兰语、英语、德语等语言都借着拉丁语的躯壳走上历史的舞台，而且现如今仍有少数基督宗教神职人员及学者可以流利使用拉丁语。

2．15～17 世纪语言的海洋传播

在资本主义萌芽蒸蒸日上和发展的大气候下，15 世纪末至 17 世纪中叶发生和进行了地理大发现。西班牙人发现了中美洲、南美洲、太平洋，进行了环球航行；葡萄牙人发现了西南非洲、东南非洲，开辟了到印度洋、太平洋的新航路；荷兰人发现了澳大利亚——大洋洲；英国人、法国人发现了北美洲；俄国人发现了亚洲北部、北冰洋，开辟了北冰洋新航路。通过地理大发现，一切有人居住的大陆，一切可以航行的海洋(只要不封冻) 都连接起来，由此形成了全球性的航线，开始了真正的世界历史的发展。西、葡、荷、英、法、俄是地理发现的主角，也是随之而来的海陆扩张、殖民掠夺的急先锋。海外扩张的格局形成了西班牙、法兰西、不列颠这三个全球性的日不落帝国，一个横跨欧、亚、美的俄国和葡萄牙、荷兰这两个在亚、非、澳广有殖民地的殖民大国。

(1) 西班牙语。西班牙语的传播史在本质上是一部本土语言与外来语言的融合史。作为海外扩张的先锋，16～17 世纪是西班牙国家建立霸权秩序的黄金期，这意味着西班牙语很有可能成为广阔空间里不同人群沟通时所使用的共通语，乃至建立起一种文化圈成为世界通用语。

西班牙语的成功传播主要依赖于军事与贸易扩张、宗教传播和语言规划等传统模式。军事扩张与贸易通商是西班牙语传播的主观驱动因素之一。16 世纪的西班牙是欧洲环球探险和殖民扩张的先驱，并在各大海洋开拓贸易路线，使得贸易繁荣，而西班牙语正是按照此路线从西班牙横跨大西洋到美洲，从墨西哥横跨太平洋，经菲律宾到东亚，进行广泛的传播。

宗教传播是语言扩张的主观驱动因素之二。16 世纪中期至 20 世纪中期天主教是西班牙进行殖民统治的开路先锋，因为宗教传播与语言传播相辅相成，随着西班牙殖民势力的扩张，殖民者狂热地渗透到征服地区，用西班牙语向当地居民宣扬天主教的教义，以此推行宗主国的语言文化、宗教信仰和价值观，通过鼓励和诱惑的方式使语言和宗教的传播在殖民过程中紧密相联。

西班牙有相对久远的语言规划史是语言传播的主观驱动因素之三。1492 年既是殖民者在新大陆推广西班牙语的开始，又代表第一部西班牙语语法的问世。19 世纪下半叶(1871 年) 西班牙在拉丁美洲纷纷成立皇家语言学院，致力于西班牙语的普及，保证语言使用上的规范化。20 世纪以后，西班牙为了与国际接轨，积极制定了一系列相应的语言政策并成立语言推广机构：针对国内的语言推广，1978 年宪法第三条明确规定了西班牙语的官方语言地位，并且在拥有民族语言的地区，中小学教育中也必须使用西班牙语；针对西语的国际推广，20 世纪 90 年代初，西班牙政府先后在外交部设置西班牙国际合作署和塞万提斯学院，一方面向拉丁美洲的学者或学生提供奖学金，资助他们赴西班牙大学从事包括语言研究在内的各项研究工作，另一方面将机构遍布5大洲，负责向全球宣传西班牙的语言文化(张西平，2008) 。这一切举措都极大推动了西班牙语的规范化，也推动了西班牙语在新大陆的传播。

西班牙这个老牌殖民国家虽然占有向世界推广西班牙语的先机，却被新兴的殖民国家英国赶超，致使西班牙语海外扩张的优势被英国取代。这主要有两方面的因素。

一方面是西班牙国家体制的主观因素造成的。20 世纪以前的西班牙一直是一个相对落后的封建专制国家(张西平，2008) ，正是这种缺乏革新的体制导致西班牙在文化教育、军事扩张和科技革新三方面的发展相对于英国滞后，从而造成语言向世界范围传播进程的缓慢。

1) 错失教育改革。保守的价值观念使西班牙错过了欧洲出现的各种大规模教育改革运动。不仅没有对语言教学采取积极的改进措施，而且无论是政府部门还是学术机构，都没有把西班牙语当做国际间贸易往来的文化工具和推动力量。这不仅将西班牙语置身于语言传播的运动之外，而且助长了西班牙在语言教学方面的墨守成规和缺乏革新的精神。

2) 疲于军事扩张。受制于传统思想的桎梏，西班牙过度动用军力，先与葡萄牙竞争，后与英格兰和荷兰海上角逐，这不仅使西班牙的无敌舰队完全丧失了海上的霸主地位，而且造成政府贪污渐趋严重甚至导致经济停滞。所以西班牙根本无暇顾及西班牙语在拉丁美洲的传播。

3) 无缘科技革新。西班牙虽然拥有包括资源极其丰饶的美洲殖民地在内的巨额财富，但由于没有形成新产业——工业和科技创新的制度保障，巨额财富只是变成了封建特权阶层的奢侈性消费，并没有变成工业革命的资本，严重制约了西班牙语的传播渠道。

另一方面是国际格局发生巨大变化这一客观因素导致的。20 世纪 60 年代以后，西班牙虽然走出了封闭的状态，崇尚与世界接轨、建立开放共同发展的理念，然而这一切语言推广的措施却恰逢国际局势的变革。首先，面对与其在地理上接壤, 在政治、经济、民族、宗教、语言、文化上都相近的葡萄牙的独立与壮大，西班牙永远丧失了跻身欧洲大国的可能。第二，西班牙语也遇到了真正的全世界通用语法语、英语的强有力的竞争，这严重阻碍了西班牙语在非洲、亚洲等地区的深入传播。第三，19 世纪末，美国取代西班牙成为菲律宾的宗主国，西班牙语也丧失了亚洲地区唯一的殖民地菲律宾的通用语地位。由此可见，语言的扩散和使用范围的关键在于把握传播的时机，霸权的衰落和语言传播立足点的定位极有可能导致共通语地位的丧失和使用范围的缩小，为通用语的传播带来严重影响。

(2) 荷兰语。荷兰继葡萄牙和西班牙之后，通过荷兰西印度公司和荷兰东印度公司建立其殖民帝国。理论上在荷兰帝国强盛时期，它完全可以凭借军事扩张、贸易抢占和语言同化等模式，将本国的语言和文化大量输出，但荷兰语几乎没有传播。后期在对英战争和对法战争失败之后，荷兰海外殖民地开始萎缩，主要剩下荷兰东印度公司的荷属东印度(今印度尼西亚)等殖民领域，二战结束之后荷兰从其东方殖民地撤出。荷兰语的传播更是无从谈起。

为什么一个成功的欧洲帝国主义国家曾建立起一个辽阔的海上帝国，但很长一段时间内，荷兰语在东印度群岛却输给马来语，而且被殖民地语言印尼语战胜，在殖民地的语言传播几乎为零？

这一方面归结于荷兰人在帝国强盛时期缺乏对本国语言传播的主体意识。简单来说，荷兰人主动放弃了令殖民地人民学习其语言这个机会，他们并没有将荷兰语作为官方语言大力推广，反而出于实用主义，直接选取在贸易和交通运输领域已通用两个世纪的语言——马来语开展贸易通商，从而促成了荷兰殖民统治地区外来语的顺利崛起。其次，荷兰人为了用他们钟爱的加尔文主义的方式传播新教教义，认为用当地的语言传播教义更快、更容易，为此，荷兰人于 17 世纪还兴办了一些语言学校学习马来语，最后直接将马来语与新教联系在一起，被定为教会语言，再一次提升了马来语在印尼当地人心中的地位，而对于当地人，马来语没有被贴上霸权标签，不属于哪个区或哪个种族所有，所以语言选择上没有任何抵触，反而使得马来语的传播越发深入和广泛。第三，荷兰在统治过程中，马来语传教常常引发语言不通的纠纷，但荷兰统治者不但不解决，反而保留了殖民地地方势力的头目，期待通过他们解决。可见，荷兰统治者的确非常缺乏主动去传播荷兰语的全局观，非但没有从本质上解决统治者与当地人之间的语言冲突，而是一再扼杀了荷兰语在印尼传播的大好机会。

另一方面，印尼殖民地的政治格局变化是 20 世纪以后荷兰语仍难以打开传播局面的客观因素。20 世纪 30 年代末，荷兰人改变主意，主动在印尼施行以兴办教育和兴建基础设施为主要内容的“道义政策”，一批印尼原著民得以接受西式教育，荷兰语一度成为当地的顶层语言(杨晓强，2011)。但 1942 年日本占领印尼后，荷兰语被明令禁止使用，出现荷兰语传播的空窗期。1945 年，英国军队接管了荷兰殖民地，印尼语成为印尼的国语，当局大力宣扬印尼语的纯洁性，有意识地抛弃前殖民者语言的成分。显然，这一切为英语的传播创造了介入空间。荷兰语再次失去了殖民语言传播的契机。至此，荷兰不仅丢掉了殖民强国的光环，荷兰语也永远失去了殖民语言的声望。

(3) 法语。法语是法兰西民族的共同语，承载着一千多年的历史，它的地位变迁贯穿在整个法兰西民族的发展史中，在欧洲乃至世界的文明史上起过非常重要的作用。法语的传播有过荣耀，也有过曲折；经历过无数次战争的洗礼、政治制度的更迭，也面临外部语言的入侵，社会文化的滋养乃至现代科技的冲击。本节在简单回顾法语传播进程的同时，旨在探讨在法兰西民族历史的不同时期，法语传播的成功与失败。

法国在主观上有很强的语言推广意识，法语向国外传播始于中世纪，在本土的传播始于 13 世纪。法语的语言传播模式比较成熟，包括政策规划、军事威慑、经济扩张和文化诱惑和意识形态渗透等。

首先，法国在国内一直实施严苛的单一法语语言政策。英法百年战争以后，司法领域、学术领域和政治领域中的三大事件奠定了法语的地位。在司法领域，1537 年法王弗朗索瓦一世(1494—1547) 所公布的《维勒耶—戈特莱敕令》，规定法院命令及判决须采用法语，而非拉丁文，一举确定了法语的优先地位(樊荣，2012)。学术领域上，在路易十三朝廷重臣理查里尔(Richelieu，1585—1642) 的主导下，于 1635 年将民间沙龙式文人的定期聚会转变成具公认权威，并负有规范及指导语言使命的“法兰西学院”(樊荣，2012)。由全国最高学术研究院主持一国语言的规范与纯粹、可谓举世无双之特色。这个组织一直被视为法语取得最高合法性的护身符，几百年来它一直在捍卫法语的正确使用。在政治领域，1794 年大革命期间通过的《共和二年热月 2 日法案》，规定所有公家文件必须采用法语。此项被视为是彻底执行“单一语言”的政治宣言。该法案还明文规定违规刑责。法国政府往后所增修的相关条文，也都相继援引这项内容(樊荣，2012) 。

其次，军事模式是法国一路扩张成功地取得军事大国地位的直接保证。从 17 世纪太阳王路易十四在欧洲强盛的君主政权到 19 世纪初拿破仑帝国在欧洲大地军事征服的荣耀，再到 19 世纪末法国对海外发起的一系列殖民扩张，占有了大量的殖民地，而法语的传播和应用也一路扩展到了东南亚和非洲甚至美洲的许多国家，从而在政治与军事上确立了法语的国际地位，一直持续到第一次世界大战以前。

第三，经济模式使法国作为贸易强国和最大的旅游目的国，成为当时西欧领土最大、人口最多的经济实体，牢牢把控法语在国际上举足轻重的地位。一方面，法国作为经济强国和贸易大国，国内生产总值一直居世界前列，这无形中带动了科学技术、核电、航空航天、高速铁路及通讯技术等前沿领域的发展，为法语的国际化提供了广阔的平台。另一方面，法国是世界上最大旅游目的国之一，它特有的闲适浪漫的生活情调、丰富多彩的地形地貌、历史文化和美食佳酿，还有普罗旺斯的薰衣草、卢瓦尔河畔的古堡群等闻名世界的风景名胜。不能否认，这也是很多人喜欢并学习和使用法语的动机之一。

第四，文化模式使法国巴黎一直是欧洲的灿烂文明和时尚文化的中心。一方面，在 17 世纪的古典时期和 18 世纪的启蒙时期，法国著名的文学家、艺术家和哲学家辈出，从而创造出了灿烂丰硕的文化，这与当时法国在文艺方面的主导地位相互促进，推进了法国语言的传播。另一方面，享誉全球的法国时装、香水，以及首都巴黎“世界艺术之都”的美誉，使得法国自然而然地成为时尚、美食、艺术、浪漫的代名词。这些形象潜移默化地赋予了法语独特的魅力和吸引力，仿佛法语的句词之间也洋溢着法国的种种风情。因此，文化的传播直接拉动语言的传播，使得法语文化更迅速和广泛地在世界上流传。这也是如今法语得以广泛使用的另一个历史文化因素。

第五，意识形态模式要归功于政治和自然科学领域中的法国创新者。在 18 世纪的启蒙运动中，法语起着积极的作用。很多思想家和哲学家用法语发表文章，而且用法语在欧洲各国四处游说，传播启蒙思想，这些无疑也对法语在海外的推广产生了重要的影响。面对一大批活跃的思想家、哲学家，法国科学院也深受刺激，研究兴趣转向笛卡儿理论，并热衷于对它进行文化解读。18 世纪 30 年代，牛顿思想在法国的传播已标志着启蒙运动向纵深发展。这充分说明，一方面法语在欧洲的普及与推广使近代主流科学文化的牛顿理论代替包含相当形而上学成份的笛卡儿理论做为启蒙运动的“通用教材”，另一方面法语在启蒙运动中的日趋成熟有力地带动科学来召唤民主，驱逐专制。

可见，这一时期法国极力奉行传播模式的多样性，大力的推广法语，使法语排挤了欧洲书面语拉丁语，而且在与西班牙语和英语的竞争中获胜，在很长一段时期内成为一门久负盛名的国际性语言。法语之所以成为通用语，与法国运用种种不同的推广模式关联密切。

法语地位的变迁实际上是语言传播的主观因素和客观因素博弈的结

果。一战后，法国通过政策规划传播法语的力度更加强劲。一方面为了确保法语在国内的地位，法国仍然坚持单一的语言政策。1958 年制定的第五共和国宪法增补了“法语是法兰西共和国的语言”等文字。“这是法国政府对其官方语言法语做出的地位规划，它是法国语言政策的法律依据”(戴曼纯，贺战茹，2010) 。1994 年 8 月 4 日，法国议会还通过著名的《法语使用法》，进一步扩大了法语的使用范围，这部法律不仅旨在提高法语的国际地位，同时与法国人对法语的忽视、漠不关心做斗争更是制定这部法律的最高目标。另一方面，为了抢占法语国际传播的空间，法国将法语的对外推广纳入到“文化多样性”的大主题下进行，对英语单极化发展持明显的批评态度。同时大力宣传法语的实用性，提高法语吸引力，提高法语在国际组织和地区性组织的工作语言或正式语言中的地位，并且成立“法语联盟”，采取联合办学的模式，使法语联盟具有强大的生命力。

然而，一战后诸多因素也客观上阻碍了法语成为国际通用语的地位。随着法国的政治、经济和军事等实力一再受挫，国力大减，法语的国际地位受到前所未有的威胁，尤其是面临英国和美国两个强国联手推广英语，英语的压倒性优势使得法语国际地位式微，而《凡尔赛和约》的签订则直接终结了法语作为唯一的国际性官方语言的地位。

因此，20 世纪以后法国虽然主动制定了一系列的语言管理，可对于法语的国际化仅仅起到部分助力作用。法国通过强调法语这项人类文化资产的不可替代性，并以多元化、多样化、多语化的捍卫者自居在国际上更加努力的推广法语，借以保留法语的国际地位，可传播效果并不理想，在可以预见的未来，法国的语言推广政策必将面临调整的局面。语言保护措施在这新的历史时期略显得单一，一种语言要想真正获得长久的国际化地位更离不开所属国家的政治、经济地位的稳固与强大，同时需要全面考虑语言自身的价值、历史环境和民众的语言态度等因素之间的博弈。因此，法语在国际化发展的道路上，如何充分强调语言价值的重要性，不仅仅是语言的经济价值，还有语言自身所附加的价值，这是一个举步维艰的课题。

以上对历史上不同时期的帝国语言的传播做了简要的剖析，尤其探讨了典型通用语的推广成功与失败。客观上讲，这些语言除了荷兰语(荷兰殖民者自大的“实用主义”害得荷兰丢掉了殖民强国的光环，荷兰语也失去了殖民语言的声望) 都有四个共同特点：首先，他们都是通过军事征服、贸易强占、宗教传播和文化诱惑等手段被推广开来的，随后通过语言规划成为当地的行政工作语言，例如拉丁语在罗马帝国的传播，西班牙语在新大陆的扩张，法语在非洲、亚洲和太平洋岛国的推广；第二，这些语言所属的帝国在当地的统治都长达几个世纪；第三，这些语言都担当多语地区的通用语的角色；第四，这些语言都给它们的使用者带来了更多的物质利益。

（三）语言的传播与影响

语言空间扩散是对应语言传承的一个概念。语言一旦形成，总要由其起源地向外传播，达到一定的使用范围，包括人群和地区的范围，才不至于消亡，才能在使用的人群和地区中随着生产的进步和文化的发展而不断地得到发展，保持语言的生命力。语言没有传播就会走向衰落乃至消亡。目前，世界上已经有46个人成为会说自己母语的最后一人，因为他们的语言正面临着和人们说再见的命运。东英吉利大学的人口生态学家威廉•萨瑟兰警告：目前有6 809种语言在世界上使用，1676种语言有消亡的危险，其中面临危险最大的达438种，使用这些语言的人数一般都不超过50人。特别是随着文明的传播，发展逐步吞噬掉蛮荒。现代化的商业和通讯手段正把一度遥不可及的社会纳入到“地球村”大家庭中来，使得语言也逐步被同化到同一个全球文化中。语言传播的强效果在这种母语的自身异化而后同化于其他强势语种的过程中得到凸显。

1．扩散的本质属性

语言扩散属于文化扩散的内容之一。不同划分标准决定了不同的划分体系，在语言学中，人们通常采用的是谱系扩散和波形扩散的分类。前者是施莱哈尔1863年提出的谱系树理论，所谓谱系扩散是将某个时段内的所有语言看作是从几个基本的根生长出来的不同的树枝，例如汉语与印欧语系语言是从不同的“根”中生长出来的语言，各语种是“根”语言扩散的后的变异结果，英语与德语的关系是最密切的，与威尔士语和法语的关系次之，与印地语的关系再次之。如果在同一个树形图里包含两种变体，那就有这样一个假定：它们都是经过历史演变，从一个共同“祖先”变体“衍生”出来的。这个“祖先”名称可以在树形图上标出来。因此，我们可以在树顶的节点处加上“原始印欧语”这一名称，表明树底列举的所有变体(汉语除外) 都是从这一个变体中衍生出来的。同样，我们可以把支配英语和德语的那个节点处加上“原始日尔曼语”这一标签。因此有人也将这种扩散称为根式扩散。一种是施莱哈尔的学生施密特于1872年提出的波浪说理论。所谓波形扩散是将一种语言或语言要素作为波源，它的扩散如同波一样向四周散开，两种或两种以上波源的波相遇后，便形成了一个新的语言现象的生长点，这些新的语言生长点发展成熟后又可能成为新的波源，由此可见语言的扩散对语言的发展起着重要的作用。这两种理论前者着眼于时间的演变和突发性的变化，后者则着眼于空间上的渐进性的扩散。

扩散语言还可以根据语言扩散的主体——“人”的空间移动距离长短划分为迁移扩散和扩展扩散。迁移传播一般指使用该种语言的人或集团由甲地迁往乙地的过程中，语言也被传播到该地方，人的空间移动距离较大。例如，欧洲移民向美洲新大陆的迁移造成的英语向美洲的传播。扩展扩散则是指语言通过其居民，从该地向四周，不断的传递，其所占据的空间也越来越大的现象。这种扩散中人的空间移动距离相对较小，因此文化特质在空间上有连续性，新的分布区由旧的文化区扩大而形成，旧的分布区较小，而位于新的文化区内。历史上大区域的语言扩散或长距离的语言扩散都是迁移扩散的结果，如英语在盎格鲁美洲的扩散。中国历史上有若干次大的人口迁移，它们是汉语扩散的主要途径。

根据语言扩散的内容，语言扩散还包括语言要素扩散，如语音、词汇的扩散、语法的扩散等。语言在扩散的过程中由于种种原因会发生变化，其中最明显的一种是由于语言相互影响的变化。20 世纪初语言学家萨丕尔就已经注意到了语言的相互影响，并提出了令人信服的观点：“语言象文化一样，很少是自给自足的”。语言的传播和扩散过程中具有其自身的一些特点。据日本学者大岛襄二的研究，具有以下几个特性:

(1) 外延性和连续性。如语言“波形扩散”理论所指出，语言是呈波状向外放射，逐渐扩大语言圈域的，这是语言传播和扩散的外延性。通常语言圈域都是由小到大向外延伸的，也有个别语言圈日趋缩小。语言向外延伸过程中，语言是逐渐向相邻地区扩展，再通过外延地区向其相邻地区传播的，故语言在地区分布上有连续性特点。语言向远离语言源地的传播，是通过人的移动和接触来实现的。

(2) 距离衰减性。文化现象在一地开始出现后，在其扩散过程中，随着时间和距离的延长而衰减，一般说来，离起源地或中心越近，这种文化现象越强烈，越远则越弱。这种现象可称之为距离衰减现象，或时间一距离衰减现象。语言的扩散过程也符合这个规律。

(3) 层序性和阶层性。由于语言是呈波状扩散，对某些地区来说就有多次重复的层序性。早期传入的古老语言和后来传入的新语言有着不同的层序性，往往新语言是在古语基础上发展起来的，但差别很大。如有些青年人不懂古语，有些老年人不懂新语。语言在传播过程中，随着人类活动身份的不同而具有了明显的阶层性。如同一语义语言，在封建社会对达官贵人和普通百姓则有不同的称谓。

(4) 复合性。复合性是指语言在扩展接触中，一种语言吸收其他语言成分，形成复合语言，如日语用片假名书写的外来语就是复合语。中国大陆自改革开放实行市场经济后，语言发展方面也表现出世界经济一体化的强大冲击力。历史上，汉语中夹杂字母词是很难持久的，不少学者认为，汉语和英语两种语言文字系统不兼容，外来词语往往被汉化。无论是南北朝时期大量的梵语词还是五四时期的西洋语词和东洋语词，先后都被汉化，纳入汉语系统。但今天，随着改革开放的不断深入，随着中国加入世界贸易组织，中国成为开放性世界市场的一部分，语言中也出现了许多外来字母词语，而且这种趋势日益明显。这表现出语言扩散的复合性，这对汉语的发展是一个挑战也是机遇。语言复合性的另一种表现为双语现象。在民族杂居或贸易交往频繁的商业地区，或因战争等原因造成的民族迁徙都将不可避免的有语言接触。凡有语言接触的地区必先出现双语现象(bilingualism)，即某个人或某个语言集团同时使用两种语言的现象，如几乎所有的比利时国民会讲法语和佛兰芒语两种语言。而瑞士、荷兰、威尔士以及我国的香港语言间的接触也是非常频繁的，出现双语现象的情况也比较多。

(5) 竞争性和同化性。在传播的过程中，两种以上语言同时存在就会产生竞争和排它现象，语言作为工具本身在竞争中互相融合，导致自身异化而后趋于同化。这一开放交融过程，一些族群的语言转用，许多语种会随之消失，这种趋势具有一定的客观性，但也有很多主观因素。代表“优势文化”的语言对代表“弱势文化”的语言的影响日益彰显，小语种似乎更加边缘化。类似于生物种群的进化，一种语言受到强大的外来语威胁的时候，如果它没有在足够多的或年轻的或在经济上能够生存和发展的人口中使用，它就可能逐渐湮没或被人忘却。在面对外来强势文化语言的冲击时，弱势语言群体一方面应借助通用语开阔视野，加强与外界的沟通交流，吸收先进的科技文化；另一方面应通过独特的传统语言，传承历史经验，构建和完善蕴涵地方特色的知识体系，要注重开放吸收和继承传统并举，积极谋求良性的整合来规避一味的同化。

语言的同化是指一个民族或几个民族放弃自己的语言而选用另一个民族的语言作为交际工具，包括自愿同化和强制同化两种。自愿同化主要决定于各民族的经济、政治、文化、科学技术等方面的发展程度，人口的多少以及语言本身的丰富和发展的程度，而在政治和经济上的统治地位往往不能起决定作用。我国历史上的语言同化多为自愿同化，如南北朝时期，鲜卑族在中国建立了北魏王朝，汉族在政治上处于被统治地位，但由于鲜卑族在各方面都比较落后，因此就不能不向汉族靠拢，结果鲜卑人都学会了汉语，不再用本民族语言。满族入关建立清帝国，满族居统治地位，但到乾隆时，多数满族人只会讲汉语而不会讲满语，以后便彻底改用汉语。根本原因在于汉族在经济和文化方面高于这些民族。强制同化是统治者强加给被统治民族的，但往往遭到失败，如土耳其统治者在几百年间对巴尔干半岛各族人民实行强制语言同化，并没有达到预期目的；沙俄实行大俄罗斯政策，禁止少数民族在公开场合使用本民族语言也以失败告终。

(6) 演化性。语言通常是由单纯表现进入复杂表现。以“雨”来说可演化为“春雨”“梅雨”“暴雨”“台风雨”等，使其含义有很大的变化，并随着经济、文化、技术的进步逐渐增加了新义，例如“酸雨”一词是随着人们对环境状况的认识而出现的。

(四) 扩散的环境

语言的发展，主要是指语言结构体系的变化，使其更加适应社会发展的需要，成为更丰富、完善的交际工具、思维工具。语言的发展是同自然环境和社会历史条件的变化相联系的，一般发展的比较缓慢，不易被人们所察觉，但随着时间的推移，其发展和变化显而易见。如古汉语和现代汉语就有明显的差别，现代汉语结构复杂，词汇量增加，有些字词或者读音或者意义发生变化。

从空间上来看，语言的传播是由迁移扩散和扩展扩散造成的。迁移扩散是指某种文化与拥有这种文化现象的人或集团紧密联系。往往由于拥有这种文化的人、群体迁移到新的地方，遂将该文化传播到该地。扩展扩散是指某文化现象出现后，通过其居民，从该地向四周不断的传递，其所占据的空间也就越来越大。总的说来，语言的传播最直接的影响因素为人口的迁移和流动。在其他媒体发明以前，人是语言的唯一载体。而当出现其他媒体以后，人和媒体均成为语言传播的载体。在前一种扩散中，语言是借助人员的流动从一地扩散到其他地区；在后一种扩散中，人员虽然没有发生位移，但是语言借助其他媒体，如广播、电视等传播到其他地区。影响人员空间流动以及媒体传播语言信息的因素，都是影响语言传播的因素，各类因素无外乎两类——自然因素和人文社会因素。

1. 自然因素的影响

自然因素对语言扩散的影响主要是通过影响人口的迁移流动来进行的，表现为在自然地理条件良好、通达性强的地理区域，语言扩散传播状况好，而在自然条件差、通达性弱的地理区域，语言扩散传播状况差。语言的发展扩散在古代是通过人的流动来完成的，可以想象，位于一个与世隔绝的地理区域是难以对外进行语言交流的。一方面，区域外的语言难以进入；另一方面，区域内的语言，也难以对区域外的语言产生大的影响。远离大陆的孤岛、被高山封闭的峡谷区、人烟稀少的沙漠区、广阔密集的森林区、环境恶劣的高原区等等，这些地区同外部交往甚少，大大阻碍了语言的传播扩散，至今保留着各地的方言或民族用语，就是例证。例如，高加索地区地形崎岖，山岭纵横，山高谷深，人员往来交流十分不便，居住在那里的居民语言就特别复杂。其中，属于印欧语的有 4 种、高加索语的有 6 种、乌拉尔一阿尔泰语有 7 种，因此有人把该地称作语言博物馆。另外，中国云南多山，山间盆地、谷地、山脉相间分布，地形破碎，且较为封闭，因此有苗、彝、哈尼、纳西、拉枯、傈僳、基诺、白语、傣语等多种语言存在。

与之相反，平原及港口地区、交通要道、铁路、公路及河流附近等地区由于位置优越，同外界交往频繁，有利于语言的传播扩散。例如，广东省的英德以北地区本来是客家话的地盘，由于粤汉铁路的开通，铁路沿线的一些城镇和广州的交往日益加强，所以广州话也就扩散到这些城镇，如韶关已通行广州话。上海郊县一些城镇或乡村，其方言日益接近上海市区语言，则是现代公路发展的结果。地中海一些港口，使用由法语、西班牙语、希腊语、意大利语、阿拉伯语等混杂而成的混合语，则同港口在现代国际交通运输中重要的地位密切相关。

从地理条件来看，平原与草原给交通提供了方便。这点在闪一含语系与乌拉尔一阿尔泰语系的分布情况中表现得十分明显。显然，西亚、北非地理相连的草原环境有利于阿拉伯语的形成及保持其语言内部的一致。乌拉尔一阿尔泰语分布区东西相距十分遥远，如果不是草原使中亚与西亚与欧洲东部连接，形成交通方便的地理环境，则这个语言区是不可能相连的。

中国的华北大平原地形开阔平坦，与东北、西北联系方便，这样的地理环境为北方方言的形成及内部一致性提供了重要条件。与南方相比，南方在地形上多为丘陵，其崎岖的地形为方言发展提供条件，各方言彼此的内部差异远大于北方。

马来－波利尼西亚语系横跨印度洋与太平洋的辽阔海域，而且各岛也相距甚远，如果不考虑海洋提供了便利的交通条件促其扩散，很难想象在起源上比较接近的语言为何彼此的分布又这么遥远。

2．社会人文因素影响

语言既不是自然现象，也不是个人现象，而是一种特殊的社会现象，其本质特点在于语言是一种社会交际工具，是为整个社会服务的。因此语言的扩散与传播在受到自然因素影响的前提下，更重要的是受到社会人文因素的影响，主要包括以下几个方面：

(1) 行政区划的影响。行政区域的划分和建制往往对语言的传播扩散产生决定性影响。同一行政区内，不仅要求经济管理等方面的一致，而且往往要求使用语言上的统一，每一个国家或地区都有自己所使用的共同语言。语言界线与国界有着极大的一致性。再如，我国很多省区方言的分布也同省区界线相一致。

政治区域的分化和统一常常引起语言的分化和统一，使语言在分化和统一中得到发展。一个原本完整统一的地区由于政治、经济和战争等原因分化成几个独立或半独立区域，各区域间交往减少或完全断绝，这种环境的变化使本来使用的相同语言，其共同点逐渐减少，差别越来越大，进而形成各有特点的语言分支——方言。若地区之间长期完全隔绝，那么各方言就可能失去约束，使自身特点不断发展，进一步形成独立的语言。例如，蒙古语在13世纪蒙古帝国时期曾是蒙古族统一使用的语言。后来蒙古人远征各地，分散到欧亚大陆的广大地区，由于各地相距较远，人口稀疏，交通不便，尤其是蒙古帝国的衰退，减少了区域之间的交往和联系，使各地的蒙古语独立发展分化成现在的蒙古语、莫戈勒语、布里亚特蒙古语、达翰尔语等多种语言。再如，拉丁语随着古罗马帝国的解体，分化发展成今天的法语、意大利语、西班牙语、葡萄牙语、罗马尼亚语等独立的语言。同时，语言也随着地区的统一而统一，由于某种原因原来使用不同语言或方言的几个区域形成一个完整统一的社会区域后，不同的语言妨碍了人们的交往和社会生产，于是语言就会逐步或被迫走向统一，形成一种在新的区域内通用的语言。例如，在早期的意大利半岛，拉丁语仅是拉提乌姆地区的方言，即罗马城的方言，意大利其他城市和地区则讲不同的语言，如奥斯奇语、乌姆布里亚语、希腊语等等。当罗马帝国统治了整个意大利后，首先强迫意大利人使用拉丁语，最后强迫罗马帝国的整个统治区域都使用拉丁语，结果，在西班牙、高卢(今法国) 、里提亚和达西亚各地，人们都讲一种相当一致的通俗拉丁语。

行政区划的中心往往也是该区经济、文化、时尚的中心，一般人们的语言心理总是尽量接近行政中心，这样促使行政中心的语言很快传播到周围地区。例如，嘉兴和苏州曾先后作为上海经济区的中心，因此嘉兴话和苏州话就曾先后成为上海经济区最流行的地方话，后来上海成为这个地区的中心，上海话又成为这个地区人们最崇拜的地方话，人们以会说上海话为荣。再如，在英国，现在每一个受过教育的英国人都会说伦敦话，这同伦敦是英国的政治中心，人们倾慕这个中心有关。作为一个行政中心，它的语言不仅影响到它的周围地区，而且影响到与它有交往的其他地区。一般来说，一个地区的城市同另一个地区的城镇之间的交往，远多于同该地区乡村之间的交往，因此语言形式的传播往往越过乡村从一个城镇跳跃到另一个城镇，然后再以这些城镇为中心，传播到周围地区。

(2) 经济条件的影响。不同地区在政治经济上的联系越来越小，语言的差别就会越来越大，往往造成地域方言的形成，比如德语是方言最多的语言之一，是由于德意志民族在历史上曾经分裂为许多封建公国，各公国之间由于缺少政治经济的联系，语言逐步分化，形成方言，这是语言扩散传播的一个反过程。反之,经济越发达的国家和地区，同其他国家或地区在经济、文化等方面的交流就越频繁，其语言对外的影响也越大。英语之所以成为当今世界上最为通用的语言，同英国曾经是世界上经济最发达、最强大的国家，并在世界各地侵略扩张，以及当今世界以英语为国语的几个主要国家如英国、美国、加拿大、澳大利亚等国在世界上重要的经济地位密切相关。经济发达地区，一般科学技术也比较先进，其所发明创造的生产工具、仪器、军事武器等等比较多。因此，它对语言词汇的创造起到了带头作用，这些词汇一旦出现，常常被其它国家所吸收利用。如“原子弹”“机器人”“人造卫星”“激光”等名词都是由经济发达国家首先创造的，然后被其他许多国家或地区所接受。经济发达地区往往也是人们学习和向往的地区，人们为了学习他们先进的科学技术知识，为了促进和他们的经济、技术、文化等方面的交流，学习他们的语言是十分必要的，这也促进了发达地区语言的传播和发展。

(3) 人口迁移的影响。人是语言的载体，语言的传播扩散是通过人的交谈移动完成的，没有人口移动，在通讯条件比较落后的时代，语言的传播扩散几乎无法实现。移民作为人口迁移的一种方式，促进了语言的传播发展。如果外地的移民较当地的土著居民有较优越的政治、经济、文化地位，同时迁移时间又较集中，那么移民所带来的语言就有可能取代当地的土著居民的语言。例如，北美洲原是印第安人的故乡，印第安人在北美占绝对优势，因此印第安语是北美的主要语言，但自从 15 世纪哥伦布发现新大陆后，大批欧洲移民移居北美，在外来移民中，以英国人的人数最多，经济和军事力量最强大，占据了北美大部分地区，使英语很快成为北美最为通用的语言，并且很多印第安人也会讲英语，印第安语只在人数不多的印第安人之间使用。再如，辽东半岛和山东半岛两地的方言极为相似，主要原因是迁入辽东半岛的人大都来自旧青州府、登州府和莱州府等胶东地区，在辽南地区占据了相当优势，所以今天的胶东话和辽南话接近是理所当然的。

移民所带来的语言有时虽不能取代当地的语言，但其语言成分往往能渗透到当地语言中，对当地语言产生影响。如辽宁西部的语言中带有河北味，就是因为河北人曾大批移居辽西地区所造成的。

（五）扩散的路径

语言传播与文化传播相似，它的途径大体上分为横向传播和纵向传播两类。所谓横向传播，主要指语言的空间传播，即不同语言间的传播。纵向传播主要是指语言的代际传播。

1．语言的空间传播

语言是一个开放的系统，人们总是寻求各种机会输出自己的语言，又有选择地接受其他的语言。语言的空间传播主要通过操某种语言的人或集团从一地迁移到另一地，从而把这种语言带到迁居地。语言的空间传播可分为占据式传播、蔓延式传播和变异式传播。

语言的占据式传播是指被移民从原居地带到新居地的语言至今仍与原居地语言基本相似，仍属于同一语言系统。例如，17 世纪初，英国人向北美大规模的迁移就属于语言的占据式传播，它使得英语在历史上第一次远离欧洲本土，从英格兰岛到达新大陆并且在后来永久性地居住。虽然欧洲各国移民也都纷纷涌入北美洲，但由于最早以英国人为最多，他们的语言文化、生活方式和法律制度等构筑了后来美国社会的基础，即使在殖民地时期，美国的语言也表现出惊人的一致性，人们通用的语言是英语。美国独立建国至今，英吉利民族语言文化为基础的美利坚民族的一体意识已变得十分强大，它不仅表现在政治经济的独立上，也表现在语言文化上。可见，英语这种原居住地语言的地位已经在新居住地成为一种不可剥夺的主导意识，是典型的语言占据式传播的结果。

语言的蔓延式传播即移民并不以扩张为目的，占领成片的广大地区，而只是有选择地在某地定居下来，处于当地语言的包围之中。一般说来，如果两种语言互不相通，在经常相遇的情况下,说这两种话的人就必须设法建立用来交际的共同语言。因此，语言的蔓延式传播中形成的语言往往属于混合型语言，新居地的语言并不完全同于原居地的语言。例如英国商人在西非奴隶贩卖使用的洋泾浜英语和克里奥尔英语就是这种语言传播的结果。由于英国商人与奴隶不定期地来往，与当地说着各种土著方言的居民做生意,他们之间就用混合英语进行交流，混合英语就是在语言的蔓延式传播中逐渐形成的。直到今天虽然英语在西非已建立一定的官方地位,但当地居民仍然用克里奥尔英语作为他们的第二语言。

语言的变异式传播指移民迁移到新居地之后与土著杂居，移民语言中往往会掺杂进土著语言，加之土著语言地位较高，移民又处于土著的包围之中，移民语言不可能长期保留原有的面貌或特征，随着时间的推移，移民语言被土著语言所同化，从而导致移民所具有的语言与原居地语言完全不同。例如，从 1770 年到 1852 年，一批在英国和爱尔兰宣判有罪的人被转移到澳大利亚，随后又有大批从英格兰、苏格兰和爱尔兰的自由移民来到澳大利亚，他们的语言就受到澳大利亚土著人方言的影响，形成特有的澳大利亚英语变体。

语言空间传播的动力来源于三个方面。首先，不同语言之间的差异是语言空间传播的外在动力。任何语言都有不同于其他语言的地方，无论强于其他语言，还是弱于其他语言，都会引起其他语言的注意。随着人类迁徙到不同的地方，语言的差异性逐渐显现，分别体现在语法、语音和词汇三个方面，只要有条件，这种扩散关系就能确立。语言之间的差异可能导致 A 语言被 B 语言同化，或是代替 B 语言，或是使 B 语言退到边远地区；有时随着 A 语言区的扩大而产生语言的分化，出现新的方言或新的语言。

其次，语言的自身发展是语言空间扩散的内在动力。语言在封闭状况下发展非常缓慢，它需要借助社会这个载体不断的演变和发展。当一种语言面临强势语言的入侵时，都存在语言生存问题，因此语言自身必须不断地与时俱进，呈现出开放的趋势，这主要植根于语言深层的发展和生存的动因；当一种语言自身面临扩散与否的选择时，其根本动因在于价值。这取决于那种语言领有者的社会及历史地位。一个弱小民族，其语言除去学术上的认知意义，及或许存在的微弱的外交作用，几乎没有传播价值；反之，有价值的语言才会被其他语言选择和传播。

第三，政治边界和地理障碍常常限制语言空间的扩散，语言的空间传播也需要一些助力。鉴于各种社会政治因素和两地距离的远近及交际网络的疏密和语言演变扩散的速度及相互影响的大小有密切的关系，所以一定的交通条件和有利的社会政治环境可以大大促进语言在空间上的传播速度。例如，中世纪东亚世界汉语和伊斯兰世界的阿拉伯语以及欧洲的拉丁语流行最为广泛，但由于受制于生产力低下等客观因素，这些语言的传播并没有突破大洋的阻隔，仅限于陆路的传播，但 15 世纪末至 17 世纪中期地理大发现的到来，促成了语言海陆的传播，使整个世界连在一起。另外，欧洲殖民的海外扩张，正好也为欧洲语言在殖民地的广泛传播提供了适合的政治环境，形成了通用语真正意义上在全球的推广：葡萄牙语、西班牙语和英语几乎覆盖了西半球；英语成为澳洲大陆、南亚和东南亚大部分地区的优势语言；法语与阿拉伯语在非洲北部并驾齐驱；俄语则控制了整个亚洲北部，形成了西方语言在世界传播的版图。

2. 语言的时间传播

语言的时间传播是一种语言传播的延续，它不是面对面的传播行为，而是传播主体隐蔽了历史背景，通过其他媒介来进行代际传播。例如在国内或国外有目的地推行某种语言，不仅需要借助国民语言教育和对外语言教学，而且还要借助广播电影电视、网络、书籍等媒体促进语言的扩散，这其中涉及语言研究、教育、外交、广播电影电视、文化等多个部门和领域，所以语言传播为了克服时间的局限，需要走上技术之路，也就是借助媒体进行传播。

语言的时间传播有两种重要方式：显性传播和隐性传播。显性传播是指通过政府法令以及条例规则等明文规定的政策来传播语言；隐性传播是指通过语言意识形态、语言实践活动等体现出来的语言倾向，以及可能影响到语言生活的其他法律条文或政府文件来传播语言。隐性传播虽不是关于语言生活的明文规定，但是能够起到语言显性传播的作用。而显性传播如果过于强硬也有负面影响，因为当一种语言的传播成为一套强有力的思维模式、价值系统、生活习惯等思维定势时，可能给后人带来沉重的因袭负担，构成语言发展的巨大障碍，带来毫无生气的传统延续，甚至堵塞了代际语言传播渠道。

所以语言的显性传播和隐性传播是辩证的关系，二者相辅相成。一般来说，语言的显性传播是隐性传播的“法规化”外在体现。显性传播在执行中仍然需要隐性传播的襄助，甚至需要再转化为各种隐性的语言传播，从而进一步引导隐性语言传播向着显性语言传播的方向凝聚和发展。一个国家可以没有显性语言传播，但如果同时没有一致的、足够有力的隐性语言传播，那么，这个国家的语言生活将是“碎片化的”。例如美国的语言政策之所以发挥威力在于其中微妙的隐性部分即语言文化起着决定性的作用。“隐性政策的标准和效果，可能对政府机构实践产生更大的影响，并可以形成和控制语言行为，这往往比官方的语言政策更有力量，反而更能取得预期目标(Schiffman，1996)”。

鉴于以上分析，语言传播的方式不是简单意义的平面扩散，语言的传播除了在空间领域(包括共时的地理或是社会阶层) 呈渐进扩散，在历时上语言的传播也以渐进扩散的方式来完成。语言的空间传播常常打破本地语言的原有格局，新旧语言之间产生激烈的冲突。在打破旧的平衡达到新平衡的过程中，旧语言中许多僵化的东西在新语言的冲击下会悄然逝去，新语言中某些适宜本区域的内容则会扎下根来，出现语言的整合现象。语言的空间传播也可以导致语言的区域分化。这主要因为在语言扩散过程中，外来语言往往会在一个区域中造成不同的影响：

(1) 由于交通条件的影响，某个地方接收到了某种新语言，而另一个地方却不能接收到。

(2) 外来语言对语言中心和边缘区影响不同。中心区原有语言势力强，对外来语言具有强大的抵抗力，接受外来语言慢。边缘语言区原有语言势力弱，容易接受外来语言，甚至被外来语言所同化。

(3) 语言扩散过程中的时间差也会导致语言的区域分化。语言的时间传播可通过显性或隐性的方式。事实上，一种语言即使有一种正式的书面的显性传播政策，也不一定被贯彻实施，其实施的效果更不一定得到保证和始终如一。不得不承认，在很多社会群体中，不一定有明确的和可观察到的官方在语言管理方面的努力。虽然有的国家和机构并没有以显性的方式传播语言，但是公众对于适宜的语言或者行为却往往有明确的取向。因此语言的时间传播可以是成文的，也可以是不成文的，但不成文的语言传播来自于社会的语言实践或者语言信仰，以更为潜移默化的方式在支配人们对于语言的选择。此外，由于特定的历史原因与复杂的政治因素，语言在传播过程中也必然经历迫于压力被孤立、再逐渐接受最后再广泛使用等阶段。所以纵观语言传播的历史，语言扩散也是一个涵化的过程，螺旋式的传播形式也是语言在时空中传播的常态。

（六）扩散的结果

1．新来语言取代当地的语言

这种情况可以从英语的发展中得到例证。英国的大不列颠岛，最早通行外来伊比利亚人带去的伊比利亚语，到公元前5世纪，凯尔特人进入该岛，取代了伊比利亚人，也取代了伊比利亚语言。到公元5世纪，日德兰半岛来的盎格鲁、撒克逊和朱特人所形成的英语取代了凯尔特语。

英语不但取代了凯尔特语，占据了大不列颠岛，到近代，随着大英帝国的发展，英国人向其殖民地大量移民，向国外扩散。如英国人在美洲殖民，开始在大西洋的沿海地区，随着人数的增加，对印第安人采取驱赶、屠杀的办法缩小印第安人的居住地区与语言区，扩大英国人殖民地范围与英语区。

1607年，英国人在弗吉尼亚的詹姆斯登陆建立殖民地和1620年“五月花号”移民到达马萨诸塞州以后，约300年内，英语就从大西洋岸扩散到太平洋岸。在美国除少数孤立的保留地居住着印第安人和使用印第安人语言外，全成了英语的天下。其面积等于英国的38倍，使用英语的人数也等于英国的4.5倍。同样情况，英语还扩散到加拿大、澳大利亚、新西兰和南非等地，成为语言扩散取代当地语言最突出的例子。

西班牙语和葡萄牙语在拉丁美洲也与英语一样，它们也通过殖民、屠杀、驱赶等办法减少印第安人，缩小其居住范围，扩大殖民者人数和活动范围以扩大其语言分布区。由于拉丁美洲不少地区是古文明所在地，故该地的人口数量多，密度高，因此西班牙人和葡萄牙人不得不采取通婚及同化等办法扩大其使用西方语言的人数，减少当地语言的影响。

2．新来移民接受当地的语言

新来的移民并不都是取代当地的语言，亦有放弃自身语言而接受当地语言的情形。这也就是说，在语言上，外来者被当地居民同化了。如我国南北朝时，鲜卑族在北方建立了北魏政权。为了有利于其统治，北魏孝文帝于公元 493 年采取汉化政策，公开下诏，要求鲜卑人改习汉语。结果，鲜卑语就统一到汉语中去了。清朝时，满族人入关，建立政权并统治了几百年，虽然竭力保持其语言，但是最后，满族人由于与汉族杂居逐渐放弃其语言而接受汉语。

在其他语言中也有不少例证。如美国，虽然是英语的天下，早期也是以英国人移民为主。可是从 18 世纪末开始，英国来的移民比率下降，然后逐步变为北欧人、南欧人、拉丁美洲人、亚洲人占较大比率。但是，尽管移民来源有变化，其带去的语言比较杂，在混居情况下，新来的移民都逐渐放弃其原来语言，第二代则在外说英语，在家中说原来语言，到第三代则全部接受英语。

3．新来移民所带来语言先存在，后影响下降或消失

这种情况与政治力量的发展有关系。例如，1323—1809 年在北欧，瑞典的政治与军事势力比较强，芬兰属于瑞典王国，瑞典的士兵与移民多居住于芬兰沿海，瑞典语就被带来该地区，较为流行。后来，芬兰脱离瑞典，瑞典士兵撤走，移民也多陆续返回，瑞典语影响大大减少，最后则消失掉，仅在少数地区留下些岛状分布。

亚洲的日本，在军事势力强大时，于 1910 年吞并了朝鲜，1895 年强占了我国的台湾。在日本人统治时期，日本人向这两个地方不但进行移民，而且推行强化日语活动，尽管进行了几十年，但到第二次世界大战结束后，朝鲜独立，台湾亦回归祖国，原来移民这里的日本人亦被遣返回国，当地人虽受多年的日语教育，可日语也随着日本的失败而消失。

这种通过移民的语言扩散，由于移民具有浓厚的政治色彩，语言上具有强制性，加上移民数量与当地居民相比太少，当地居民在思想情绪上对外来移民语言往往持对立情绪，故外来语言难以扎根，随着移民回返，语言影响亦随之消失。

4．新来移民仍维持自身语言成为特殊的语言岛

这种情况是由于新来的移民当进入新的语言区定居下来后，既未扩大其语言的影响，使当地人接受其语言，也未放弃自己的语言，接受当地的语言，仍然继续保持自己的语言。这样就在某一广大的语言区中，出现一种与当地语言截然不同的外语语言，呈特殊的岛状分布。

在我国，锡伯语的分布原在东北的嫩江，与满语很接近。现在东北这种语言却消失了。可是，在新疆西部却呈岛状分布。这是因为原来操锡伯语的部族，在清乾隆二十九年(1764 年)，将该部官兵包括家属等共约 5000 多人，派往新疆伊犁地区驻防，在那里进行屯田，经过 200 多年发展形成现在新疆的锡伯族。由于他们在该地是聚族而居，地点集中，而且在社会方面有自己的特殊功能，内部生活在周围反差下，形成较强的凝聚力，所以他们的语言被留下来。可是，在其起源的东北，后来与汉族杂居，生活与交往比较密切，语言反而消失了。

5. 新来的移民到新地后最终随着环境条件变化形成新的语言

在欧洲，罗马帝国时期，罗马人随着罗马帝国的向外扩展而迁到新的国土上。在那里，他们从事行政管理，担任驻防，进行商业活动。因此，他们也把罗马人的拉丁语带往各地，在当地的中、上层社会中具有重要作用。但是，罗马帝国垮台后，原来所具有的优越地位已不存在，这些地方遂在罗马人的拉丁语影响下，与当地语言结合发展成新的语言。这就是目前欧洲南部属于拉丁语族(或罗曼族组) 中的法语、西班牙语、葡萄牙语和意大利语的形成过程。正是由于受共同的拉丁语影响，这些语言存在着亲缘关系。

英国的英语原是属于低地日耳曼语中旧萨克逊三个部落。它们迁移到英国，经过彼此间的融合而成新的语言——英语。它与继续存在于德国北部的低地日耳曼语中旧萨克逊语差别很大，彼此分属不同的语种。

再如我国的客家方言。南方的客家人原是北方中原人，在宋前后迁移到南方，由于这时南方大片土地多被早先移民占据，他们只能向边远地方发展。虽然在新地方，但由于与周围语言比较隔离而保留自己的特点，但又与原居地相距过远，彼此缺乏联系，各自独立发展，久而久之，差异越来越大，就形成了新的方言。

6. 多语言国家出现

由于政治、历史、地理等多种原因，语言扩散的结果出现了多语言国家。例如，在比利时，其南部瓦隆人讲法语，北部弗拉芒人讲弗拉芒语，这两种语言比较对立，在各自语言区排斥另一语言，这种情况给国家管理带来一些消极影响。在加拿大，除魁北克省由于法国后裔占绝大多数而说法语外，其余多是说英语。因此，加政府把两种语言都作为官方语言，加拿大成为双语国家。但是，说法语的魁北克却成为加拿大内部分离倾向的重要原因。在非洲，多语言的国家，特别是那些缺乏主体民族、主要语言的国家，很难确定某一种语言作为官方语言，即使确定，往往也会引起民族或部族之间的矛盾。在这种情况下，不少非洲国家继续使用原宗主国的语言作为一种“官方语言”，以便于作为对外交往及国内各语言部族之间共同交往的工具。而欧洲的瑞士则共有四种官方语言和谐相处。

第二章　社会语言学概述

第一节　社会语言学的发展概况

社会语言学的兴起，是最近半个世纪的事。20 世纪 30 年代以来，由于社会政治经济条件发生了急剧的变化，加上科学技术比之前几个世纪有了很大的突破，所有这些变化和变革又往往冲击了人类社会的某些认识和规范，因此，传统语言学不能满足当代社会生活的迫切需要，这样，就产生了一门边缘科学——社会语言学。

作为一门边缘科学，社会语言学在 20 世纪六七十年代才被公认为一门独立的学科；虽然它属于人文科学(社会科学)，或者可以说是两门社会科学(社会学、语言学)的邻接科学，但它越来越受到现代科学的影响，例如信息论、控制论这些自然科学领域的新学科或边缘学科；它们对传统语言学有很大的冲击，对社会语言学也有较多的影响。由于这门学科兴起的时间不长，而且处在不止一种学科(而是很多比较成熟的学科)的邻接境地，因此，社会语言学的研究对象或范围至今还没有一个一致公认的界说。有一部伦敦出版的社会语言学论文集的封底广告，很能反映出这样一种不确定的状态。它写道："语言在社会中所处的地位很重要，而且很复杂；这使社会语言学成为很多学科的专家们研究的园地。尽管社会语言学的领域还没有明确的疆界，但它有很多重要主题已被深入探讨，有了不少方法论和基础理论著作，积累了不少有价值的描写资料。"

这段仅约 100 字的说明文字，没有给出(也不企图给出)社会语言学的定义——而笔者认为，研究一门学问，主要不应从定义出发——但它向读者提供了下面几个明确的观念：

(1) 语言是一种很重要而且很复杂的社会现象。

(2) 社会语言学吸引了很多专家的注意——实际上社会语言学在它形成的过程中吸引了包括语言学家在内多科专家的注意，其中包括社会学家，人类学家，人种学家，心理学家，教育学家，历史学家，信息论、控制论、博弈论方面的科学家，以及制定语言政策的政治学家。

(3) 社会语言学的“领域”还没有公认的疆界，大有发展活动的余地。

(4) 它的很多重要主题正在深入探讨中(例如语言的变异、语言的通性、语言的接触、语言的计划、国际社会通用交际语、社会语境等等，都有或深或浅的研究)。

(5) 社会语言学这门学科已有不少研究资料和专题论文，这些有价值的文献积累，将给未来的研究者很多启发。

正如上面说过的，这里没有社会语言学的定义(不但没有一致公认的定义，而且也不采纳任何一家之言作为“定本”)，但是这仅约100字的文字，简单明了地提供了这门学科比较符合实际的目前状况。N.Dittinar(1976)曾将社会语言学40多年的发展历史分为以下五个阶段:

(1) 1964年，社会语言学作为一门独立的学科建立，出版了第一批著作。

(2) 1964－1967年，对社会语言学的地位进行系统的讨论。

(3) 1966年起对有关问题进行有计划的、综合性的大规模实验性研究。

(4) 1968－1972年，对社会语言学的理论进行总结(这一工作至今仍在继续进行)，解决一般的社会学问题和某些特殊的语言问题。

(5) 1972年以后，逐步进入社会语言学的应用研究阶段，对已经提出的各种理论进行深入的检讨和修正。

第二节 中外社会语言学的发展概况

社会语言学的建立，可以追溯到1954年。那年夏季，“社会语言学委员会”利用在印第安纳大学举办美国语言学会暑期讲学会之便举行讨论会。这次会议标志着社会语言学的诞生。

由于研究社会语言问题的学者分属于各学科，他们研究的侧重面不同，方法也各具特色。从社会学角度的研究着眼于社会的结构、制度、关系、变迁对语言行为产生的影响；运用社会统计学的方法，进行抽样调查，从大量的自然语言资料中引出结论。从社会心理学角度的研究注意人们对言语行为的反应和评价以及言语活动的心理过程。在方法上，除了通过观察社会现象和自我省察外，主要借助实验取得数据。从人类学角度的研究注重在特定的文化环境中，联系风俗习惯，考察语言的使用情况，进行跨文化的比较。此外，有些学者从信息论角度研究言语传递过程，从语用学角度研究言语双方的反应，等等。从语言学本身来看，方言学与社会语言学有渊源关系。传统方言学主要研究语言的地域特征及其分布，方言调查限于乡村和偏辟地区，多半依靠向那些能发所谓“纯正的”地方音的合作人提问诱导。社会语言学则研究社会方言的特征及其与社会因素之间的关系，调查的目标转向城市。社会语言学的基本出发点就是认为研究语言必须联系社会实际。调查各类言语共同体使用语言的状况，研究社会诸因素与语言变异的关系，分析各种语言变体的构造特点及其社会功能和效应，探索语言演变的方式和规律，这是以拉波夫为代表的许多社会语言学者的中心课题。他们声称，社会语言学不是语言学以外的一个专门领域。社会语言学的成就将被吸收入普通语言学，使语言学理论趋于成熟。

有关中国社会语言学的起始问题学术界尚无统一的说法。中国有学者将其分为初创、发展、稳定成熟三大阶段。以笔者之见，与其说初创、发展、稳定成熟，倒不如按照年代对其进行客观描述更能反映我国社会语言学进程的全貌。“社会语言学”这一术语最早出现在美国学者柯里于 1952 年发表的一篇论文中。但作为一门独立的学科，一般认为，社会语言学却是诞生于 1964 年。该年，美国出版了 D.Hymes 编著的《文化与社会中的语言：语言学与人类学读本》，其中就使用了“社会语言学”一词；同年 5 月，W.Brisht 主持召开了首次社会语言学研讨会；是年秋天，美国社会科学院组建了社会语言学委员会。在随后的几年里，社会语言学就形成了一种繁荣发展的局面(李延福，1990)。所以应该说，社会语言学于 20 世纪 60 年代诞生于美国。社会语言学于 20 世纪 80 年代开始起步于中国；20 世纪 90 年代中期在中国取得了很大进展；20 世纪 90 年代末处于反思与梳理期；展望 21 世纪，社会语言学研究不仅在国外尤其在中国，其发展前景将会更加光明。中国五千年的文明史，广博的地域疆土，多元的民族文化，都预示着社会语言学学者大有用武之地!

1. 初创与起步

1983 年 8 月，陈原先生的《社会语言学》的出版标志着中国社会语言学的诞生。中国社科院语言文字应用研究所于 1987 年 12 月 1 日～5 日在北京举办的首届社会语言学讨论会和 1988 年 8 月由深圳教育学院深港语言研究所主办的首次“双语•双方言”讨论会，大大推动了我国社会语言学研究的发展。20 世纪 80 年代有关社会语言学的译介、概论性著作和教材的出版做出了同样的贡献，其中包括陈松岑的《社会语言学导论》(北京大学出版社，1985)、游汝杰、周振鹤的《方言与中国文化》(上海人民出版社，1986)、林书武等翻译的《社会语言学导论》(1980—1982)、祝畹瑾的《社会语言学译文集》(北京大学出版社，1987)和《现代会语言学》(卫志强译)、陈原的《社会语言学专题四讲》(语文出版社，1988)、陈建民的《语言文化社会新探》(上海教育出版社，1989)，还包括《外语言学》等杂志连续刊登的有关译介文章，如佐伊基的《社会语言学演讲录》(刘明霞等译，北京语言学院出版社，1989)。

2．进步与发展

中国社会科学院语言文字应用研究所和苏州大学于 1990 年 11 月在苏州召开了首届应用语言学研讨会，有不少社会语言学论文。这一时期出版的许多社会语言学的专题研究都标志着社会语言学研究在中国的进步与发展。其中包括张清常的《胡同及其他——社会语言学的探索》(北京语言学院出版社，1990)、《双语双方言》(1～4 集)(分别由中山大学出版社等出版)、《语言•社会•文化——首届社会语言学学术讨论会论文集》(语文出版社，1991)、《社会语言学论丛》(湖南出版社，1991)、《许国璋论语言》(外语教学与研究出版社，1991)、《语言和人——应用社会语言学若干探索》(上海教育出版社，1992)、孙维张的《汉语社会语言学》(贵州人民出版社，1991)、祝畹瑾的《社会语言学概论》(湖南教育出版社，1992)、王得杏的《社会语言学导论》(北京语言学院出版社，1992，英文版)、戴庆厦的《社会语言学教程》(中央民族学院出版社，1993)，郝德森的《社会语言学》(丁信善译，中国社会科学出版社，1990)，高天如的《中国现代语言计划的理论和实践》(复旦大学出版社，1993)。

值得提及的是，除了出版数以百计的关于社会语言学方面的著作，其中包括中英文版的译著、原著、教材和论文等以外，国家级、校级社会语言学研究会、研究所、研究中心，还有研究实验室相继成立，不少学校逐步开设了社会语言学的课程，还有的学校开始招收以社会语言学为研究方向的硕士和博士研究生。国家学位办也把社会语言学列为三级学科。如此种种，都标志着 20 世纪 80 年代末到 90 年代前半期我国社会语言学研究取得了很大进步。

3．反思与梳理

到了 1995 年以后，中国社会语言学研究表现得相对冷清一些。除了两年一次的“双语•双方言”讨论会在主办者的不懈努力下继续照常召开以及应用语言学讨论会上还有人继续关注社会语言学问题外，专门的社会语言学研讨会从1992年起一次也没有举办过。有关论文的数量也有所下降。可以说，这是中国社会语言学形成以来的反思与梳理期。如高一虹(1996)就对中国社会语言学研究方法提出了很多宝贵意见。但是，这一时期出版的新著大多都极其注意紧密结合中国社会实际，所讨论的问题无论是深度还是广度都有所提高。其中主要有陈保亚《论语言接触与语言联盟——汉越(侗台)语源关系的解释》(语文出版社，1996)、郭熙《中国社会语言学》(南京大学出版社，1999)、《双语双方言》继续按计划连续出版(5～6集)、其他论文集如陈恩泉主编《双语双方言与现代中国》(北京语言与文化大学出版社，1999)、周庆生《语言与人类》(中央民族大学出版社，2000)、李如龙主编的《东南亚华人语言研究》(北京语言与文化大学出版社，2000)、邹嘉彦、游汝杰的《汉语与华人社会》(复旦大学出版社、香港城市大学出版社，2001)、汤志祥《当代汉语词语的共时状况及其擅变——90年代中国大陆、香港、台湾汉语词语现状研究》(复旦大学出版社，2001)、袁焱的《语言接触与语言演变》(民族出版社，2001)、于根元《网络语言研究》(中国经济出版社，2001)等等也为相关的研究打开了新的视野。

第三节　社会结构与语言的关系

我们无意在对具体的问题(社会语言学的诸问题)进行具体分析以前，把各家的定义逐一介绍或评论。那样做是没有意义的，而且只能使读者感到厌烦。笔者只想提出一个社会语言学家提出的命题在这里加以讨论。这个命题说，社会语言学的任务在于描述“语言和社会结构的共变”。

“共变”是现代语言学常用的新术语。这个命题说的“共变”，很可能是指语言是一个变数，社会也是一个变数；语言和社会这两个变数互相影响，互相作用，互相制约，互相接触而引起的互相变化。如果作这样的理解，那么，社会语言学确实是研究这两个变数的相互关系的。当社会生活发生渐变或激变时，语言——作为社会现象，同时作为社会交际工具——毫不含糊地随着社会生活进展的步伐而发生变化；如果把这种现象作为“共变”现象，那么，社会语言学要探索的许多问题，都可以归入“共变”的范畴。

传统语言学(无论是历时语言学还是共时语言学)其实也有时研究这种“共变”现象，但是传统语言学所着重解决的却是语言本身的构造和规律，包括语言的音素，语素，包括语音，语汇，语义，语法，语调，等等，一直到表达符号(文字)和表达方式(文体)，这是语言学这门古老学科的主题。

对语言本身构造和语言本身诸要素的规律的研究，对于社会生活来说，当然是重要的，而且是必需的，不但现在需要，即便在将来也是需要的。但是，显然，当人类社会生活发展到今天，这种研究不能满足需要。作为静态现象(语言现象)的考察，可以而且应该继续；但人们有必要开辟一条新的途径，来探索语言的运动过程。这新途径之一，就是社会语言学的探索。

第四节　社会语言学构建研究的出发点

笔者不企图给社会语言学的研究对象下定义。本书的社会语言学将从下面三个出发点出发去研究语言现象：

(1) 语言是一种社会现象。

(2) 语言是人类社会最重要的交际工具。

(3) 语言是人的思想的直接现实。

本书将在下面的章节中论述这三个出发点。本书的社会语言学将从两个领域去进行探索：第一个领域是社会生活的变化将引起语言(诸因素)的变化，其中包括社会语境的变化对语言要素的影响；第二个领域是从语言(诸因素)的变化探究社会(诸因素)的变化。在第一个领域中，社会是第一性的，社会有了变化，这才引起语言的变化，因此语言是第二性的；在第二个领域中，社会还是第一性的，我们只是透过语言的变化现象，把历史的或当时的社会生活的奥秘揭示出来，决不像语言相对论，认为有什么模式的语言，就会产生什么样的社会模式或社会文化。那样的论点是本末倒置的，是违反唯物论的。

本书所将要展开的论述，基本上都属于上面两个领域。在下面的论证中，本书常常把这二者(如果可以说是两个变数即社会、语言的话)交叉在一起，因为现实的社会生活就是这样错综复杂的。

第三章 社会语言学属性研究之一：语言的工具属性

第一节 语言是人类最重要的交际工具

语言是人与人之间进行交际的工具，而且是人类社会中最重要的交际工具。语言只有在人类社会里产生和发展；现在的科学还不知道有哪一种生物还能使用语言作为交际工具。语言不是人与人之间唯一的交际工具，但它是最重要的交际工具。

烽火，鼓声，手势等都可以成为交际工具，而且在特定条件下，这些交际工具都很有效。万里长城有烽火台，当哨兵发现敌人来侵犯时，便烧起烽火，一个传一个，住在远处的人们看见烽火，便知道有敌情了。两千年前的烽火信号，就是有效的交际工具。在抗日战争时，我们的根据地，哪怕是小小的山村，也规定了有敌情时的暗号——例如村外一个小山，经常派人在那里放哨，有敌情时便将预定的消息树放倒，以便村里的老乡们可以有所准备。消息树也是一种交际工具。

非洲民族习惯用鼓声作为交际工具。人们利用鼓声的高低，长短，节奏的快慢来传递信息。所以鼓声也是一种有效的交际工具。

人类的社会生活是复杂的，为适应这种复杂局面的需要，人与人之间的交际工具也是多种多样的，但是在通常的场合，每日每时大量使用的交际工具是语言。

语言是作为社会成员间交流思想，传达情感的工具为社会服务的。交际功能是语言最基本的社会功能，一种语言一旦不再作为交际工具来使用，那它也就不能再用作人们的思维工具。这是由语言的社会本质所决定的。

凡是能够传达一定的信息，表达一定思想感情的都是交际的工具。人们用来交际的工具，除了语言之外，还有多种，比如文字、音乐、美术、旗语、信号灯、电报代码、化学符号、数学公式、体态语、表情、手势、花卉、实物、网络等等都是交际工具。在这些辅助性交际工具中，文字和体态语是我们最常使用的。

人们在运用语言进行交际的时候，不但动嘴，而且脸部的表情、手的动作乃至整个躯体的姿态等非语言的东西也都参加进来。这就是说，交际的时候除了运用语言工具以外，还可以运用一些非语言的交际工具。这一点在以往的研究中往往被忽视了。其实，我们平常说话，不可能毫无表情或动作。孩子学话也需要依靠大量的非语言手段的帮助。可以说，语言的交际处于身势等各种伴随动作的包围之中。有些时候，离开某些特定的伴随动作，语言的交际还可能发生故障，不如身势等非语言的交际手段。例如，鼓掌欢迎，举手为礼，挥手送别，伸舌表示惊讶，等等。用手指刮着脸皮羞人，是汉族人特有的动作；西方人摊手耸肩，表示不知道，据说源于法国。我们平常说的“察颜观色”“眉目传情”“暗送秋波”等等都是不用语言的一些特定的交际方式。在这种情况下，如果用语言来表达就显得非常笨拙，甚至难以完成特定的交际任务。这就是说，这种伴随动作也是一种交际工具，不过使用的范围非常有限，只能起辅助性的交际作用，以补充语言交际的某些不足。它们都是在语言的基础上产生的，即使像“察颜观色”这一类特定的交际方式，也必须有语言的交际为基础，预先有了一定的了解，对方才能领会。

不同民族的语言是不同的，说话时身势等伴随动作，各民族也有自己的特点。打招呼是一种日常的交际行为，除了用语言之外，还运用一些其他的方式。比方中国人过去是打躬作揖，欧美人用握手、接吻、拥抱等方式，库泊爱斯基摩人用一个拳头连打对方的脑袋，拉丁美洲有些地方的人以拍背为礼，波利尼西亚有些地方的人则是拥抱和互相擦背。点头表示同意，摇头表示不同意，塞孟人头往前冲表示同意，奥维崩达人伸出食指在脸前晃动表示不同意。招呼人过来一般是手指向里摆动，可是在各个民族中间也有两种方式，有的民族是手掌朝下。体态语这种语言的伴随动作也是一种交际工具，不过使用的范围非常有限，也只能起辅助性的交际作用，以补充语言交际的某些不足。这不是说人类的交际可以离开语言，相反，这恰好说明语言在交际中的主导作用，是基础，是根本。创造手语，离不开语言基础，只不过是为特定的人群服务的。

从社会功能的角度来认识语言的基本属性，是马克思主义对语言学研究的一个重大贡献，这对于语言社会本质的揭示有着极其重要的意义。因此，对“语言是人类最重要的交际工具”这一论断的理解，是我们认识语言社会本质的关键。马克思主义认为语言是一种社会现象，它既不是经济基础，又不是上层建筑，而是人类最重要的交际工具和不可缺少的思维工具。语言为全民所有，任何社会都不存在阶级的语言。我们知道，社会现象有个共同的特点，那就是依赖社会而存在，并为社会服务。属于社会现象之列的语言具备这些特点，只是它服务于社会的方式很特别。语言是以交际工具和思维工具的身份为社会服务的。“工具”的性质决定了语言的产生是为了满足整个社会的交际需要，其使用必然也是对社会各阶级都一视同仁。这一特性从根本上把语言同经济基础，以及建立在经济基础之上为一定阶级服务的上层建筑区分开来。从另一个方面来说，经济基础是从经济出发为社会服务。上层建筑以政治、法律、美学等思想为社会服务，并且为社会创造相应的政治、法律和其他设施。语言的活动范围则要广泛得多。语言与生产、人的生产行为及其他一切行为有直接的联系，它可以在人类活动的一切范围内替社会服务。社会要生存要发展，就不能没有语言。语言是人类最重要的交际工具和思维工具，它只和社会共命运。

各种辅助语言的交际工具，无论它们在特定的场合有多么重要，仍然不能代替语言，因为从根本上说，人类各种各样的辅助性交际工具都是在语言的基础上制定的，没有语言基础，这些工具也就失去了存在的意义。所以说语言是人类最重要的交际工具。

第二节　人类语言与动物交际工具的区别

动物之间也存在着交际活动。但动物之间的交际工具不是语言——没有发现哪一种动物是会讲分音节的有声语言的。

在现今世界上，除了会模仿人类发音而做出无意义的语言的——至少对发音者本身来说是完全无意义的——那些鸟类(“能言鸟”)之外，实在没有见过哪种动物会发出有意义的分音节的有声语言。鸟是唯一能学会说话的动物，“而且在鸟里面是具有最讨厌的声音的鹦鹉说得最好。”(恩格斯) 鹦鹉一连几个小时唠唠叨叨地反复说着它学会了的那几句话，对它来说，这些话是完全没有意义的——虽则如恩格斯所说，在特定语境中它也能学会懂得它所说的是什么。在一般场合下，尽管能言鸟唠叨个不停，其实这只是它的发声器官的一种重复动作，而不是伴随着思维过程去进行交际的。

《红楼梦》第八十九回写到林黛玉的丫环紫鹃和雪雁，背着主子悄悄地交换听到的小道消息，议论宝二爷已经定了亲却叫瞒着黛玉的事，提到过黛玉屋外养的那头鹦鹉。

“正说到这里，只听鹦鹉叫唤，学着说：‘姑娘回来了，快倒茶来！’倒把紫鹃、雪雁吓了一跳，回头并不见有人，便骂了鹦鹉一声，走进屋内。”

这里写的是鹦鹉在两个丫头悄悄议论有关主人的事这种语境中，重复了它平时不知道重复过多少次，从人那里学会的两句话。乍看上去，这是鹦鹉在关键时刻的恶作剧。但这其实不是恶作剧，因为这鹦鹉并不明白这两句话有什么意思，更不知道在这特殊语境中这两句话会带来什么后果，它只不过利用了它那比别的鸟类更发达的发音器官，模仿人的声音发出了分音节的声音——语言——来，它既没有叫人倒茶的意思，也没有吓唬人的意思。任何时候，任何场合，只要它喜欢，它都可以重复它学会的这句话或那句话——正因为这句话那句话在鹦鹉那里并没有代表或伴随一种思维活动，所以它才在一个不适当的时机(两个丫头悄悄地背后议论的语境)说出这两句话。至于鹦鹉重复这两句话，平时(在一般场合) 并没有引起丫头们的注意，但就在这样的场合把紫鹃和雪雁这两个可爱的多嘴的小丫头着实吓了一大跳，那是因为恰好在她们背着主子议论小道消息的时候发生的，这只能算是一种巧合，而不能说是这能言鸟进行交际活动引起的后果。

现代科学发现，最爱“说话”的鸟(鹦鹉在内) 大约能说 300 个词汇，所有这些词汇都能模仿人的声音，但是它没有表达发话者的思维活动，可以说是无意识的发音活动，这种活动也丝毫不期待着应有的反应。

鸟类会说话常常在神话、传说、童话中出现——在现实中，鸟类中的一些确实也能模仿人的声音“说话”。但寓言中的鸟语却是另一范畴的事，著名的笔记小说《聊斋志异》卷九《鸟语》一篇，讲的就是这另一范畴。

这篇《鸟语》说，有一个人会听鸟语，他某一天听到“鹂”鸣，便告诉他的施主说，这鸟声警告会发生大火，大家都笑他胡说八道，可是第二天果真起了火，烧了好几户人家。另外一天，这人又听见“皂花鸟”在树上叫，他明白这鸟说初六要有一对孪生子出世了——但过五六天会夭折，后来果然应验了，等等。这篇寓言讲的不是现实的鸟，只不过是寓言中的鸟，这里说的“鸟语”完全不在语言学的范畴，所有能知过去未来的能言鸟，都不是语言学的范畴。

恩格斯说：“动物之间，甚至在高度发展的动物之间，彼此要传达的东西也很少，不用分音节的语言就可以互相传达出来。”

动物没有进化到人类的那种高度社会化的群体。因此，动物之间的交际是另外的(与人的语言不相同的) 交际。

动物之间的交际，最常使用的是声音信号。例如，鸟类一受惊扰，它们就发出唧唧啾啾的高频啸声(high－pitched whistles) ，这种高频啸声甚至在声学上都不容易测定。它们只有在求偶、喂雏等活动时进行的交际，才发出比较容易做声学测定的声音。

鸡历来被人称作最愚蠢的动物，根据某些科学家研究，它也能发出几十种表示不同内容的有声信号。例如母鸡发现天空中有大鹰在盘旋，它就发出一种声音信号，让小鸡赶快藏到它的翅膀下，以便避开从天而降的突然袭击。据说连招唤吃食的“鸡语”(有声信号) ，也有好多种，例如“找到吃的了”“找到好吃的了”等等都不一样。研究人员发现，这些有声信号基本上是在 200～600 赫兹的频带，只有这个波段的声音最容易被鸡的听觉器官所接受。

狗是用不同的吠声来传达信息：家犬(经人驯养过的) 常会发出一些不同的声音信号来表达某种意义，但家犬永远没有发展出分音节的有声语言。猴子——灵长类高等动物——也往往发出不同频率的声音信号，来传达某些信息。有一种猴据说能发出至少六种不同的警告声响，报告给它的同类，说它遇见了豹子或遇见了蛇，目的在警告它的同类赶快逃走，或采取必要的防御措施。

但是动物除了声音信号之外，还采取了其他交际工具。

蚂蚁是有社会化倾向的动物，有时蚂蚁的社会组织竟然严密得惊人。有一种白蚂蚁发现了食物后，它在往回走的路上，放出一种称为 pheromes 的化学香料，只有它的同类蚁群才能识别这种香味，它们一嗅到这种气味，就沿着那条通路找到原来那只白蚂蚁发现的食物资源。这种被人以修辞的方式称作“香味语言”的信号，过些时候就会消失，别的同类(或别的蚁群)也就不能跟踪去夺取食物资源了。有些黄蚂蚁或黑蚂蚁则利用碰头(触觉)来传递信息，指示它的同类应当循着什么方向找到所需要的食物。

蜜蜂的交际工具又是另外一种。从前人们以为蜜蜂的交际是通过触觉进行的，但现代科学研究发现蜜蜂的交际工具，是被称为“跳舞语言”的东西。当蜜蜂找到了可采蜜的花时，它要召唤蜂群来“劳动”——这时，它就跳起舞来，用跳舞“密码”给它的同类指示方位和距离。蜂群懂得这跳舞密码，然后“一窝蜂”地飞到侦察蜂指示的地方去。

蜘蛛进行交际使用的当然不是语言——蜘蛛连声音也发不出——它靠的是蜘蛛网所传达的“波”来分辨信息。触网的如果是猎物(例如一只小虫子)，那就会形成一种波；如果是非猎物(例如一片树叶)，那就会发出另一种波，虫子和树叶触网时会引起不同的振动，蜘蛛就靠这种波的差异来获得它所需要的简单却往往是准确的信息。

动物与动物之间的交际工具，不是语言——更不是分音节的有声语言，而是种种能直接作用于感觉器官的媒介，例如对听觉(叫喊声或独特的声音)，对嗅觉(化学香料)，对触觉(波)，对视觉(舞蹈) 发生作用的种种工具。近年来科学家对几百种动物(包括鸟类，哺乳类动物，两栖类动物等) 的交际工具进行了广泛的研究，仍然找不出能与人类的语言相比拟的东西。只是在研究动物能否了解人类语言这一项目，近年科学研究才有若干进展，特别是对黑猩猩能否掌握人类语言的研究和探索，将对语言和思维这一类问题有所启发。这种研究除了手势语之外，还着重用科学的方法，即不是用分音节的有声语言(即人们日常应用的语言) 作为交际工具，而是通过电子计算机，利用信号链进行的。

有的科学家认为动物所使用的交际工具，都只能“给出信息”(informative)，而不是“交际信息”(communicative)，一个外国学者举过很简单的例子来说明这两个术语的不同语义——据他说，如果谁失手打碎了一个杯子，那是一种“给出信息”的行动，他不是有意识的打碎这个杯子，但他也做出了打碎杯子的响声，这响声给出了信息，也传到别人的耳朵里，但这不是一种“交际信息”，不是一种交际活动——如果有人以打碎杯子为号，有目的有意识的打碎一个杯子，以便向预定的受信者传递某种信息，这才是交际活动。波兰语义学家沙夫也有相类似的见解，他认为动物的种种交际，“同传达某种知识和某种理智状态的那种典型的人类交际有本质的区别。”

第三节　天赋论下的语言构成

提到语言天赋论，人们往往将此假说和语言学家乔姆斯基联系在一起。因为乔姆斯基的刺激贫乏论很好地论证了儿童在四五岁时就基本掌握了母语，获得相当完备的母语语言知识这一事实，并提出了先天的、由遗传决定的普遍语法理论，把这种经验无法解释的东西归于语言知识的天赋性，把天赋看成人的生物禀赋，不过，乔姆斯基未曾直接提出天赋论。

天赋论思想是以哲学为理论基础的，最早可追溯到苏格拉底、柏拉图以及毕达哥拉斯学派，法国哲学家笛卡尔极大的发展了这一观点。近年来，乔姆斯基的普遍语法将语言天赋论的观点深入到句法结构层面，从而使语言和认知的关系上升到一个新的解释层面；心灵哲学家福多的模块理论从人类认知角度给天赋论提供了有力的支持；平克与乔姆斯基、福多一样，认为认知能力是由人类大脑中的基因结构所决定和支配的，并提出了“语言本能”概念，用进化论的自然选择学说论证了语言基因形成的可能性，对人们固有的认知结构进行了论述。本节以天赋论思想为主线，通过对乔姆斯基和平克的普遍语法和语言本能等理论的阐述与解读，进而梳理和探求天赋论思想下蕴藏的人类语言内部机制的构成模式。

（一）天赋论认知观的哲学渊源

天赋论具有悠久的认识论渊源。柏拉图以理念论为基础提出了“回忆说”，并在《美诺》(*Meno*) 篇中，最早提出了“天赋知识论”。他认为人的灵魂里被忘却的知识，是灵魂进入肉体之前作为自身纯粹的存在时获得的(苗力田，2005) 。因此，柏拉图是从认识的来源这一角度提出了天赋知识论。

而最先明确提出“天赋观念”概念的是欧洲大陆唯理论哲学家的创始人笛卡尔。他在解释“天赋观念”时认为，天赋知识“既不是来自外部对象，也不是来自我们的意志的规定，而完全是来自我内部的思想能力”(Chomsky，1965)，来源于直觉。在笛卡尔看来，一切具有普遍性和必然性的知识，只有通过直观－演绎法才能获得。“天赋观念”作为获得确定性知识的逻辑前提，在推论中起到整理感性材料，把观察到的现象纳入规律，获得具有普遍意义的认识的作用。可见，笛卡尔提出天赋观念的目的在于为演绎推理提供逻辑前提，为具有普遍性和必然性的知识如何获得确定性寻找根据。

莱布尼茨在总结前人研究基础上，提出了潜力型“天赋观念”，即：

(1) 天赋观念不是现成的，而是潜存的。

(2) 天赋观念不是直接呈现于心灵面前，而是以“能力”“禀赋”“倾向”潜存于心中。

(3) 天赋观念不是现成的知识，而是获得知识的内在根据或可能条件。

(4) 天赋观念由潜在变成现实，要借助于柏拉图的回忆说式的回忆(莱布尼茨，1986)。所以，莱布尼茨是把“天赋观念”看作知识当中的一种构成要素，而不是知识本身，认为只有经过心灵的“加工”作用才能使潜存于心中的原理、原则显现出来，这一思想对后期乔姆斯基的思想体系形成影响重大。

从古代先哲对天赋论这一思想的思辨中，我们可以窥探出认识论中主体的内在认识结构与认识能力等问题。虽然当时的人类知识无法证明先天性是正确的，但是，对天赋论这一思想的不断探求无疑推动了语言学、心理学和生物学等主流学科的发展与相互联系，使主体选择、客体构造、人类认知语言构成大大得以发展与强化。

(二) 乔姆斯基的普遍语法及语言构成

乔姆斯基被誉为“当代思想大师”(Lyons，1977) ，在语言学上享有崇高的地位，“他可能是本世纪最重要的人物，是未来几代人推崇的伽里略、笛卡尔、牛顿、莫扎特或毕加索”(Barsky，1998) 。乔姆斯基在语言学领域提出了全新的观念和研究方法，使语言学理论得以从传统的以分布和替换原则对结构进行分类转化为对语言本质的探索，他对人类语言本质的开拓性研究被誉为“乔姆斯基革命”，并成为围绕形式语言学而展开的争论的中心。

普遍语法(Universal Grammar) 是乔姆斯基基于句法中的共性特征，提出的理论研究目标。它反映了人类的物种生物特性，反映一个心智健康的人的语言机制的初始状态的语法。它不仅体现了人的语言认知能力，而且体现了人对语言的直觉理解能力和创造性运用语言的能力。因此，普遍语法不同于结构功能语法，不同于描写语法，也不同于教学语法，它提供的是一套能够制约人脑的语言机制操作的形式规则和原则。

乔姆斯基认为，人类与生俱来带有天赋语言机能，这种先天的初始结构包括了人类一切语言共有的特征。不过该理论的目的并不是为了说明人类语言都是由共同的句法构成，而是通过对参数和原则的说明和确证，从而对特定语言的获取方式和过程进行说明。乔姆斯基的普遍语法包括下面几方面内容：

(1) 普遍语法指的是人脑遗传规定下来的属性，没有这些属性人脑的语言系统就不能发育正常。

(2) 人脑生下来的初始状态。

(3) 使人能在后天环境下学会说话的内在原因。

(4) 普遍语法只是学会说话的可能，不等于具体语言的具体句。

(5) 普遍语法既可看成计算机的硬件，也可看成计算机的软件(Cook，2000)。”那么普遍语法是如何在天赋论的视角下实现语言内部构成的呢？

普遍语法是在句法结构天赋论的基础上对句法结构的存在形式和构成方式进行了阐述和说明，而其中表层结构和深层结构的转换，从句法与语义之间的关系这一层面上，为语言内部构成提供了一种解释模式。因此，笔者认为乔姆斯基的普遍语法理论主要围绕句法和语义两大模块，为我们呈现了语言内部的构成模式。在天赋论思想的基础上，普遍语法的理论大体经历了 20 世纪 50 年代句法结构、60 年代的标准理论、70 年代的扩展标准理论及 90 年代的最简方案阶段(Cook，2000)，语言内部模块的构成也在不同阶段经历了细微的变化。

1) 在句法结构时期，乔姆斯基认为语义都是从句法中获得的，语言内部主要是句法这一模块在起决定性作用。

2) 在标准理论阶段，乔姆斯基对之前语义和句法的关系进行了修正与补充，并在维特根斯坦的基础上重新提出了深层句法和表层句法，认为句法主要包括基础和转换两个部分，基础部分生成深层结构，深层结构通过转换得到表层结构，语义部分属于深层结构。因此，语义在深层结构中同句法很好的结合成一个模块，然后通过转换原则将表征信息投射到句子的表层结构，实现语言的构成。

3) 在扩展标准理论时期，乔姆斯基认为语义应该更好地放在表层结构解释，并且将表层结构进行扩展，进而提出了逻辑形式和语音形式。深层结构参照句法的原则和参数理论，通过 movement 转化为表层结构，而逻辑和语音的接口通过句法相连接，达到人脑主司发音的声音系统和思维认知系统的结合，从而在语义层面上得到最终的解释，构成语言。

4) 在最简方案时期，乔姆斯基对语义、句法和语音进行了官能和作用的区分，认为语义、句法和语音每个成分必须以某种特定的方式被解读，承认了语音的重要性。所以，语言构成的实现得益于语义、句法和语音三大模块的最终结合。鉴于以上对普遍语法理论的演变分析，我们发现普遍性、先天性和唯理性是乔姆斯基解释人类语言形成一贯坚持的原则，无论是先天的初始结构所带有的共性，还是后天语言的句法结构推导形成。乔姆斯基始终坚持天赋论的思想，认为句法和语义两大模块是语言构成的基础，且通过普遍语法在语言内部得到完美的结合。

（三）平克的语言本能及语言构成

平克是杰出的认知科学家、实验心理学家和语言学家，曾任麻省理工学院认知与神经科学研究中心主任，现在是哈佛大学心理学系教授。他被认为是继乔姆斯基之后最著名的语言学家之一，他相信在人的大脑中有一个内在的语言机制，是天赋论的支持者，在认知神经科学、语言学和生物学等领域均有建树。

他在《语言本能》一书提出“语言本能”一说，认为语言不是文化的产物，语言就如同人类会直立行走一样，是一种与生俱来的本能，意指人具有一种“天赋的普遍语法”。他赞成从生物学角度研究语言，认为人类语言具有生物学属性，是生物本能的产物。因此他采用生物学研究方法来探索人类语言的进化，致力于通过心理语言学和神经语言学的实证研究，收集各种证据来论证语法基因的存在、语言和大脑神经网络的关系。他的研究涉及语言生物属性的各个方面，如生物机制、遗传证据、语法基因、语言损伤、语言模块等。

虽然平克的语言本能理论将语言定制为人类特有的生物机制，可是如果将语言简单地归属于人类的本能似乎有些牵强。本能应该是指生物与生俱来的，不需要经过学习，但语言的学习和发展需要正确的引导和教育，特别是第二语言的学习过程中，人们所表现出的困难现象显然是语言本能所不能合理解释的。

在《语言本能》中，平克曾这样评价普遍语法，认为语言是人天生就固有的本能，而句法，平克将它归为基因的作用，他认为语法基因是“DNA中蛋白质的码，或是引发转录蛋白质的东西。它在大脑的某处、某个时间上，会引诱、引导或聚合神经元使之构成网络，这个网络与突触相配合在学习时发生作用。这一套组织便是解决语法困难的一个必要的运算机制”(平克，2001)。可见，平克的语言本能和乔姆斯基的普遍语法在对人脑生下来的初始状态这一方面的观点是不谋而合的，但平克采纳的是达尔文进化论观点，通过语言模块论思想论述了语言的构成模式。

语言模块论思想主要是指人类语言自身形成一个独立的认知模块，而语言模块本身由众多子模块组成，包括词汇、语音等。他认为人类语言的构成是在各个语言模块的协同工作下完成的，具体操作实现的方式是，词库模块、形态模块和句法模块依次处于同一条流水线上，一方面与负责思想和信念的物质器官的接口形成语义，另一方面与负责发音和接收信息的口耳之间形成语音模块，虽然这些模块在人类大脑中均具有相对独立且密切关联的物质基础，不过语言的构成需要所有模块共同来实现完成，以达到对语句的最后加工(平克，1999)。

此外，平克通过 Words 和 Rules 理论，提出语素通过记忆存储在心理词库，语法规则的产生不依赖语言输入，而是需要通过演算进行推导，是大脑的本质特征。假如由于神经系统受损或者其他原因导致记忆提取失败，语法规则就会自动运转。平克通过对失语症患者、儿童和成人在自然语料和控制实验中对词汇进行的形态屈折变化的语料的研究，以证实人类大脑对于具有同样语法功能的动词规则形式和不规则形式的加工也是完全不同的。他还进一步假设，语言拥有专门而独立的神经基础，且这种固定的语言加工神经网络是通过漫长的进化过程形成的，通过遗传基因代代相传。每个人出生时都具备相同的、完整的大脑结构，人与人之间的差异是他们获得的知识和经验的差别。平克曾经对失语症患者进行研究，目的在于阐明语言模块在大脑中的位置，以证明语言模块的真实存在。从神经学和生物进化学角度，平克认为人类大脑的神经网络系统由处理数据的神经元及其神经元之间的联结组成，人类语言构成是一种信息处理过程，有赖于神经传递参与完成，大脑皮层诸多区域协同合作，如韦尼克区负责理解语言，布罗卡区负责语言表达等，所以韦尼克区受损的病人能够说出合乎语法的句子，却不能理解谈话的意义，而布罗卡区受损的病人则说不出来符合语法规则的句子。

平克是从生物进化的独特视角，继承并进一步发展了先天论的语言观。他认为语言不是文化的产物，而是一个交流信息的生物适应器官，是本能的、普遍的，作为一种进化优势在我们的原始祖先中发展起来的一种倾向(propensity)，是人类所独有的。语言的生成不仅需要众多子模块，如词库模块、形态模块和句法模块的协作来共同完成，还需要记忆通过心理词库进行有效提取，且进行演算推导，同时更需要固有的语言加工神经网络作为保障基础。平克是从多维度多视角对语言内部构成的过程进行了论述，从而也进一步阐明了语言天赋论这一主线思想。

（四）结语

乔姆斯基和平克的相关理论在语言学、神经学和生物学等领域中占有重要地位，普遍语法和语言本能不仅涉及人类语言的解释模式，还提出了新的语言观和认知范式。本书的研究就是基于他们的理论，在天赋论的思想基础上系统探求人类语言的内部构成模式。乔姆斯基普遍语法理论的内容是丰富多变的，从最初的深层结构、表层结构到最简方案，但无论理论内容如何修正补充，始终将天赋论作为研究语言构成的理论基础，坚定认为普遍语法是与生俱来的，语义和句法两大基础模块构成语言的核心。平克虽然不赞成乔姆斯基怀疑达尔文自然选择对语言进化的影响，但在语言知识是否为天赋的问题上坚决站在乔姆斯基一边，认为语言不是文化的产物，而是一种使用起来丝毫不知其内在逻辑的本能，是生物禀赋。语言内部的构成模式是多维度的，不仅需要众多子模块，如词库模块、形态模块和句法模块的协作来共同完成，还需要记忆通过心理词库进行有效提取，且进行演算推导，更需要固有的语言加工神经网络作为基础保障。两位大师采用完全不同的方式对语言内部构成方式进行了阐述，虽然表面上看起来一些观点是对立的，但是他们的观点在本质上存在共容性，因为天赋论这一思想贯穿于他们的理论始终。

第四节 言语交际的研究现状

言语与语言这两个概念所研究的范围是有所不同的。语言包括语音系统、词汇系统、语法系统等等，这一切都是从全天社会成员的具体的言语使用中抽象和概括出来的，是大家约定俗成，能够彼此通用的语汇材料和语法规则。因此，语言常指社会约定俗成方面，而言语则是个人的说话。

关于语言与言语的关系，现代语言学家索绪尔曾以这样的公式形象地比喻为

$$1+1+1+1\ldots=1$$

这个公式等号左侧代表个人的言语，等号右侧代表语言，因此语言和言语的关系，可以从这个公式中很清楚地表达出来，即共性与个性的关系。

言语交际主要研究对语言的具体运用。因此，很多语言学者认为言语交际，是人们利用语言作为手段，实现相互之间交换信息的活动。它是一个动态的过程，是由起点开始，经过有限多步骤之后，到达终点这样的一个过程。它包括口头语交际和书面语交际。口头语交际是人们日常生活中

最为普遍的言语行为和交流活动。我们几乎每天都要与别人交谈。对于一般人来说，与人交谈是件轻松随便的事，有时甚至可以不假思索，随心所欲。书面语交际是指用文字语言进行的言语行为和交流活动。

现代言语交际已发展成为一门研究人类如何运用语言进行交际活动的应用语言学科。它是以人类的交际活动中的交际言语的形成、过程、结果及其有关的方方面面的因素与关系为研究对象。它的任务是探讨语言运用与交际活动之间纵横交错的复杂关系，进而揭示运用语言、开展交际、提高交际效果、达到预期目的的各种规律。

而汉英言语交际研究则以汉语和英语中常用的、比较有代表性的言语交际语料为研究对象，借助前人研究成果，从语言外部因素(如言语交际的场合、参与者、话题、目的、方式、种类等) 及语言本体因素入手，分析讨论改变言语交际的影响因素及其制约机制，亦希望进一步了解言语的构成如何折射出影响言语的外部因素。这种研究有利于揭示言语交际的规律，从认知和文化的角度探讨汉英言语交际的异同，深入考察汉英语言文化的深层结构。

交际是语言的基本职能，探讨言语交际是一个很有意义的课题。近年来，语言学界对此进行了较广泛的研究，现已经形成了一门以交际中的语言运用为研究对象的学科——言语交际学。因此，认真全面地研究言语交际的历史，在前人基础上总结经验，无疑是十分必要的。

一、古代言语交际的概况

(一) 中国古代言语交际的概况

我国是一个文明古国有着悠久的文化传统，人际关系又具有多层次、多方位、多类型等特点。汉语的语言材料和表达手段又极其丰富，人们运用汉语交际创造了绚烂多彩的语言艺术、积累了宝贵的经验，而且我国的言语交际研究也开始较早。国外学术界认为，言语交际研究开始最早的是埃及、巴比伦、印度和中国等国家。

翻阅一下我国的古代典籍我们发现，从有文字记载时起，人们就注重对口语艺术的研究。在中国，言语交际研究始于春秋战国时期。当时，政情人事非常复杂，亟需有口才的人担当重任，善于说话的人有大用于当时的政治、外交、礼仪、讲学等场合。因此，交际的作用显得格外重要。

著名的思想家、教育家孔子就十分注重这方面的研究，其理论建树也是很卓越的。他主张“言以足志，文以足言；不言，谁知其志？言之无文，行而不远。” 这里，他把“志”(思想、主张) “言”(言辞) “文”(表达技巧) 三者的辨证关系说得很清楚，认为说话的言辞应当很好地表达出自己的思想和见解，如果不讲求表达技巧和艺术就会影响效果。他还主张“ 情欲信，辞欲巧”，即要说服对方，就必须讲究说话技巧。所以说，孔子的观点代表着当时学者对言语交际的认识，同时，孔子还注重言语交际实践，在他的教学计划中就有汉学“言语” 一科，专门讲授说辩之术，这是目前所知的我国最早的语言课程。

庄子、孟子、墨子、韩非子等人对论辩讲说的艺术技巧也都有过研究。在庄子的《逍遥游》《天道》《天地》《善性》《知北游》，孟子的《离娄》《尽心》《公孙丑》《万章》，墨子的《非命》《小取》，韩非子的《问辩》《解志》《说难》等篇中，都较深入地探讨了说话的技巧和方法，为我国的言语交际研究做出了较大的贡献。春秋战国时期，由于百家争鸣局面的出现，使口沿辩说的研究盛极一时，这是我国古代言语交际研究的黄金时代。

秦朝以后，各个朝代都有人研究言语交际，并取得一些成果。例如，汉朝刘向的《说苑》、王充的《论衡》，魏晋南朝的刘勰的《文心雕龙》，隋唐刘知几的《史通》，元明清王夫子的《姜斋诗话》、顾炎武的《日知录》等书中，对言语交际进行了专门论述，不过，同春秋战国时期相比，这个时期的言语交际研究的理论建树并不大，特别是唐代以后，这方面的研究成果就越来越小。其原因是多方而的，这里就主要而言：一方面，长期的封建专制统治，传统观念使人们的交际范围受到了极大的局限。另一方面，“重文才，轻口才”这种传统观念在这个阶段更加浓厚，因此，言语交际不为人们所看重，研究者就大大减少。

辛亥革命后，大批仁人志士提倡科学与民主，追求光明与自由，他们走上街头，宣传爱国救民的道理。演说的兴起，带动了口语表达研究的发展。例如，孙中山不仅是誉满全国的大演说家，而且在口语表达技巧等方面也提出了很多有独特见解的观点。毛泽东在《十大教授法》《反对党八股》等文中，就口语表达内容、形式、风格等诸多问题也进行了科学的阐述。鲁迅、闻一多等人在这方面也曾做过较深入的探讨。为了满足社会的需要，许多学校还开设了说话训练的课程。

从秦汉到建国前这个漫长时期，言语交际研究是处于探索和发展的阶段，其特点是探索从未间断，发展是曲折的、缓慢的，成果不多。

(二) 古代希腊言语交际的概况

早在公元前 25 世纪，古代埃及、印度、巴比伦的学者就开始了对言语交际的研究。据史科记载，当时的埃及人伊雷斯法老的老臣普塔霍特就曾写过教喻，告诉人们如何符合规范地说话，这可算是言语交际研究的较早的文字记载了。到了公元前 5 世纪中叶，古希腊、罗马的言语交际研究出现了新局面。当时，旧的专制统治土崩瓦解，出现了新的民主政治、文化教育、科学研究工作也有了较大的进步，政治家需要语言艺术来宣传自己的主张、管理国家，思想家和教育家也要掌握语言艺术来论辩真理和传授知识。因此，对语言艺术的研究普遍得到了人们的重视，人们也迫切需要有指导说话水平提高的理论。这样，言语交际研究在古希腊、罗马的学术领域占有了重要位置，专门研究说话艺术的“话术” 便应运而生，一些学者纷纷对语言艺术进行探讨，著书立说，提出了很多精辞的见解，其中影响较大的有柏拉图、亚里士多德和昆体良等人。

古希腊著名哲学家柏拉图(前 427－前 347 年) 曾专门研究过“话术”写下了《捷艾杰特篇》《高尔吉亚篇》《诡辨学者》等著作，对“话术”研究提出了很多精辟独到的见解。他十分强调语言技巧的重要性，认为语言有着非凡的力量和可以动人心魄的特异功能，指出“话术”是形成正确的社会舆论、获得知识和认识真理的手段，同时他也提倡质朴优美的语言风格，反对“ 媚辞哗众取宠”，谴责“无聊空谈”和“阿谀辞令”。

古希腊的思想家亚里士多德(前 384－前 322 年) 对“话术”的实践及其理论也做出了卓越的贡献，可以说，他的研究使“话术真正较系统、全面地提到了理论的高度，他在《工具论》《诗学》特别是《修辞学》等书中，都从理论方面对说话方式、接收者心理等问题做了较详尽的阐述。他的基本观点是“话术” 的任务在于唤起舆论，其表达方式应当是华美优雅，不可落入俗套。他的《修辞学》一书是古希腊论述“话术”的唯一一部被相当完整地保存至今的著作，对后来的言语交际研究产生了较深远的影响。

然而，影响最大，被推为“活术”真正创始人的则是古罗马学者昆体良(前 35－前 95 年) ，他在总结前人“话术”理论和实践的基础上，著述了《雄辩学原理》一书，共十二册。这部著作和亚里士多德的《修辞学》是西方古典“话术”研究的奠基作。

到了中世纪，“话术”研究有了进一步的发展，但人都是为宣传宗教服务的，这主要是受当时社会形势的影响所致。在公元 5～6 世纪，基督教成为统治者影响千百万人的精神力量；到了 7～8 世纪，伊斯兰教又获得了空前迅速的传播。基于宗教宣讲教义的需要，研习“话术”被列为当时教育的主要课程之一。从总体看，这时的“话术”一般是偏重于学校的说话训练，其目的是培养学生能进行娴熟的演说，很少在理论上进行深入的探讨。

二、现代言语交际研究的概况

进入 20 世纪，由于科学研究总体上的进展，人类对自然和社会的认识能力大大提高，认识范围不断拓展。这使得一些传统学科焕发新的生机，而新兴学科也不断涌现。在此背景下，言语交际中的许多问题开始进入不同学科的研究视野。

（一）现代修辞学的言语交际研究概况

在传统学科方面，主要是西方古典修辞学的复兴。修辞学在西方经过两千多年的缓慢发展，到了 19 世纪下半叶陷入低谷。20 世纪初，修辞学率先在美国复兴，修辞学家苦于修辞学的困境，开始寻找新的途径。他们从全面研究亚里士多德的修辞学理论入手，由演说进而研究范围更为广泛的言语交际现象。1915—1920 年间，美国不少大学成立了修辞学和演讲学系。20 世纪二三十年代，重点是对亚里士多德修辞学理论进行全面深入的探讨；40 年代以后，研究领域不断拓展，人们从语言学、哲学、心理学、社会学、文化学、逻辑学、文学批评等不同学科角度进行修辞学研究，形成美国现代修辞学流派纷呈的局面。

其实，以美国为代表的西方新修辞学与言语交际研究有着最为密切的联系。在美国，一些修辞学方面的专业期刊和大学里的专业干脆就是以“言语交际”命名的。应该说，西方现代修辞学对言语交际的许多方面都有所研究，也有所贡献。然而，它们毕竟是从亚里士多德的理论中生长出来的，要么保持了侧重书面话语研究的特色，要么继承了只研究演讲或说服性言语活动的传统，与言语交际学的学科标准相比，还是有一定距离的。

相比之下，现代汉语修辞学在语境和话语上的研究都取得了很大的成就，可以作为言语交际学的理论营养。《汉语修辞学》认为："在交际活动中，不仅是语言、对象、自我等因素制约着理解和表达，而且语境、前提、视点等因素也制约着理解和表达。为了提高语言的表达效果，就必须考虑交际活动中的这些矛盾，处理好它们的关系，并在此基础上建立修辞的原则。"在一切准则之上的更高的原则就是"适当"原则，即修辞活动中的最高最重要的"得体性原则"。"得体性原则的本质是妥善处理好交际活动中的各种矛盾"，"在交际活动(中) 的各种矛盾中保持着动态的平衡"。王力先生曾说："若拿医学来做譬喻，语法好比解剖学，逻辑好比卫生学，修辞好比美容术。"可见，修辞研究的是"美"的问题。就语言而言，修辞不是对错的问题，没有绝对的标准，而是是否适合的问题。在这一点上，语用与修辞有共通之处。

《汉语修辞学》进一步纵观修辞学的发展认为，人们对修辞的认识经历了一个由"技巧观""努力观""过程观"到"言语交际行为观"的不断发展深化的过程。这说明了修辞观念的时代性，也反映了各个历史时期人们研究修辞的视角和立意。从认知的角度探讨这一问题，所持的修辞视角是：修辞就是人们依据具体言语环境，有意识有目的地组织建构话语和理解话语，以取得理想交际效果的一种言语交际行为。

(二) 社会语言学的言语交际研究概况

新兴学科中，涉及言语交际研究的主要是社会语言学和语用学。这两门学科的发展和成熟时期，大体上都在 20 世纪中叶。从语言学的角度看，这两门学科的出现或多或少都是对此前语言学研究方向的纠正。如前所述，从索绪尔到乔姆斯基的语言学，只对语言结构作静态的研究，一直排斥言语研究。他们不涉及使用语言的环境，也不研究使用语言的具体的人以及他们对语言的语用。

由于社会语言学更多的是接受了社会学的影响，在研究的途径和方法上都带有明显的社会学色彩。例如，社会语言学家普遍采用定量分析的方法，利用实验和社会调查等手段收集数据，最终得到的是对实际发生的言语交际行为的数量描述，而基于这些数据之上的言语交际规律的概括并不多，尤其是很少从中提取对后续言语交际具有指导意义的规则。

社会语言学对于言语交际的最大贡献，在于它对结构主义语言学观念上的冲击，启发了人们对言语交际现象的关注。此外，它在言语交际的各个要素，尤其是交际主体的研究上也作出了突出贡献。

(三) 交际语言学的研究概况

从20世纪初开始，特别是第二次世界大战以后，社会政治经济形势发生了急剧的变化，科学技术比以前有了很大突破，这些变化和变革又冲击了人们的某些认识和规范，因此，传统的“话术”研究内容和方法已经远远满足不了人们的需要。同时，现代科学技术的突飞猛进——人机对话的出现，使世界距离大大缩短，口语交际的功能极大地提高，这种新形势给“话术” 研究提出了许多新的课题，这就使言语交际研究在西方一些国家和日本等国有了较大的进展。在这个时期，一大批关于言语交际研究的书刊相继出现，很多院校开设了这方面的课程，甚至有的国家还设立了言语交际研究的专门学校或系室。例如，美国现在就有300余所大学设有“说学系”培养了大批专门人才。据资料记载，美国从1976－1980年间，就有近3万人获“说学”硕士学位，两千余人获“说学”博士学位。更为重要的是，现代言语交际研究已经纳入了现代科学体系，运用了语言学、生理学、心理学、物理学以及信息论、控制论、系统论等现代科学的理论和方法观察人类言语交际现象，研究人类言语交际的特点和表达技巧等。事实上，这种研究已远远超出了传统的“话术” 范围，使言语交际研究纳入了严格的科学研究轨道。

目前，言语交际学同应用语言学一起已经成为国外现代语言学中比较热门的两个分支。新中国成立后，很多学者，如叶圣陶、吕叔湘、张志公等人都曾积极致力于这方面的研究。很多人都醉心于书面语言的探讨，很少有涉及语言交际功能方面的研究。

80年代以来，随着改革开放形势的发展，我国的言语交际研究出现了崭新的局面。为适应现代化社会建设需要，许多学者，特别是语言学界人士，从以往的偏重于语言结构的静态研究开始转向全方位多角度的语言功能的动态探讨上来，使我国的言语交际研究发展到成熟期。作为现代科学体系中的一门新兴学科——言语交际学在这时已经形成，其标志就是刘焕辉《言语交际学》和姚亚平《人际关系语言学》等专著的出版。这两部专著的出版，标志着我国的言语交际研究已经步入科学化、理论化的阶段。

这两部专著奠基了我国言语交际研究的地位。例如，刘焕辉《言语交际学》一书用现代科学的理论方法对言语交际原理和规律性问题做了深入探讨。全书 37 万字分为三部分。第一部分“言语交际学总论”，以四章的篇幅，运用系统论、控制论、信息论的理论，把言语交际过程看成是一个信息交换的动态系统来研究，全面探讨了言语交际过程中的各种矛盾现象；第二部分“言语交际的基本规律”，集中深入细致地探讨了言语交际与语境系统的关系，并在此基础上总结出言语交际的规律，其中有很多新见；第三部分“言语交际的语言组合手段”，又把语言运用手段看成一个系统，阐述了语言要素在交际中的具体运用。最后，又“总的讨论一下话语组织与上下文衔接的一般规律。”

刘焕辉先生研究了大量的言语交际实例，发现了近二三十年来在语言科学发展中出现的一些注重语言交际应用的新学科，特别是修辞学的研究，未能把交际双方这一对矛盾统一起来放到整个交际过程中研究的事实，取得了可喜的成果。他的《言语交际学》从研究语言本身的结构规律转向了研究言语交际规律，从纯理论的探讨，转向了应用理论的探讨，从面对言语专业队伍的建设，转向了政治、经济、文化等多领域的应用，填补了我国语言研究中的一项空白。

第五节　言语交际的影响因素

（一）语言外部因素对言语交际的影响研究概述

1. 汉英交际“情景”对言语交际的影响

所谓“情景”，是指言语交际所发生的场合。“场合”，《现代汉语词典》的解释是：“一定的时间、地点、情况。”因而，情景语境，也可以解释为交际的时间、地点以及交际当时的情况。除此之外，还应加上交际过程中可能存在的第三方，也就是除了说话人和听话人之外，还有没有别的人在场，我们把这第三方称作“潜在的听话人。”情景语境即客观言语环境，是言语交际中除说话人本身的特点以外的因素，下面主要是从时间、地点、情况等因素讨论对言语交际的影响。

(1) 时间因素对言语交际的影响。言语交际离不开时间。这里的“时间”因素不应当仅仅是指自然界里的时间变化，几千年的历史，某个历史时期。具体来讲，时间是指交际活动进行的具体时间，即对言语交际产生影响的时间。

如果具体的时间处理得当，时间因素就可以成为可利用的情景语境，收到意想不到的效果。执掌天津队帅印10年的严德俊曾回忆到，1987年李瑞环到天津工作期间，适逢国家足球甲级联赛在天津举行。天津队参赛前正赶上下大雨，于是，李瑞环同志鼓励队员们："下雨了，天津队要浑水摸鱼，乱中取胜。快传多射，有机会一定要果断射门，千万不能拖泥带水。"这里，李瑞环同志巧借了这一特定时刻，幽默风趣地鼓舞了天津队队员的士气与信心。

不过，更多情况下，语言学家把情景语境中的时间理解为时机更为恰当。这就是说在言语交际中要把握时机。例如：*A New English Course* 第三册中 Unit 3 有这样一篇课文"Three Sundays in a Week"，作者埃德加•艾仑•坡给我们讲述了一对恋爱中的男女苦于得不到舅舅(女孩父亲) 的许可与祝福，恰逢他们的两位水手朋友完成环球航海回来，于是，年轻人把握了这个时机，邀请他们来家里做客，言语交谈中精心设计了一个计策，得到了女孩的父亲一句承诺，除非一个星期有三个星期天才可以让他结婚。最终两个年轻人让女孩的父亲相信一周里有三个星期天(当然这在同一时区是不可能发生的)，从而使他不得不遵守自己的诺言。可见交际时要把握时机。

(2) 地点因素对言语交际的影响。

这里的"地点"主要指的是交际时的社会位置或社会环境。从大的方面讲，不同的民族在发展过程中形成了独特的文化传统与社会风俗，因此，在不同社会环境中所进行的言语交际也体现了浓郁的民族特色。

例如，在日本，我们都知道乌龟是长寿的象征，因此在日本的很多地方都可以看到乌龟出现，甚至，在一些交通标志牌上也可以看到"请放慢速度"旁边画有一只乌龟，以表示对乌龟的喜爱。但是在中国，乌龟是骂人的话，如果自己看到交通标语牌上画有一只乌龟，一定会不理解，这也反映了不同民族间的文化差异。

从小的方面看，同一个国家所处的不同位置，如医院、餐厅，对言语交际活动也会产生一定的影响。

例如，1983年5月《北京晚报》发表刘汉中的《标语位置》一文，有这么一段文字："在火葬场入口处见到这样一块标语'经济搞上去，人口降下来'。"这一标语口号内容固然很好，但要贴到殡仪馆或火葬厂的入口处就叫人反感不舒服了。话语的内容没问题，但就是与情景语境不协调，因而影响交际效果。

下面还有一则不顾地点进行交际的例子：

> 记得西城的一个三岔路口，曾经立着一块硕大的运动健儿你追我赶的宣传画，我心里就犯嘀咕：这画挪到不远的首都体育馆前有多棒！可放在这交通要道，同交通警察“注意安全，不要抢行”的劝告相衬，就显得很不协调。
>
> （刘汉中：《标语的位置》载 1983 年 5 月 23 日北京晚报》）

上面这个例子批评的虽然是一幅宣传画，不是指语言文字的运用问题，但因与宣传地点(大街三岔口) 格格不入，则与不顾场合的言语表达一样适得其反。可见言语表达要想达到理想的交际效果，必须顾及交际地点的约束，进而因时因地采用与之相应的言语形式进行交流。

(3) 情况因素对言语交际的影响。

在这里，“情况”指的是情景语境中除时间、地点以外其他可能影响交际的因素，主要是指交际时的气氛和氛围。气氛对言语交际的影响主要表现在，交际者谈论的话题和使用的语气与现场的气氛是否和谐一致。例如，在一次婚礼上，来宾中的一位老太太突然拉着新郎的手说：“你看，你都结婚了。我的小儿子和你同岁，要不是那年出车祸死了，他也该娶媳妇了。”婚礼应是喜庆的，但老太太说的是悲伤的话题，与现场的气氛不符。这个例子说明了交际场合气氛对交际的影响。

不过实际上，言语交际中所涉及的情景语境是十分复杂、难以穷尽的。1950 年 Firth 在《社会中的个性和语言》中对情景语境做了详细的论述。他将语境概念纳入语言学体系，在他看来，情景语境应包括下列几个方面：

(1) 参与者的相关特征，如他们的个性如何，参与者的言语行为以及参与者的非言语行为等。

(2) 相关的物体。

(3) 言语行为的效果。

1964 年系统功能语法学派的代表人韩礼德继承了 Firth 的语境思想，但没有采纳他的分法，而是提出了“语域”这一术语，“有足够的材料使我们能识别与形式特征明显的语域相对应的主要情景类型，……似乎最有效地办法是从三方面分类，每个方面代表情景的一个侧面以及语言在情景所起的作用，根据这个办法，语域可按言语范围、言语方式和言语基调来划分。”

其中，"语域"所反映的就是语境。后来，韩礼德又提出了"范围""方式"和"交际者"作为情景语境的三个组成部分的观点。范围是话语在其中行使功能的整个事件以及说话人或写作者有目的的活动，因此它包括话语的主题；方式是事件中的话语功能，因此它包括语言采用的渠道——说或写，即席的或有准备的，以及语言的风格或者叫作修辞方式，叙述、说教、劝导、应酬等。交际者指交际中的角色类型，即话语的参与者之间的一套永久性的或暂时性的相应的社会关系。

而海姆斯则提出了更为具体的对话语意义起影响作用的情景因素。他把情景因素分为十一类。

1) 讲话人(addressor)。

2) 讲话的对象(addressee)。

3) 旁听者(audience)。

4) 话题(topic)。

5) 场合(setting)。

6) 渠道(channel)。

7) 语码(code)。

8) 信息形式(message-form)。

9) 事件(event)。

10) 风格(key)。

11) 目的(purpose)。

在我国，早在20世纪30年代初期，陈望道先生就在《修辞学发凡》中指出修辞要适应情境和题旨的理论。在该书中，他指出所谓"情境"是写文章或说话时所处的种种具体环境。进而，他又指出"何故""何事""何人""何地""何时""何如"构成这种具体环境的六种因素。

王德春先生在60年代初期指出："言语环境就是使用语言的环境，简称语境。"进而，王先生便把语境构成要件分成两方面因素，即"言语环境的客观因素"和"言语环境的主观因素"。前者包括时间、地点、场合、对象等；后者包括使用语言的人、身份、职业、思想、修养、性格、处境、心情等说话人本身的诸因素。

陈宗明先生1980年在他写的《逻辑与语境》一文中，认为语境即语词指号的情境，它涉及时间、地点、说话者和听话者、语词指号及语词指号所指谓的对象，还有语词指号所传送的思想等因素。

综上所述，交际双方在理解交际话语语义信息时讲话人、讲话的对象及听话人的年龄、性别、个性、职业等等因素都应被考虑进去。场合包括话语发生的地点、时间，参与者的姿势、动作，面部表情等等。渠道指的是参与者之间是如何交流的，如口头、书面、手势、信号等。语码指的是哪种语言、方言或语体。信息形式是指聊天辩论、布道、神话、情书等。而事件是指交流的性质。风格指的是一种评价，如陈述的精彩与否，激情的辩论，等等。以上所有这些情景因素都会对话语的理解产生影响，但在某个具体的情景里，可能只有部分因素在起作用。有些因素却可以忽略不计。

可见，情景因素对交际话语的理解至关重要。同一个交际话语由于情景语境因素的不同而具有不同的含义或推出不同的理解，这是由于讲话人和听话人对情景因素的不同考虑所造成的。因此，情景语境的改变往往会引起意义的改变，而情景因素的复杂性和多样性又常常会引起交际失败。交际双方应充分重视情景语境在交际中的作用和影响，以减少对交际话语的语义理解的偏差，进而更为有效的、顺畅的沟通。

例如，发生在英国牛津大学行政管理办公室里的一次对话。参与者:一位有点年纪的英国女职员 A 和一位来自中国的学生 B。背景:中国学生恳请得到一张停车卡，以便在校内停车。

A: I’m sorry, but you can’t park your car here.

B: Why?

A: Well, as you probably know that the space here is rather limited, we usually don’t provide for those that live in the local area, but for those who live in far away places like London.

B: Oh, what a pity. But I really need to park my car here this year. Is there an exception?

A: Yes, we do have exceptions. We allow the disabled and the pregnant women to park their cars here. (面带微笑、语气缓和地) But you don’t look like pregnant, do you?

B: No, no, of course I don’t. I don’t know how you and your husband get pregnant. But in my country we men never. We leave that job to our women.

A: Well, well…I’m sorry I don’t mean that…you know. I just hope to…

B: I don’t mean to be rude to you either. It’s good of you to make a joke. But this is not the right thing to joke about.

对话中英国女职员半开玩笑地调侃说：“But you don’t look like pregnant，do you?”本是为了调节气氛，不使中国学生过于失望，结果反令自己陷于尴尬的境地。交际的失败在于交际双方对所处语境的理解不同。如果这段对话所发生的语境是发生在两个英国人之间的话，交际双方根本不会有这样的误解。但是，该对话发生的情况是交际中的一方是一名来自东方社会的成员，另一方是来自西方文化中的一员。

这位女职员根本不了解东方社会中男性的尊严是至高无上的，是“面子”价值观中的重要组成部分，并具有男性的整体意识。对于女职员的“But you don’t look like pregnant，do you?”这句话，中国学生完全误解了它的语义信息，认为这是在侮辱自己。其实，女职员在说这句话时她的话语的语义信息是想用幽默来表达一下未能满足对方的请求而给对方带来的不便。但事与愿违，对方并没有按照女职员的意图去理解他的话语。因此后面的两句话语“I don’t know how you and your husband get pregnant. But in my country we men never. We leave that job to our women.”和“It’s good of you to make a joke. But this is not the right thing to joke about.”的反戈一击，出发点也是为了维护东方男性的集体尊严，其言辞之激烈也就不难理解了。

2. 汉英交际者的“地位差”对交际的影响

社会语言学家把言语当作社会行为，认为它集中反映交际双方的社会地位，社会关系，尤其反映出交际双方的“权势”(地位差) 和“平等”(“一致性”)。言语行为作为标志社会关系，尤其是“权势”和“平等”的关系是各种不同文化中的一种普遍现象。

其实，权势话语是社会语言学中的一个重要的概念。最早提出“权势”一词的是布朗(Roger Brown) 和吉尔曼(Alberr Cilm) 在 1960 年有关第二人称代词 T(单数) 和 V(复数) 用于单数的研究中提出来的。如果交际一方由于社会地位高而能控制另一方的行为，他对后者就具有权势。因此，权势关系是一种不平等的人际关系。表达双方因处于某种不平等的交往关系中而产生了心理距离，这就是权势差异。我们把在有权势差异的话语体系中处于主导地位的称为权势话语。权势话语是声望较高的一种话语形式。在现实社会中，每个人都占有一定的社会地位，与他人构成一定的社会关系。由于历史上的等级制度、传统习俗、社会分工等种种原因，他们之间的社会关系有一些差异和距离。即：一方比另一方有权势。有权势的一方能控制另一方的行为。当这种差别在一定的语境中渗透或直接介入到言语交际中，就造成了权势关系对话。

的确如此，人们在话语交际中，“地位”对语言形式的选用有着决定性的作用。“地位”(power) 在本书中的含义是“the relative status of addresser and addressee”，它的核心是“地位差”，是指话语交际中，双方或多方之间的社会关系，如雇主对雇员、大学教授对大学生、军官对士兵等。

中国早在秦汉以前就已针对大至国家，小至家庭的方方面面的交际往来，整理出了完整的礼仪等级和明确的规范程序。华夏文明上下五千年，尤其是近、现代相连的一大半时间，始终是 “君君臣臣父父子子”等级秩序森严的封建社会。大到一个国家，小到一个家庭内部，都会由于地位的不同导致出现语用差异。

因此言语交际不仅要正确表达语义，讲话者还要考虑自己和听话人间的“社会地位的差距”，进而决定使用正式或非正式、 直接了当或婉转的语言等形式。

下面这例就是一个家庭内部由于身份、地位的不同而导致了语用差异的产生。《雷雨》第一幕：

周朴园：(点头，转向繁漪) 你怎么下楼来了？

繁漪：病原来不很重——回来身体好么？

周朴园：还好。——你应当再到楼上去休息。比以前怎么样?

周冲：母亲原来就没有什么病！

周朴园：(不喜欢儿子这样回答老人的话) 谁告诉你的? 我不在的时候，你常来问你母亲的病么?

《雷雨》中的这段人物对话中，周朴园的三次发话都预设了同一个问题，即：繁漪是有病的，而且病得不轻。事实上，繁漪很正常，没有病。所以引起儿子周冲的反驳。由于各自所处的身份、地位不同，在他们之间出现了语用差异。周朴园之所以这样将自己设想出来的虚假预设强加给别人，是为了在周家造成“繁漪有病”的假象，这样一来，繁漪的一切反抗言行都可以被视为病态的表现，这就有利于维护他自己的尊严以及作为封建家长的权威。

《红楼梦》中人物众多，每个人物都有自己特定的身份地位。其中以贾母为最高权力者。因此，众人在与贾母交谈时都盛恭必敬，不敢有半点言辞上的闪失。就连刘姥姥这个乡野俗人也深知自己地位低微，于是尽量贬低自己而奉承贾母。刘姥姥第二次进贾府时与贾母有段对话，贾母问刘姥姥年龄。刘姥姥起身回答 75。这时贾母向众人道："这么大年纪了，还这么硬朗。比我大好几岁呢！我要到这个年纪，还不知怎么动不得呢！"刘姥姥笑道："我们生来是受苦的人，老太太生来是享福的，我们要这么着那庄稼活也没人干了。"

贾母的话语中无不充满一种显赫尊贵的口气，而刘姥姥的回答总是把自己置于很低的位置来反衬贾母的富贵之命。因而博得了贾母的喜欢，不仅破例被留下来小住几天，而且走时大包小包，收获不小，成功地达到了二进荣国府的目的。

一般情况下，交际者间的地位差距越大，地位低的方面使用的语言就越客气。英国社会语言学家特拉基尔(Peter Trudgil) 认为："语言能反映社会的内部分化。不同的社会集团使用不同的语言变体。"下面的话语说明 B 比 A 社会地位高(详见 Peter Trudgil，Sociolinguistics， Penguin Books Ltd，1974)

SpeakerA: I done it yesterday.

He ain' t got it.

It was her what said it.

Speaker B: I did it yesterday.

He hasn' t got it.

It was her that said it.

言语交际中，有很多因素会共同作用于话语语言形式，但是"地位差"一般情况下是第一考虑的要素。 以 Arthur Miller 的 Death of A Salesman 为例，分析其中 Willy 与 Howard 的对话，可以明显看出地位(power)和等同(solidarity)对语言形式的影响。在剧本中 Willy 是个年老的推销员，他的雇主 Howard 是他看着长大的，所以 Willy 在脑子里总是想着自己年高资深，但 Howard 作为雇主不买他的账。

分析第二幕他们两人的对话，我们发现 Willy 讲了很多次，费了很大劲才有机会说出了自己的要求。两人对话中，对话的内容完全由 Howard 主宰。

由于 Howard 是 Willy 的雇主。他的地位高高在上，所以 Willy 即使对其谈话的内容不感兴趣，他也只好附和，无可奈何地顺着其话题，如”You are very good.”“That is lifelike，isn’t it?”“He will make an anouncer some day!”“That is a wonderful”相比之下，Howard 则许多次不顾 Willy 的交谈意愿，粗暴打断 Willy 的话语如“Sh !Get this now this my son.”“Sh，for God’s sake!”“Wait a minute!”“You didn’t crack up again，did you?” 即使被粗暴打断多次，Willy 花了很长时间，最后仍讲出了他的要求，但用词很恭敬、委婉而且小心翼翼。他用的是“Well，tell you the truth. Howard，I’ve come to the decision than I’d rather not travel any more.”而不是直接提出“In fact，I don't want to travel.”从上面对话的字里行间，我们都能体会到“地位”对会话的深刻影响。

因此，在交际中要把握原则，灵活运用，还要注意文化上的差异。如，总体上说中国师生间的地位差要比英美师生间的地位差大，中国的父子关系也比英美父子关系的地位差大，这点可从英美人直呼父名得到证明。

3. 汉英交际者的“一致”对言语交际的影响

“一致”(solidarity) 的含义是“a shared sameness between addresser and addressee”，在话语交际中通常指在某一点上双方或多方具有一致性或共同点，双方处于平等的关系之中进行交往。“一致”也被称之为“平等”关系，涉及交际双方共享的经验、社会特征，例如宗教、性别、年龄、出生地、种族、职业、兴趣等等，以及在多大程度上共享亲密行为及其他因素。这种关系中交际双方用非正式言语和风格，如：直呼其名，标志双方可能比较亲密、志同道合或者志趣相投；而较正式的语体则会表示双方地位的不平等，即含有“地位差”关系。

称呼在请求言语交际中有引起受话人注意的作用。称呼语是否对等，与交际双方的社会地位关系极大。当双方的社会地位大致相同时，双方通常使用对等的称呼语。然而，在比较正式的场合或当双方关系比较疏远时，通常互称 T L N(Title Last Name) 。在非正式的场合或比较熟悉的人们之间，一般都互用 F N(First Name) 。一般说来，美国人直呼 F N 在同事、同学之间很普遍，显得友好和随便。此外，汉语称呼语的另一个特点是用亲属称呼语指称非亲属关系，比如“叔叔”“爷爷”等陌生人之间可以相互称“老/大/小+亲属称谓”，如“老爷爷、大姐、小妹妹”等。一般认识的人之间可相互指称“姓/名＋亲属称谓”，如“李阿姨、小梅姐姐”等。

“一致”在交际中，对语言有着重要的影响，下面以寒暄为例。一般来讲，寒暄的程度体现在交际者间的关系亲密程度，关系亲密的人之间不太需要寒暄，关系一般的则需要寒暄，以满足礼节上的要求。例如，在英国，一个人很随便地同他遇到的人说“天气真好啊”而又同另一个说“天气真坏啊”。有人认为寒暄的参与者遵循着特殊的合作原则或礼貌原则，对语义内容的质和理无明显的要求，即使是虚假的命题或不真实的信息也予以默认，对方说什么都可以附和。笔者认为这种说法符合客观情况，也证明了“ 一致”对寒暄所起着的作用。当“ 一致”的程度决定了交际者要进行寒暄时，谁向谁首先寒暄、寒暄的语言形式一般要受地位影响。通常情况下，交际中地位低的一方要更为主动，所使用的语言形式则要委婉、客气，要体现出地位差距来。例如，体现尊辞卑语的词汇有汉语中的“ 抚养”“ 奉养”“赡养”“栽培”“提携”“拥戴”等等。

又如，A欲向B借钱。如A是B的同班同学，又是同乡，其等同(solidarity)的程度不言而明，其地位差为零。若借钱的金额为 2 角钱，A 很可能直接对 B 说“给我两角钱。”又假定 A 为普通学生，B 为 A 所在学校的校长，二者又不是同乡，所借款额仍为 2 角钱，若 A 向 B 开口则必客气、委婉，很可能还得做些解释。

4．汉英交际“话题”对言语交际的影响

《朗曼语言学词典》中“topic 话题”词条的解释为：谈话和写作的内容。不同语言社团对于哪些话题可以谈论和哪些话题不可以谈论有不同的规则。例如，疾病、死亡、个人收入和年龄在有些语言社团中是不宜谈论的话题。

这段释义说明不同“语言社团”，即拥有不同语言风俗的集体对哪些话题可以谈论有不同的限制。据此，有人提出将话题分为“自由话题”和“非自由话题”两类。

自由话题和非自由话题的确定在不同民族文化中是不尽相同的，例如年龄、收入在西方文化中是非自由话题，但在东方文化中是自由的话题。在不同时代背景中，自由话题与非自由话题的界定也不太一样。老舍的《茶馆》中写道，1898 年戊戌变法刚刚失败时，茶馆掌柜王利发提醒茶客“莫谈国事”。“国事”在当时是非自由话题，而在今天就是自由话题了。

话题对促进言语交际具有重要作用。在交际过程中，人们往往对有的话题格外热心，对另一些话题则不感兴趣。一个恰当的话题可以使双方各

抒己见，尽情畅谈；如果话题选择不当，双方的交谈就因为没有交汇点而中断。因此，话题的选择对言语交际有很大的影响。

真心实意关心别人的话题，是最受欢迎的话题。有一位女记者曾与伊丽莎白二世女王在鸡尾酒会上做过简短的交谈。一开始，她就问女王，昨天是否在风雨中视察过煤矿，这使女王十分惊讶。原来女王的外衣染有的红棕色，经记者不动声色的提醒才发觉。由于交谈是从关心女工的话题开始的，自然引起了女王的好感，这次交谈取得了成功。当然，话题的选择与展开要遵重隐私权，避免搬弄是非。

俗语说，“酒逢知己千杯少，话不投机半句多。”如果从营造融洽的气氛以达到交际目的出发，就可以选择对方感兴趣或擅长的话题。

美国畅销书作家吐维在《与鲨共泳》中记述了这样一个故事：一次，他与古巴总统卡斯特罗会谈。起初，卡斯特罗对外宣称他不会说英语，而且态度冷淡，会谈一度陷入僵局。这时，吐维突然想到卡斯特罗爱打保龄球，于是他灵机一动，决定从保龄球入手打破僵局。“总统先生，我注意到您的身体非常健康，您是如何保养的？”卡斯特罗通过翻译回答道：“打保龄球。”吐维马上故作惊喜地回答：“多么惊人的巧合，我恰好是明尼苏达大学连续三年的保龄球比赛的冠军。”这时，还没等翻译说话，卡斯特罗一句英语就脱口而出：“Oh，is it true?”由于吐维选取了卡斯特罗感兴趣的话题，卡斯特罗不仅在激动中暴露出他会说英语，而且使得这次会谈也相当融洽。如果吐维一开始就大谈政治，大谈意识形态，卡斯特罗还是一句英语不讲，交际则无法顺利进展，乃至失败。

5．汉英交际“方式”对言语交际的影响

言语交际的表达方式是纷繁复杂的，人们有时直话直说，直抒胸臆；有时迂回婉转，间接表意； 有时冗词赘句，晦涩难懂；有时意在言外，耐人寻味；等等。就语言的使用来看，语言的交际方式大致可以分为直接言语交际和间接言语交际。

所谓直接言语交际是指输出信息时直截了当、直言不讳、不拐弯抹角，对于受话人来说，直接言语交际是最容易确切了解发话人本意的一种方式，受话人不必探究说话人的隐含之义就可以明白其真正的交际意图。所谓间接言语交际是指人们用非直接的、隐晦的话语迂回地表达其用意，受话人需要透过字面意义，依据交际情景所提供的语外因素来推导、用心揣摩发话人所要表达的用意。

例如：

A：听说小王的英语和法语都很棒，是吗?

B：他的英语非常好。

A 希望从 B 那里证实小王两种语言的水平，而 B 只对英语水平进行了充分的肯定，这等于间接委婉地告诉 A，他的法语水平一般。

此外，言语交际的表达方式也可分为口语和书面语交际。口语交际是临时组织话语，讲求信息传递与接受的效率，又有声音的抑扬顿挫在起辅助作用，因此用词通俗随便，句法力求简略，言语形式活泼，话语结构松散。书面语交际不受时间限制，主体可以从容组织话语，谋篇布局，又缺乏丰富的辅助手段，因此用词多正规、文雅，句法完整、规范、话语结构严谨、风格一致。

《水浒传》第三十一回里武松为了复仇，杀死张都监全家及客人共十五人。事后，武松向张青自述此事用的口语方式，孟州府衙役回禀知府用的是书面语方式。试比较：

武松答道："……一更四点，进去马院里，先杀了一个养马的后槽；爬入墙内区，就厨房里杀了两个丫鬟；直上鸳鸯楼上，把张都监、张团练、蒋门神三个都杀了；又砍了两个亲随；下楼来又将他老婆、儿女、养娘都戳死了。……"(施耐庵《水浒传》)

"先从马院里入来，就杀了养马的后槽一人，有脱落旧衣二件。次到厨房里，灶下杀死两个丫鬟，厨房门边遗下行凶缺刀一把。楼上杀死张都监一员并亲随二人；外有请到客官张团练与蒋门神二人；白粉壁上，衣襟蘸血大写八字道：'杀人者，打虎武松也！'楼下搬死夫人一口。在外搬死玉兰一口，奶娘二口，儿女三口。——共计杀死男女一十五名，掳夺去金银酒器六件。"知府看罢……

这两段话语使用的词语、句式、叙事完整、严谨的程度，体现出来的风格特点都不相同，这是适应不同方式的需要。交际主体根据各自交际方式的不同实施言语行为，都很协调。试将两者对调，让武松像写公文一样地与张青说话就会显得罗嗦、做作，把公文写的像聊天一样也会让人觉得不够庄重、严肃。所以，口语和书面语对于言语交际起到很重要的影响与制约作用，交际则主体必须根据需要，采取相应的言语交际方式。

(二) 语言本体因素对言语交际的影响研究概述

1. “词汇”对汉英言语交际的影响

词汇可以同时表示语言意义和语用意义，前者是研究词的静态意义，后者研究词的动态意义，即语言使用中的意义或语境意义。词汇在言语交际的语境中主要有依附性、参照性、个体性和目的性四个特点，是对词的语言意义的补充和发展。

运用语用学理论和认知语言学的关联理论研究词汇的语用意义，有助于提高语言表达技巧和欣赏能力。但很多时候，交际者使用文体意义不同的词汇，会影响交际的进行或是由于对词汇的文体意义使用不当(如忽略了现实的语境) 而使交际无法实现，即无法实现其语用意义。

(1) 词汇的文体意义对言语交际目的的影响。以科技术语为例，科技术语往往具有国际通用性，其文体意义通常是中性和正式的。科技术语用在科技文章中是适当的，但是在日常生活中没有必要用 cerebral ep isode 来代替 stroke (中风) 、用 carcinogenic 来代替 cancer - causing(致癌的) ，或者用 palpate 来代替 feel (触摸) 。

由此可见，带有正式文体意义的词只能适用于正式场合，运用术语来说明简单的道理只能越说越糊涂。下面这个小故事讲的是一个管子工想用盐酸清除管子里堵塞的污物，请看他收到了什么样的答复：

A foreign-born plumber in New York City wrote to the Federal Bureau of Standards that he had found hydrochloric acid did a good job of cleaning out clogged drains. The bureau wrote, “The efficacy of hydrochloric acid is indisputable, but the corrosive residue is incompatible with metallic permanence.”

The plumber replied he was glad the bureau agreed. Again the bureau wrote, “We cannot assume responsibility for the production of toxic and noxious residue with hydrochloric acid and suggest you use an alternative procedure.” The plumber was happy again at the bureau’s agreement with his idea. Then the bureau wrote, “Don’t use hydrochloric acid. It eats holes out of the pipes.”

该例中，由于政府官员在与管子工的交际中，忽略了交际对象这个具体语境，使用了很多如科技词汇等带有中性和正式文体意义的词汇，使整体的交际信息表现得非常正式，使得交际过程总是失败达不到预期的效果，直到最后使用了非正式非官方的词汇表达，才实现了信息交流的目的。

(2) 词汇的文体意义对交际过程的影响。在交际过程中，应该依据语境选择适当的词汇，即使用与交际语境相适应的文体意义的词汇，做到交际者之间所应用词汇的文体意义“对等”(相互适应)，这样才能拉近交际者之间的距离，使交际语言有实际的切合点和相互融合性，才能保证交际过程的顺利进行，使信息交流向纵深发展。反之将严重影响交际的过程。如下例：

“You find the nettles very difficult to eradicate?” I said I found them hard to keep down. “They disseminate themselvesmost luxuriantly”, he said. I replied that they sp read like the dickens. “But they have their utility in the economy of Nature, ” he said. I replied that Nature was welcome to them as far as I was concerned.

He then remarked that it was most salubrious weather, and I agreed that it had been a fine day. But he was afraid, he said, that the aridity of the season was deleterious to the crops, and I replied that we did not speak the same language.

显然对方也没有注意到现实的语境，“他”也许是一个很有知识的读书人，而“我”只是个农夫。在“他”的语言中，使用了很多生涩的具有非常正式文体意义和文学文体意义的词汇，违背了格莱斯格合作原则中的方式准则，从而使得“我们”之间的交流几乎无法进行，也拉远了“我”和他之间的距离，这种人为的距离和障碍使交际过程无法向纵深发展。

(3) 词汇的文体意义对交际者的影响。词汇的文体特征在语言的应用中有着特殊的意义，通常会反映出信息传递的整体文体特征或风格，同时词汇的文体意义对交际者所使用的词汇有着反向制约的作用。试举例说明：

1) They chucked a stone at the cops, and then did a bunk with the loot.

2) After casting a stone at the police, they absconded with the money.

以上两句子除了有着结构上的区别，还由于它们使用了文体特征不同的词汇而表现出不同的文体色彩。有着特定文体意义的词汇，只能出现在特定的文体中，或被特定的交际者使用，这对语言使用者的词汇选择就存在着一种“强制”或“非强制”性的影响。本例中，第一句可能是俩个罪犯在犯罪后谈论他们的犯罪经过，文体意义对语言使用者的作用是“非强制”的;而第二句话则是一个警官在写他的案件报告中所使用的句子，文体意义对语言使用者的作用则是“强制”性的。

通过以上讨论，我们可以看出，词汇的文体意义对语言交际目的的实现、交际过程的顺利进行和交际者都有着重要的影响。这就要求我们在词汇的习得过程中，不但要了解词汇的概念意义，更要重视词汇的文体意义，以及在交际中所使用语言的“适当性”，确保其语用意义的实现，从而保证语言交际的成功。

2. “句法”对汉英言语交际的影响

句法是语言单位的结构规律。每一种语言的句法都有自己的表达手段。

汉语语法的主要表达手段是语序和虚词。汉语语序既有严格的规定性，又有很大的灵活性，而且虚词多种多样。言语交际利用语序的变化、虚词的增减、语气的变换，构成了各种类型的结构和句子，诸如常式句、变式句、完全句、省略句、疑问句等等，为准确、生动地表达思想提供了重要的基础和广阔的天地。

语序是语言的一种普遍现象，这是因为，任何语言中的句子结构都是按照一定的先后顺序编排的。因此，英语也拥有各式各样的句式。在这些各式各样的句式中，有些符合人们的一般认知规律，为无标记式(unmarked clause) 或常式句，如英语中的 SV、SVO、SVC、SVOO、SVOA、SVA、SVOC 这些基本句式,有些则偏离了人们的认知规律,为有标记句式(marked clause) 或变式句，如英语中的倒装句、被动句等。

在语言系统中，常式句和变式句都是可供选择的项目。在言语交际活动中，到底使用哪种句式则取决于交际者的语用意图，反之，不同的句式也反映了言语交际者的不同的感情色彩。

(1) 汉英言语交际中的常用句式和变式句。常用句式是由句子成分或分句的通常次序构成的句子，变式句是指由句子成分或分句的特殊次序组成的句子。一般来说，句子的次序、成分的位置是比较固定的：主语在谓语前，动词在宾语前，修饰语在中心语前(当然英语有时定语后置) ，补语在中心语后。这都是常序，若改变了这种正常语序，就形成变式。在具体的言语交际环境中，为了表达的需要，变换使用常式句和变式句，往往可以收到特殊的表达效果。

通常情况下，常式句自然平实、语势和缓，因而在言语交际时多用于对事物一般的叙述、描写、议论，给人一种沉实平稳、真实可信的感觉。如：

His superior grades at high school enabled him to enroll at the tuition-free university of the city of New York.

出于在中学成绩优异，他进入约纽市的免费大学。

从句法角度讲，汉语的句子成分的位置是比较固定的。为了反映丰富多彩的生活图景，为了强调或补充说明，人们在交际中有意地变换了成分的位置：即谓语移到了主语前，宾语提到了动词前，定语、状语放到了中心语后面，使言语交际的表达更有艺术性。这种为了强调、突出等语用目的而颠倒语序的话语形式叫作倒装。倒装在交际过程中使交际简洁明了，有的也起到强调或达成其他交际目的的作用。说话人通过倒装这一语法形式来激活受话人的语境，从而表达特殊的表达意图。

例如：

而孩子的妈妈并没有伸出手去，只是微笑着鼓励说：“自己上，小乖乖。”

（孙继样《第一次》）

“自己上，小乖乖”一般都说成“小乖乖自己上”，但文章颠倒了通常的语序，把谓语放到了主语的前面，表现了孩子妈妈言语交际时复杂微妙的内心感情，既亲切果断又温柔含蓄，突出了人物形象。

再如：

甲：去了吗，城里?……

乙：可惜呀、太忙，我总是……

这里，甲的话语形式采用了倒装的语法形式，表达了一种急切想知道结果的心情，受话人乙在这一倒装话语形式的刺激下，激活相关的语境，从而推导出甲的急切心情，进一步推导出甲对乙进城这一事件的关心。

又如：

A: How is that little dog doing these days?

B: Never had it been so good.

上面的英语交际例子里 B 故意把 never 提到句首，改变了句子的正常顺序，使句子开头就给人较为深刻的印象，强调"它从来就没有这样好过。"英语句法里倒装主要分为两种，完全倒装和不完全倒装。

全部倒装的一种最常见的结构是"状语+谓语+主语"，这种语序可以使描述更为生动，使读者产生身临其境的感觉。状语部分通常是副词(there，here，then，in，down，off，out，away 等) 或是介词短语，谓语多为不及物动词，主语一般是名词，不是代词) 。例如：

Before the forest lay miles and miles of fertile land.

前面就是数英里的肥沃土地。

部分倒装主要是助动词提前与主语倒装，疑问句就属于部分倒装句。具体来讲，由于某一成分(一般是状语) 位于句首引起谓语的一部分(be 动词、情态动词、助动词等) 转移到主语之前，即部分倒装句。倒装句还包括将宾语或表语提前的句子。

(2) 汉英言语交际中的完整句和省略句。完全句是针对句子结构的要求说的。主语和谓语是句子的主干，主谓齐全的句子就是完全句，它结构完整，表达的较为准确。例如：

大学是什么？大学就是大人们上的学。少年儿童上的学不能算大学。儿童上的是小学；少年读的是中学。唯有成年人上的学方可称大学。(张者《桃李》)

作者连用几个主谓宾结构完整的句子来说明"大学是什么"，表达的意思周密准确，叙述的内容清楚明白，逻辑概念严密，读者印象深刻。

然而，在具体的语言环境中，在不至于误解的情况下，交际中往往会省略一些不言自明的成分。如"他写完作业，做饭去了"。"做饭去了。"这句话根据前一句省略了主语"他"，是主谓句的不完全形式，但句子的意思没变，这就是省略。省略可以避免重复、哆咳，语言表达简省、明快，从而获得特殊的表达效果。如：

天快黑时，老鼠回来了，肚子吃得鼓鼓的，嘴巴油光光的。猫问："你大姐生了啥呀？""生个白胖小子。"猫又问："起个什么名字?"老鼠转一转眼珠说："叫，叫一层。"(《"猫"和"老鼠"》"容声杯"全国广播大赛规定稿件)

文章在“猫”和“老鼠”的对话中省略了主语，语言生动形象，一问一答中，表现了猫的老实厚道、老鼠的机智狡猾，富有幽默感。再如，相声大师侯宝林的一段相声，是说河南人说话是如何简洁的：

甲：谁?

乙：我!

甲：咋?

乙：尿!

他们的对话省去了大量的部分，可以说做到了省略的极限。如果把他们的对话还原到一般的对话形式，应该是：

甲：(你是) 谁(呀)?

乙：(是) 我(XXX)!

甲：咋(在干什么)?

乙：(在撒) 尿!

我们就拿乙的回答“我”来说，“我”是一个指示词语，本身是一个没有任何信息的符号，我指的是谁?每一个人都可以自称是“我”，但是这里却丝毫不影响交际，因为在乙回答的过程中，“我”只是用来激活甲的受话人语境的刺激信号，可见，省略就是在一定的语境里，在不至于误解的情况下，说话人往往会省略去一些不言自明的成分。因此，在言语交际中在特别要求简洁、明快、有针对性为前提的条件下，只要对话双方能领会，许多成分都可省去。在对话中如果追求意思完备、结构齐整，反而会显得不协调。

英语言语交际中省略句也很常见，而且交际双方的省略意图跟汉语省略句有异曲同工之妙，常常在警句、格言、谚语，日常对话中有所体现。如：

A: Would you like to go with me?

B: I’d love to./I’d be glad to。

再如：

A: Outght I to go?

B: Yes, you ought to。

又如，一些英语结构中的省略已约定俗成，言语交际中的很多言语、警句可信手拈来使用。

A fall in the pit, a gain in your wit。

吃一堑，长一智。

Out of sight, out of mind。

眼不见，心不烦。

(3) 汉英交际的疑问句。疑问句是带有疑问的语气，有时带有疑问代词或疑问语气词，书面语里使用问号的句子。它是言语交际里一种极有特色的句子。言语交际中，讲话行文，刻意设计问句的形式，引起对方的注意，留给对方深刻的印象，从而在讲话或文章中激起波澜，使语势起伏不平，跌宕有力。

用疑问句的形式表达确定的思想，答案就寓于反问之中，这种句式叫反问句。反问句的特点是问中有答，用否定的疑问句形式来表示肯定的意思，或是用肯定的疑问句形式来表示否定的意思，答案就在反问之中。反问句能增强语气，加重语句的分量。如：

特务们，你们想想，你们还有几天，你们完了，快完了，你们以为打伤几个，杀死几个，就可以了事，就可以把人民吓倒吗？（闻一多《最后一次演讲》）

A: They are fighting.

B: What? Fighting?

上述例子用肯定的形式表示强烈的否定，感情激越，语气强硬，尤其从闻一多先生的言语中颇受警省与启示，震撼人心，使人留下了难忘的深刻印象。

再如：

朋友们，当你听到达段英雄故事的时候，你的感想如何呢?你不觉得我们的战士是可爱的吗?你不以我们的祖国有着这样的英雄而自豪吗？（魏巍《谁是最可爱的人》）

You always take me as a fool, haven’t you?

这两个例子以否定形式的疑问句表达肯定的内容，加重了语气表现了讲话者的激情，语言生动、活泼，增强了作品的感染力，激发出听者的感情。

3．“合作原则”对汉英言语交际的影响

人们在交谈时，不总是坦直地说出自己想要说的话，而常常是含蓄地向对方表示自己的意思。略微注意一下人们的日常会话便会发现会话含义是一个很普遍的现象，人们说话常常是话中有话，带有弦外之音，这种话的字义之外的意义不是一般语义理论所能解释的，而需要做语用的分析。在理解过程中，需要借助谈话者的常识，共有知识，推理能力等。但一个重要的前提是，谈话的参与者都必须有把话继续谈下去的愿望，也就是他们在谈话中必须持合作态度，这样他们每个人所说的话都是和话题有关的，都是对对方所说的话的恰当反应，尽管字面上似乎未必如此。只有在这个大前提下，听话的一方才能从似乎不相关的话语中去找出话语与话语、上文和下文、答与问之间的联系，并做出推理。因此，为了在言语交际中正确理解和交流，许多语言学家和逻辑学家就致力于言语交际的规则的研究，其中，最著名的理论是美国语言学家格赖斯的会话理论。

美国语言学家格赖斯将这种语言符号在一定的交际语境中产生的一种不同于字面意义的特殊含义称作“会话含义”。他在阐释会话含义时，提出了一组著名的“交际合作原则”，它包括一个总则和四组规则。总则的内容是：在你参与会话时，你要依据你所参与的谈话交际的公认的目的或方向，使你的会话贡献符合这种需要。具体的说，合作原则就是要求每一个交谈的参与者整个交谈过程中所说的话符合这一次交谈的目的或方法。正是交谈者的这种合作使得他们能够持续地进行有意义的语言交际。

合作原则这条总则可以具体体现为下面四条准则：

(1) 数量准则：在交际过程中给出的信息量要适中。

1) 使自己所说的话达到(交谈的现时目的) 所要求的详尽程度。

2) 不能使自己所说的话比所要求的更详尽。

(2) 质量准则：力求讲真话。

1) 不说自己认为不真实的话。

2) 不要说自己缺乏足够证据的话。

(3) 关联准则：说话要与已定的交际目的相关联。

(4) 方式准则：说话要意思明确，表达清楚。

1) 避免用晦涩的词语。

2) 避免有歧义的表达方式。

3) 说话要简洁。

4) 说话要有条理。

这四条准则中的前三条与人们在交谈时“说什么”这个问题有关，第四条与“怎么说”这个问题有关。数量准则规定了我们说话时所应该提供的信息量，不应少说也不要多说。也就是，凡是交谈的对方要求或期待你说的，你知道多少就该说多少，但不能把对方不要求或不期待你说的也都说出来。质量准则规定了说话的真实性，也就是要求说话人说真话，不说假话，不说没有根据的话。这里所说的真实性是指说话人认为是真实的话，不否认会存在说话人自认是真实的，但实际上却是不真实的情况。在这种情况下，说话人在无意识地说谎，但仍然应该说他是在遵循这条准则的。关联准则规定了说话要切题，不说和话题无关的话。方式准则在表达方式上提出了要求，要求说话人简明扼要，不要用语义含糊的词语，避免冗词赘句。遵守所有这些规则，人们就能以直接的方式、较高的效率进行交际。

格赖斯的理论虽然提出了交际中应该遵守的几条规则，为人们进行有效的言语交际提供了一定的保障，但是格赖斯的合作原则存在以下的不足之处：

首先，在语言交际中，合作原则究竟是否是交际的最高原则?合作原则之下的各条准则的作用如何?这四条准则之间的关系如何?斯波伯和威尔逊在 1986 年对合作原则提出质疑。他们认为，每一个参加会话的人所说的话都必须和整个话题以及对方前面所说的话相关联。我们凭借本能把连贯的篇章或话语和任意堆积起来的一系列话语加以区分时，所考虑的一个重要因素便是关联性。正是一句话与另一句话之间的关联性把它们串成一个连贯的、有意义的语言整体。但话语之间的关联性有程度上的差别。在实际使用语言的过程中，并非每一句话都具有最大的关联性。他们还认为，交际的效率牵涉到两个因素，一个是传递的信息量，另一个是对所得到的信息的加工量。一句话的关联性越大，要求做出的推理越少，交际的效率便越高；反之，关联性越小，要求做出的推理越多，交际的效率也就越低。因此，他们认为，在交际中根本不存在什么合作原则，也不存在什么有意违反准则的问题；人类的交际活动是一种认知活动，认知的基础是交际中话语的关联性。在言语交际中，说话人不仅要表明他有某种信息要传递，更要表明他所提供的信息有某种关联；这种关联使人们对说话人的意图做出合理的推导，达到对话语的正确理解。

其次，合作原则只解释了人们间接地使用语言所产生的会话含义，及其对会话含义的理解，但却没有解释在日常生活中，人们为什么要拐弯抹角，不采取直截了当的方式去进行交际，而让听话人去推导出会话含义。也就是说，合作原则解释了话语的字面意义和实际意义之间的关系，却没有解释为什么人们常要违反合作原则，以含蓄的、间接的方式表达思想，进行交流。为弥补合作原则的这一不足，利奇(Leech) 提出了礼貌原则(Politenees Principle，简称 PP) 。他举了以下例子：

父母：有人吃了蛋糕上的奶油。

孩子：那不是我。

这是家长和孩子之间的对话，家长没有直接责备孩子，而是仅仅说“有人”吃了蛋糕上的奶油，从而违反了数量原则，目的是为了维护礼貌原则。

最后，格赖斯的会话含义理论，着重研究的是特殊会话含义，而未能涵盖一般会话含义，这就限制了理论的解释力。含义有规约性和非规约性两种，会话含义属于非规约性；会话含义本身又分为一般和特殊两种。一般会话含义和会话的特定语境无关，在脱离语境的情况下依然存在，依然可以推导出来，如从“I walked into a house”这句话可以推导出说话人走进去的不是他自己的房子，否则他应该说“I walked into my house，”而不是“a house”。特殊会话含义的推导则依赖语境。格赖斯的理论只适用于后者。

格赖斯还认为，特殊会话含义是违反合作原则下四个准则之中的一个或多个准则、由听话人经过语用推理而得到的结果，但是，会话含义是如何推导出来的?他却没有建构出会话含义的推导机制。因此，我们需要对格赖斯的四准则理论进行一定的修正和增补，使它更好的符合我们交际的实际需要，以促进交际的有效进行。

第六节　书面语是打破时空限制的交流工具

人类表达思想，传达感情，交换信息的交际工具——语言，虽然在社会生活中是最重要的，但是分音节的有声语言，往往受到空间和时间的限制。为打破时空的限制，人们发展了书面语——即文字。文字是用来记录言语的符号。在留声机和录音机发明以前，能使人的讲话传到远方去和不受时间限制传到若干年后，就靠着文字。言语和文字常常合起来通称为语言。有声语言的书面化就是文字。

从远古时代开始，人类广泛应用符号来做交际工具——这里所说的符号，是指书面语以外的符号，这种符号需要译成文字，但许多作为交际工具的符号不局限于文字。

古代民族用贝壳，用结绳来做交际工具。当人们在使用文字以前，不论怎样，用贝壳和结绳来做交际工具，在社会生活中能够打破时空的限制。上面提到过的烽火信号，也是一种古代民族常用的交际工具，它的作用就同现代城市防空警报器一样。

用实物来传达信息在古代社会生活中是常常发生的。实物“语言”是古代的一种交际工具。古代希腊的著名著作，希罗多德的《历史》中记录了一个后来人们常常提起的例子。这部巨著第四卷，记载了波斯王大流士征伐斯奇提亚人时发生的一个交际活动。据说大流士王在征战中陷入了进退维谷的境地。斯奇提亚人于是派了一个使者专程送一份“礼物”给大流士王——用现代语来说，就是给大流士王送来一份“实物信”(实物传递信息的文书)。这封“信”包括：一只鸟，一只老鼠，一只青蛙，五支箭。这份“礼物”当然不是贡物——因为它没有珍贵的价值——而不过是一封“信”，一封“实物信”。

希罗多德的书这样写道：“波斯人问来人带来的这些礼物是什么意思，但是这个人说除去把礼物送来和尽快离开之外，他并没有受到什么吩咐。他说，如果波斯人还够聪明的话，让他们自己来猜一猜这些礼物的意义吧。”

波斯人于是来探讨这封“实物信”的意义。大流士王认为这是斯奇提亚人向他投降的表示。理由是——老鼠是土里的东西，他和人吃着同样的东西；青蛙是水里的东西，而鸟和马则是很相像的。他又说，箭是表示斯奇提亚人献出了他们的武力。

但是大流士王的一个谋臣却持着相反的意见，他推论说，这封“实物信”的意义是——“波斯人，除非你们变成鸟并高飞到天上去，或是变成老鼠隐身在泥土当中，或是变成青蛙跳到湖里去，你们将被这些箭射死，永不会回到家里去。”后来呢？——后来事态发展证明斯奇提亚人用种种计谋来打击波斯人，作弄波斯人，以至于最后大流士王不得不承认自己对这封“实物信”的了解是错误的，而他的谋臣所理解的却是正确的。这样，波斯人赶紧想出很多办法来对付并迷惑斯奇提亚人，以便他们(波斯人)自己“在遭到毁灭的决定以前离开”。

对这封“实物信”的理解，为什么大流士王错了，而他的谋臣对了呢？主要就是因为大流士王的谋臣比较了解敌我双方力量的对比，比较透彻地知道双方军事运动的情况，而大流士王却只是从主观愿望出发去“读”这封“实物信”。

这里，又一次给我们提出了语境问题——这就是说，理解语言的真正信息，必须洞悉发出信息时的社会环境。为说明这一点，还可以举出著名的通俗科学作家M．伊林著作中引用的一个例子。

据说某些部落是用贝壳来作交际工具的。某部落派使者给另一个部落送去了一封“实物信”——那就是一条带子上并列着四个贝壳：一个是白的，一个是黄的，一个是红的，一个是黑的。对这封“实物信”，可以做完全相反的理解。

第一种理解——“我们愿意同你们和好(白色)，如果你们愿意向我们纳贡(黄色) 的话；假如你们不同意，那我们就向你们宣战(红色)，把你们杀光(黑色) 。”

但是也可以作另外一种理解——“我们向你们求和(白色)，准备向你们纳贡(黄色)；如果战争(红色) 继续下去，那我们就非灭亡(黑色) 不可。”

哪一种理解正确呢？那就要看当时发出信息和收受信息双方的语境。如果发信息的一方比受信息的一方强大得多，而且正在显示出种种实力时，那么，第一种理解是正确的；如果发信息的一方远比受信息的一方弱小，而且处在受信息一方的武力威胁下，那么，第二种理解是正确的。

人类的交际工具不限于有声语言。但不论是有声语言还是非语言，语境对于理解信息(语义) 是十分重要的，常常有决定意义。对于“实物信”这一类的交际工具，因为不像语言那么明确(往往带有神秘的猜谜语的性质)，语境就显得更加重要了。

第七节　社会生活不能缺少语言这种交流工具

既然语言只不过是人类社会的交际工具，能不能用别的交际工具来代替呢？社会生活能不能完全摈摒弃语言(包括分音节的有声语言和书面化的语言——即文字)，而代之以别的可以作为交际工具的东西(比方说实物)

呢？这就是说，在社会生活中能不能完全不使用语言，而直接采用能诉诸人的感觉器官的实物符号呢？

18 世纪的英国讽刺小说家斯威夫特在著名小说《格列佛游记》(1726)中，提供了或设想了寓言式的例子。

小说描写巴尔尼巴比有三位饱学之士，他们研究如何改进本国语言，第一步计划就是简化语词——方法是把多音节的语词缩短为单音节的语词，省略了动词和分词，他们认为“事实上可以想像的事物都是名词”。他们的第二步计划是“取消语言中所有的词汇”。他们认为这种改革不但对于身体健康有益(因为每当一个人说出一个字来，多多少少都会使人的肺部受到影响，结果将可能缩短人的寿命)，同时对于更加精炼地表达思想，将会有很大的好处。这几个学者认为，既然语词只是事物的名称，那么，在谈论某一件事情的时候，把表示意见时所需要的东西都带在身边，岂不更加直接，更加简练，和更加方便么？换句话说，与其使用“信号的信号”(语言)，还不如直接使用信号——即用一些实物直接诉于人的感觉器官。于是作家描绘了这样的一种情景：

“我常常看到两位学者被背上的重荷压得要倒下去，像我们的小贩一样。他们在街上相遇的时候，就会放下负担，打开背包，整整谈上一个钟头。谈完了话以后，才把谈话工具收起，彼此帮忙把负荷背上，然后才分手道别。”

小说还提到，这种不用语言而用直接交际工具的设想，遭到妇女们、俗人们、文盲们的反对，“因为他们要求有像他们的祖先一样用嘴说话的自由。”不言而喻，这种奇特的寓言式的设想，在现实社会生活中是决计行不通的。其所以行不通，首先是因为随身要带着许许多多笨重“道具”，有些“道具”甚至是带不了的——例如要交换关于一个热水瓶的信息，当然可以带个热水瓶在身边作为交际工具；如果要交换关于波音 747 飞机的信息，也可以做一个波音 747 飞机的模型(假如不嫌费事的话)；但如果要讲太阳，那既不能带一个太阳在身边，甚至想制作一个太阳模型也很费心思，制作出来——比方说——仅仅是一个圆球的话，怎么能够不用语言(也不用文字标记)将这个圆球区别于其他圆球，并且能使你的交际对手(受话人)准确地接受这个信息呢？这里还没有说到抽象的事物，例如民主，自由，良心，人性，阶级等等，把什么东西带在身边才能准确地表达这种种概念呢？

其次，即使能把交际所需要的一切“道具”都带在身边(事实上是不可能的)，如果要表达这些东西相互之间的关系，那么，就必须除了展示这许多“道具”之外，还得使用手势(手的语言)或模仿某些动作(面部表情，体态，以及其他动作)，才能够比较有效地传达所需要的信息或思想。

最后，当然不是最不重要的，这些可敬的学者，想入非非地以为不说话就可以避免伤害肺部，长命百岁，然而他们却绝对不能创造奇迹，即不能创造一种不用语言材料进行的思想。但是，如果没有思想，他怎能预先知道要带那么些沉重的“谈话工具”呢？如果他思想，他就必须应用话言材料，那他又何必避开这些语言材料(有声的，无声的，书面的，代号的)，而使用无法完善地表达一切的“谈话工具”即“道具”呢？自然，读者们都知道，小说家斯威夫特描绘的这一段令人发笑的“故事”，其目的是在讽喻——他讥笑那些脱离实际的学问家如何进行荒谬的学术研究。他所描绘的不是语言活动，但是这讽喻加深了我们关于交际工具的认识。在人类社会的交际活动中，最重要的交际工具不是别的，只能是语言。

第四章　社会语言学属性研究之二：语言的社会属性

第一节　语言是一种社会现象

语言是一种社会现象。没有人类社会，就很难设想会有我们现在天天使用着的语言。就现代科学知识范围来说，人类社会以外的动物世界，尽管存在着种种不同的交际方法(或者说，有着种种不同的信息系统)，但我们还没有发现在哪一种动物的交际活动中有类似人类语言的交际工具。语言是伴随着人类社会的形成而产生的，而且跟随着社会生活的变化而发展。

有声语言是靠着人体内的发声器官(发声机关) 发出的，因此，乍看上去，语言仿佛是一种自然现象。但是可以断言，语言决不是一种自然现象。什么是自然现象？下雨，刮风，山崩，地震，飘雪，结冰，干旱，洪水……所有这一切都是自然界发生的不以人的意志为转移的现象——这是自然现象。自然现象是由自然界的条件制约而形成(或发生) 的过程；它是自然界的物理、化学变化过程。

比如说下雨。阳光照射着地表，地面上的水到达一定温度就汽化，水汽升到气温较低的大气层，就凝结而成水点，由于地球引力的作用，凝结的水点又往地表下降——这就是下雨。下雨是自然力的物理变化过程。

语言同下雨完全不一样。语言的声音是信号，这是确定无疑的，这种信号同某些动物发出的声音信号是不一样的。某些动物发出的声音信号，有时是无意识的、无目的的，有时是生理现象，有时即使有某种意义，也常常只是表示感情的信号(例如骇怕、惊讶、警告、求爱等)，而人类的语言是有意识有语义的——在这一点上说，语言是信息的载体——人类的语言不仅是表达感情的信号，而且是表达理智的、逻辑的、推理的信号，或者甚至可以说，人类的语言本身更多是逻辑推理的产物。实验生理学也证明，人的大脑左半球接收和处理语言的，逻辑的，计算的信息，而右半球才接收和处理非语言的例如乐音的或情感的信息。因此，语言不能认为是自然现象，而是社会现象。

正是由于人类的语言是以声音表达出来的，而且单就发声一点来说，同某些动物的发声有某种程度的类似，因此，乍看上去，语言似乎可以说是一种生理现象。

但语言并不是一种生理现象。吃得过饱了，就会打呃，甚至会呕吐，这是生理现象。血压高可能引起头晕的症状，这也是生理现象。受凉感冒，体温增高，这种“发烧”的现象，无疑也是生理现象。生理现象是人或动物受到外部条件或内部条件的制约而引起的一种物理、化学变化过程，一种生理变化过程。

语言显然不属于这样一种过程。人决不是因为喉头痒得受不住了才发声的——当然，人的生活中会有喉头发痒而发声的现象，但那不是语言。那是人的器官受到外部或内部刺激而引起的反应。

谁也不会认为人到了发高烧时才讲话——虽然人在发高烧时常常会引起一种不自觉的、下意识的“类语言”(毫无意义的呓语) 。呓语是一种特殊的生理现象，也许是有机体的体温超过了正常程度而对大脑皮层发出某种刺激，这样引起了发音器官下意识地发声，而在引起发声的生理过程中，又不自觉地把大脑永久记忆库里存储的某些信息抽取出来，下意识地传送出去。这种发声活动(有时还夹杂着某些当时完全不适用的，或甚至碰巧完全适用的信息) 不能称为语言。呓语不是语言；呓语不过是一种生理现象，而语言则同呓语相反，不是生理现象。

曾经有人从失语症(aphasia) 出发，论证语言效果是一种生理现象。人的头部受伤，或者说，大脑左半球前区中间部位受伤，会引起讲话困难，甚至完全不能讲话；这是一百年前生理学家就证明了的。后来又发现大脑还有一些补充部位，受伤了也能导致失语症。失语症是一种生理现象，这是无可怀疑的。失语症是语言机能消失的现象，就好比发声机关受到损伤，也能导致形式不同的失语现象。这当然也可以说是生理现象。

但是，从失语症是生理现象很难推断出讲话(言语) 也是生理现象。因为语言的活动带着复杂得多的因素，并且带有社会因素，意识因素在内。语言不能认为是生理现象。那么，语言是否一种心理现象呢？

当人们遇到恐怖场面时——比如遇见火灾、地震、惨死，或诸如此类的恐怖场面时，往往会引起心理上的震动，会发生恐惧的、凄惨的、不知所措的心理活动，伴随这种心理活动而来的常常是发生一种自己不能控制的生理现象，例如手发抖了，腿也发抖了等等。这种心理现象当然是一种很复杂的大脑高级神经活动过程。发生这种心理现象时，人可能说话——最可能说出惊呼式的感叹词；也可能不说话——所谓“目瞪口呆”；或者想说而说不出话来(类似一种临时的失语症) 。这就是说，人碰到一种能引起强烈心理活动的场面(例如恐怖场面) 时，并不一定导致语言活动。心理活动不能导致语言活动，语言从而也很难说是一种心理活动。

论证语言不是自然现象，也不是生理或心理现象，而是一种社会现象，或者说，语言属于社会现象的系列时，意味着什么呢？

这意味着语言是为社会(社会成员) 服务的工具，而不属于社会结构本身，即既不属于社会经济基础，也不属于社会意识形态——上层建筑。

语言不属于社会经济基础，这个命题几乎用不着论证；因为语言不是物质，不是能量，不是工厂，农庄。但是在20世纪最初三四十年间，流行着一种论调，说是语言属于社会的上层建筑，语言被认为是社会意识形态之一。这一学说流行于苏联，后来在苏联以外的进步文化圈子里，也这样地认为。

毫无疑问，每一个社会经济形态都会有同自己的经济基础相适应的上层建筑，这是马克思主义的常识。社会的上层建筑竭力与经济基础相适应，同时也竭力为经济基础服务，在一定条件下，它又反过来对经济基础发生反作用。这就是通常说的物质是第一性，精神是第二性。而物质与精神之间存在着一种辩证关系。凡是政治、法律、宗教、艺术、哲学的观点，以及同这些观点相适应的政治设施，法律设施等等，都叫做上层建筑。过去一般地认为上层建筑必定跟着旧的社会经济基础的崩溃而消亡，这种概括显得过于简单化，或者说有片面性，常常会导致不正确的理解。如果这里的上层建筑指的是政治设施(例如国家机器) ，上面的说法无疑是正确的，因为改变了社会经济形态以后，人们决不能原封不动地运用代表旧形态政治观点的政治设施，列宁说过，要“打碎”旧的国家机器，就是这个意思。但如果说的上层建筑，指的是文学、艺术甚至哲学思想——这些通常也归到社会的上层建筑范畴——，则在旧的经济基础崩溃后，它们不会自行消亡，人们也不会把它们彻底摧毁。

一定的社会经济结构产生一定的社会意识形态，这当然是对的；而且这孕育出来的一定社会意识形态必须同新的一定社会经济结构相适应，为巩固和发展这个结构而适应，这当然也是对的。但是对待旧的社会经济结构所孕育的社会意识形态，却不能采取消灭的态度。例如，旧时代的文学艺术作品，其优秀部分(精华部分) 还必须保存下来，被吸收，消化，而作为新的社会意识形态的养料。当然，这并不排除旧的社会意识形态中某些对新的经济结构不利的部分经过审慎的“检验”而被扬弃了，所谓“检验”自然不是个别权威人士的“审定”，而是社会公众和社会实践鉴定的结果。这是一个复杂的过程，决不能采取简单粗暴的处理方法。

语言不是社会意识形态，语言不属于社会结构的上层建筑，语言是——而且只能是——一种社会现象。

语言属于社会现象之列，这意义就是它为整个社会服务，因为它是一种交际工具。既然是工具，它只可以改进或改革，而它不可能“爆发”革命。语言在时代的长河中，在人类社会形成和发展的长河中，经历了千百年，几千年，或者上万年，它发生了，成型了，丰富了，洗炼了，严密了，发展了——语言随着地域和社会集团的不同而存在上百种，几百种，甚至成千种，加上由于封闭的自然经济造成的地区阻隔而形成的方言土语也许上万种，但是没有一种语言曾因为社会经济形态——社会制度的变革而消亡，或作彻底的变革。人类历史上未曾发生过这样的事实。

众所周知，人类社会经历了原始共产主义，奴隶制度，封建制度，资本主义制度，社会主义制度，旧的社会经济基础在不同的国土先后相继被置换了，与之相适应的某些上层建筑被“打碎”和另外建立了，它所孕育和哺养的社会意识形态好些部分却仍然被新社会成员所接受，或者说，有选择地接受。在这过程中，语言只是一代一代地传下来，近两千年前编成的古字书《尔雅》，它所记录的大部分语汇仍然为社会主义的社会成员所使用，小部分虽不日常应用，却仍然可以了解。在变革着的社会里，不管是革命的一方还是反革命的一方，语言一视同仁地成为任何一方的交际工具。18 世纪开始的法国资产阶级革命中，法语并没有被禁止，并没有被粉碎，自然也没有消亡，它传下来，丰富了自己，并且仍然被胜利的新阶级所使用——当然也被革命所打败了的阶级使用，与此同时，法语仍然是，也只能是革命胜利后的法国全体社会成员所共同使用。这里不是说法语经历了一场大革命不会起任何一点微小的变化；不，有变化，特别是语言中最敏感的因素——语汇，发生了若干变化。

1917 年俄国爆发了社会主义革命，同样，俄语既没有消亡，也没有被“打碎”，俄语还是俄罗斯社会全体成员的公用语，当然也被新掌权的无产阶级继续使用作为官方语言。就是反对十月革命的敌对分子，甚至逃到国外去的白俄分子，也还是使用同一的俄语——这是就俄语整体来说的，或者是就其基础语汇，基本语法和沿用下来的语音，语调来说的，不排除在白俄圈内使用的俄语随着与国内交际的隔绝而发生某些微不足道的变化，包括某些阶级习惯用法在内。至于在苏维埃国内，只不过把正字法作了很小的改动——这改动，是使书面语更为合理化的措施，也可以叫做文字改革——文字改革不是修改语言，不是变革语言，而是改善记录语言的方法或工具。

汉语的发展过程也有同样的例子。1949 年中华人民共和国成立，沿着社会主义道路发展，而作为汉族的民族语和作为中华民族全体的公用语——汉语，就其整体而论，还是解放前使用的汉语，其中大部分基础语汇甚至已有千百年的历史。

社会革命不能改变语言。语言始终是为全体社会成员服务的。

第二节 社会结构和语言

语言变化是指随着时间的推移语言发生的变化。一切活的语言都发生过变化，而且还在继续变化。英语 house 这个词的发音在乔叟(Chaueer) 时代发〔助动词 do 的过去式 did 曾是 didst；speaks 曾拼写为 speakest；said 曾拼写为 sayd；says 曾拼写为 saith。名词复数形式如 seeds 和 ways 分别曾是 seedes 和 wayes。在句法方面也有许多变化的例子。在莎士比亚时代，句子否定是通过在句尾加否定词 not 来实现的。例如，“I love thee not, therefore Pursuemenot.” “Hesawyounot.” 单词的意义也会发生变化，有的词义扩展，有的词义缩小，有的词义升格，有的词义降格。单词 girl 曾用来指年青人，可以是男青年，也可以是女青年；silly(愚蠢的) 在古英语(OldEnglish 句中的意思是“幸福、快乐”，在中古英语(MiddleEnglish) 中的意思是“天真”。这些例子说明了语言是在不断变化着的。

语言变化可以发生在语言的各个层次——语音、词汇、句法和语义上，也可能发生在拼写上。究竟是什么原因引起了语言的这些变化呢？有两种因素需深入研究。第一种是语言方面的因素。比如语音的同化、异化、语音变位、求发音方便、词的混合、合成、缩写、首字母缩略和类推等等。语言因素是语言变化的重要原因。

第二种引起语言变化的因素是社会因素。本节将探讨这些社会因素。语言变化为什么会发生？这些变化又是如何传播的？社会语言学家力求回答这些问题。我们认为以下几种社会因素值得探讨。

1．创新词语的不断出现

语言变化的一个表现是一些词汇逐渐从人们的会话中消亡，而一些新的词汇不断产生。1876年之前，电话还不存在，英语词汇中没有telephone这个词。当Bell于1576年发明了这种能传递声音、人们可以用来进行远距离交谈的装置时，他把它取名为tele-phone。他在单词Phone前面加上前缀tele，创造了一个新词。随着这种装置的广泛使用，人们的词汇库中就增加了一个新词 telephone。新事物、新现象、新产品不断出现，自然而然地许多新词新语被创造出来。汉语中“的士”“中巴”“环境美容师”“大款”等词也反映了新事物、新观念、新思想。“大哥大”一词一般是指手提式移动电话机，现在也被用来指“同类事物中较杰出的人或事物”。这些是语言使用者的创新，反映了使用者的观念。

2．社会地位与社会分工的影响

社会地位差异是引起语言变化的一个重要因素。人们往往容易把语言看成是单个的语言体系，并和他人共同享有该语言，可以用它来顺利地进行交际，却没有意识到各阶层之间所使用语言的差异性。事实上，不同的社会阶层在语音和词汇选择等方面差异极大。美国语言学家 williamLabov 在20世纪60年代，对纽约市区各社会阶层的语言变异作了调查，他对纽约市的三家不同级别的百货公司营业员的发音进行调查，调查元音后r(post-voicer) 和词尾 r 的发音变化。这三家百货公司雇员的发音分别代表着不同社会阶层顾客的发音。他发现顾客主要为上层中产阶级(upperr-middle class) 的Saks百货商店的营业员在随意讲话中使用元音后[r]音比另外两家营业员随意说话时使用元音后[r]音的频率要高。顾客主要是下层中产阶级(lower-middle class司的Maeys百货商店的营业员在较留意发音时使用元音后[r]的频率超过Saks的营业员最留意发音时使用元音后[r]的频率。但所有营业员在较留意说话时，都更多地使用元音后[r]。元音后[r] 音在纽约市区是较有威望的音(prestigious form) 。

调查表明上层中产阶级不论在随意说话还是在留意说话中经常使用元音后[r]而下层中产阶级只有在留意说话时才经常使用元音后[r]，这表明了下层中产阶级模仿着比他们地位高的上层中产阶级的发音。一个人的语言能反映出他的家庭背景、社会地位和受教育程度等。语言是社会指示剂。

下层中产阶级想要提高他们的社会地位，隐藏自己较低的社会地位，常常努力模仿上层中产阶级所使用的语言变体。在具有不同社会地位的语言社团内，一个语言项存在着几种变体。通常是威望形式(prestigious forms) 而不是非威望形式(non-prestigious forms) 被传播，并常由社会地位不稳的年轻下层中产阶级人士来传播。开始时，他们在正式的交际中使用威望形式，逐渐地他们亦在非正式场合使用，并开始影响他们孩子的语言。于是这种威望语言形式在下层中产阶级的随意说话中普及起来。语言变化慢慢地在人们无意识中发生了。

语言变化通常是自上而下发生，从高层阶级向低层阶级扩散，如上面例子的上层中产阶级使用的元音后音[r]影响到了下层中产阶级。但是语言变化也可能往相反方向发展，即由下而上，低层阶级的语言影响到高层价级。土语(vernacular) 发音也能在整个社区内扩散。一个典型的例子就是美国玛撒文雅岛上当地土音的扩散。玛撒文雅岛是距美国马萨诸塞州海岸约300 英里的一个小岛，是理想的度假地，波士顿人和纽约人常去那里度假。玛撒文雅人对于蜂拥而入的旅游者和定居者十分不满，他们的这种态度在他们的语言中得到反映。拉波夫(1963) 在 20 世纪 50 年代作了一次调查。中央化元音(centralisedvowels) 原已在这个岛上趋于消失，但后来却得到了复苏和传播。light 和 house 原来的发音分别为[loit]和[hous]，这样的发音以前是较守旧的，是该地区社区内的土音，现在玛撒文雅人越来越多地重新使用这些已逐渐消亡的土音，元音渐渐变得中央化，以表达他们玛撒文雅人之间的团结和认同，表示忠于自己的乡村价值观和平静的生活方式，表达他们对于外来定居者和旅游者的不满。因此语言变化不仅涉及威望形式，而且涉及非威望形式。在美国英语中中央化元音决不是威望音，但却在该岛受到重视，一些在该岛生活的非本地人也持相类似的观点，模仿着渔民们的语言，因此这种中央化元音的使用变得普遍起来。这说明了土音也能获得显著社会地位，也能在一个社区内普及。

3．地区差异带来的变化

语言存在着地区差异(regional variation) ，地区差异也能引起语言变化。带元音后[r]的发音在纽约市是威望语音变体，但在英国的大部分地区却被认为是次标准的音。英国标准英语的标准发音(RP) 中没有元音后[r]，伦敦东区(Cockney) 土语中也没有元音后[r]。带元音后[r]的口音被称为 rhotic(即发 r 音的) 。英格兰西南部及苏格兰和爱尔兰的一些地方仍在使用 rhotic 音。

不带元音后[r]的变体在英国正在扩散。而在美国的一些地区带元音后/r/的发音正在上升。这一例子表明了语言变化的复杂性。

从前面一节中我们知道语言变化可以在不同的社会阶层之间，特别是在下层中产阶级和上层中产阶级之间发生。语言变化也可以以一个地区影响另一个地区的方式发生。说话时句末用上升语调仍可能是陈述句，而不是问句。这种特征在澳大利亚悉尼市的话语中正在上升。澳大利亚学者认为这是从澳大利亚的其他地区传播到悉尼的。也许它是作为一种澳大利亚英语特征而兴起，标明澳大利亚人身份及认同，并作为对欧洲移民的大量涌入的一种反应，是一种消极的对抗性的反应。也可能 HRT 是出于与新移民的一种交际需要，是确认听话者听懂了解自己话语的一种既有效又经济的办法。新西兰学者则认为 HRT 起源于新西兰，是后来扩散到澳大利亚的。关于 HRT 的起源仍需要作进一步的研究。但是不管怎样，这一例子告诉我们一个地区的语音、语调和词汇等可能会受到其他地区的影响，语言变化也就在这样影响中慢慢发生了。

这样的语言变化主要是由于相互接触交流而引起的。语言变化发生之前，面对面的交往是必不可少的。人们从一个地方到另一个地方进行旅行交流。他们的语言会受到旅行地语言的影响。例如常常去伦敦，在伦敦停留一段时间，然后带回来新的语言变体，并被当地人模仿。用 Hofmes 的话来说，这些人充当了“语言创新者”(Linguistie innovator) “说话人有时自然地，但更经常地是通过模仿其他社团说话人进行创新。如果他们的创新被别人采用，在当地社团内扩散，并扩散到别的社团内，那么其结果就是语言变化。”

(1) 社会地位与语言变化。语言变化可以透过任何社会群体进入言语社团，但不同类型的变化和不同群体联系在一起。比如，最具社会地位的群体的成员倾向于将在他们看来具有更高地位和声望的邻近社团的语言变化介绍到他们的言语社团中来。

低层阶级讲话者往往传播不那么有意识的语言变化。比如低层阶级的男子常常吸纳当地工人的言语形式以表示相互间的共同关系(solidarity) ，而不表示社会地位或声望。有意思的是，只是中等阶层的人们想以这种方式革新语言。上等工人阶层就属于这个群体。也许这个群体的社会网络既具开放性，即可以暴露于各种交替出现的语言形式，又具一定的密集程度，因而可以使这些语言形式有机会得以确立。

(2) 性别与语言变化。男人和女人讲话区别很大。这也是语言变异的源泉，这种变异可以导致语言变化。男人和女人均可能成为语言革新者，从而导致语言变化。女人喜欢引入有声望的语言形式，男人则喜欢引入地方语言(vernacular) 形式。这既反映他们的社会接触，也反映他们的价值观和趣味。有女人在公众生活中扮演角色的地方，她们就引导着语言朝着标准语的方向发展，而男人则引入新的地方语言变体(Holmes，1992) 。

(3) 相互作用与语言变化。正如上文中提到的，人们之间的相互作用和接触对语言变化至关重要。在被严密封锁的言语社团里，由于同外界很少接触，语言变化最为缓慢。有无数例子说明，这些地方由于与外界隔绝而导致语言守旧。冰岛语就是典型的范例。

第五章　社会语言学属性研究之三：语言的思想载体属性

第一节　名词是客观事物的反映

一切名词都是现实世界客观事物的反映。如果这个世界根本没有马这种四足兽，那么，在人类的语言中就不会出现“马”这样一个名词；也可以说，在人的思想中根本就没有“马”这种形象和概念。为什么？既然不存在这种四足兽，人们就感觉不到“马”的存在；感觉不到，就不能在人脑中反映出“马”来。在这种情况下——当然这是一种假想的情况——语言中就没有“马”这样一个词。

古代汉语有很多字(词)表示“马”的概念：身黑而胯白者叫作“驈”，毛色纯黑的叫作“骊”，还有红白相间的叫“皇”，毛黄而带红色者叫“黄”；叫作“骓”的是青白毛混杂的马，黄白毛混杂的马则叫作“坯”；此外还有很多“马”旁的字(如“骐”，“骆”，“骄”)以及看起来并没有“马”旁的字(如“鱼”)，表示一种不同毛色或不同种属的马。据吕叔湘教授说，在《诗经》——这是远古中国口头诗歌总集——《鲁颂•駉》一诗中，提到马的名称就有16种之多。远古中国这许多表示各种不同的马的名词，在现代汉语里大部分消失了。这不仅仅因为现代汉语在构词法方面更多地习惯于采取两个或三个汉字合成一个词，而不采用单个汉字表示复杂的不同概念。例如现代汉语把两岁以下的马叫“小马”，而不再叫“驹”(或叫“马驹”)；叫黑马“黑色马”而不再叫“驈”。更重要的应从社会语言学的角度来看语词的变化——就是说，在远古中国，马是重要的交通工具和生产工具，它是这样的重要，以至于当时的社会生活要求对“马”的概念做出细致的区分；只有作细致的区分，人们才能更加有效地去指挥生产和管理生活。可是，在现代中国，马作为交通工具或生产工具愈来愈显得不那么重要了，在社会生活中变得不那么起作用了，因此就没有必要像古时那样做细致的区分了——这样，细致区分而创制的“马”名(各式各样的马)就不那么有用，不那么常用，有些词儿就渐渐退出社会生活圈子了。

无论在中国还是外国，凡是社会劳动主要处于手工劳动的条件时，马作为役畜曾经得到广泛的应用。直到现在，表达机械力的单位还是沿用“马力”(horse-power)这样的单位——现代汉语中的“马力”一词，是从西方语言中照字直译过来的。社会实践表明，在机器大工业出现之前，即工业中的工场手工业时期和农业中的半机械化阶段，都曾以马作为重要的动力。

马克思《资本论》在研究机器大工业的发展史时说：“在工场手工业时期遗留下来的一切大动力中，马力是最坏的一种，这部分地是因为马有它自己的头脑，部分地是因为它十分昂贵，而且在工厂内使用的范围很有限，但在大工业的童年时期，马是常被使用的。除了当时的农业家的怨言外，一直到今天仍沿用马力来表示机械力这件事，就是证明。”

当人们广泛使用马做动力时，自然导致把测量动力的标准定为“马力”——这个名词在英语文献中最早出现于19世纪，后来一直沿用。现在，好些国家主要的动力已经不用马了，但是跨入本世纪后很久还是使用“马力”这个单位。

语言的惰性——由社会传统或社会习惯所因袭下来的惰性，有时是很顽强的。

第二节　从感觉到语言的过程

客观事物被人感觉到了，由人的感觉器官传到人的脑中，被概括而成表象；把表象和感觉加以普遍化的结果，就成为概念。概念形成以后就进入思维活动过程了。

当我们的祖先无数次在下雪天感觉到雪的存在，雪就被概括而成为表象——鹅毛大雪，雨雪霏霏的细雪，各种各样的雪的表象在人的脑中深化，形成了雪的概念。这样，语言中的一个表达这个概念的词——雪——就产生了。为表达这种表象和概念，我们这里现在只用一个词“雪”——而在我国南方生活的人们，比如在广东珠江三角洲生活的人们，很少甚至没有见过真正的雪，因此他们连冰同雪两个概念也很不容易区别，人们把“冰棍”叫作“雪条”就是一个例子，但是生活在北极圈里的爱斯基摩人，在他们的语言中却能区别种种不同的雪，换句话说，在爱斯基摩人的语言中，有好些名词表达不同的雪，如同上一节举例说的，在远古中国有几十个名词表达不同的马一样。对于雪，爱斯基摩人能分辨出很多很多种异状，我们却不能——不是因为我们低能，而是因为我们不像爱斯基摩人那样，每时每刻都同雪打交道。所以，我们现代汉语中只有一个名词代表雪，而没有几十个不同的称呼，我们要描写不同情况的雪，只能添上一些附加语，正如爱斯基摩人不需要也不可能区分几十种马一样。社会生活环境没有雪(或不是每时每刻都同雪打交道)，就不能提供关于雪的不同信息，因为社会生活不需要这样做。同样的情况发生在不同的场合，例如拉普语有着很丰富的关于鹿的语汇，因为拉普人生活在斯堪的纳维亚北部，那里每日每时同鹿打交道。北方人每每笑南方人冰雪不分，可笑的是现在北方人也不叫“冰糕”(ice-cream)而叫“雪糕”，地道的南方人的叫法；南方人则笑北方人搞不清“柑”“橘”“橙”的区别——见到这三种不同的水果，北方人大而化之一律称作“橘子”，因为北方多产苹果和梨子，而少见种种不同的橘类浆果。在广东，谁把“新会橙”说成“新会柑”，把“金橘”说成“金橙”，准会把听众笑得前仰后合。时下把四川出产的一种水果叫作“广柑”，这是一种历史语言的误会，广东的柑完全不是那样子，广东人从前常把时下叫做“广柑”的品种叫作“金山橙”，“金山”即美国加州，出产这种浆果的地方。

19世纪人类社会没有飞机这种运载工具，几千年来人飞上天空只能是人类美丽的梦想。阿拉伯人的古老传说汇编《天方夜谭》(《一千零一夜》)就保存着一个美丽的故事——荷兰人的飞毯。直到20世纪初，飞机被制造出来了，试验了，成功了，多少个世纪以来人的幻想实现了，这时——也只有这时——人类语言才有可能和有必要创造出代表飞机这种概念的名词。

现实世界的客观事物或动作，通过人的外部感觉器官，反映到人脑中，依据不同民族，种族或部族的不同习惯，得出了相异的表象，最后概括而成概念；从概念出发，利用这种民族、种族、部族语言造词的特性和规范，创造出不同的名词、动词和附加语来。

到这里，我们才能够比较深刻地从社会语言学的角度来理解马克思的论点：语言是一种现实的意识，同时语言又是思想的直接现实。马克思写道：(“人们之所以有历史，是因为他们必须生产自己的生活，而且是用一定的方式进行的。这和人们的意识一样，也是受他们的肉体组织所制约的。”)

这里说的“生产自己的生活”，意思就是人们的生活进程构成了自己的历史，这就必须首先能够生活；为了生活，首先就必须保证衣，食，住，以及其他生活必需的东西——即必须生产这些东西。

马克思进一步指出，意识(精神)注定要受物质的“纠缠”。物质在这里(在有关意识的关系上)表现为震动着的空气，声音，简言之，就是语言。马克思说：(“语言和意识具有同样长久的历史；语言是一种实践的、既为别人存在并仅仅因此也为我自己存在的、现实的意识。语言也和意识一样，只是由于需要，由于和他人交往的迫切需要才产生的。”)注意，马克思在这里非常明确地论证了语言是由于需要，由于和他人交往的迫切需要才产生的。在另外一个地方，马克思又提出了这样的论断：(“在哲学语言里，思想通过词的形式具有自己本身的内容。”)这就是说，思想是通过语言表达的，因而得到了这样的结论：(“语言是思想的直接现实。”)

思维活动是人类特有的一种精神活动，然而这种活动恰恰是(而且只能是)从社会实践中产生的。没有社会实践，就不可能有思维活动。思维是在表象、概念的基础上进行分析、综合、判断、推理来反映并认识客观现实的一种能动过程。而语言则是思维产生和实现的必要条件之一。所以说，语言同意识有着同样长久的历史。

第三节 语言和意识

现在我们进入到语言和思维之间的关系的领域。被批判的马尔学派坚持认为语言是从劳动中产生的，这一点马尔学派在出发点上是没有错的。语言－劳动－思维，这三者的关系，在马克思主义的文献中比较深入阐述的是前文提到过的恩格斯的名篇：《劳动在从猿到人转变过程中的作用》。

恩格斯这篇文章的写作时间是在他和马克思合著的《德意志意识形态》成书之后 30 年，在理论上说应当是更加成熟了。

从唯物史观出发考察语言，语言不是从天上掉下来的，也不是万能的上帝一手创造的。语言是在人的劳动过程中，伴随着劳动，由于急迫需要而产生的。人是最社会化的动物。人为了生存和发展，就必须劳动。人的手是劳动工具，而人又逐渐学会了制造工具。简单地说，人所制造的工具无非是人手的延长。由于劳动发展的需要，促使社会成员结合地更加紧密；而社会成员在漫长的劳动过程中，日益清楚地意识到共同协作的好处。到了这时——“这些正在形成中的人，已经到了彼此间有些什么非说不可的地步了。”

劳动的社会化引起了协作，而协作却需要一种调节工具；有了这种需要，于是产生了并且一代一代改进了人体中的发音器官，这样就能够发出分音节的声音(有声语言)。社会化劳动的需要产生了语言，语言的产生和发展促使人的脑髓进一步发展，同时也促使人的感觉器官更加完善；这些进展又反过来导致语言的复杂化和完善化。脑和为它服务的感觉器官，愈来愈清楚的意识，抽象能力和推理能力的发展，又反过来对劳动和语言起作用，为二者的发展提供愈来愈新的推动力。由于劳动(通过手和工具)和语言(通过发声器官和大脑)的发展，在每个社会成员中起作用，同时也在整个社会生活中起作用，人才有能力去进行愈来愈复杂的活动——到这时，人已经习惯于以他们的思维而不是以他们的需要来解释他们的行为。这样，劳动——语言——思维，就成为人类不可分离的，互相依存和互相促进的要素，这也就是马克思所说的，“语言和意识具有同样长久的历史”。

在讨论语言与思维的最初关系时，不可避免地要遇到这样一个难题：究竟在人类社会中先有语言还是先有思维？这个难题同先有鸡蛋还是先有鸡一样的困扰人。说是先有鸡蛋，那么，是什么东西生出来的鸡蛋？说是先有鸡，那又什么东西孵化出鸡来？如果说语言先于思维而存在，那么就会有一种无目的无意识即没有任何思想内容，不表达任何思维活动的“语言”；如果说思维先于语言而存在，那么，除非承认这样的论断，即最初人的思维活动不凭借语言(而后来又凭借语言)独立地进行，而这种独立进行的思维活动却又不能不对社会生活施加直接的影响(这几乎是不可想像的)。恩格斯在论述中，并没有正面直接接触这个难题，他当然更没有作出“是”或“否”的简单答案。他在这里只强调了劳动创造了人——同时，也创造了语言。对我们社会语言学最感兴趣的是：这里论证了语言和思维都是在社会化的劳动基础上产生的——劳动是最初的，基本的，最必要的因素；没有社会化的劳动，人的祖先就不能生存，更不能发展。社会化劳动有协调的迫切需要，就必须用表情符号——声音符号来进行这种协调。从最粗糙的声音发展到分音节的有声语言，必然经历了无数世代，经历了很长很长的岁月，决不是要讲话就能讲话的。脑髓的发展也是由很多物质因素促成的(例如肉食，火的使用等)，而这个过程也是很缓慢的——也许可以认为，在这缓慢的过程中，思维也在此产生了。

当然，这里又同时触到另一个争论已久的难题：语言的起源。

这个扰人的难题，也有一种传统的答案，就是说，思维是语言的“内核”，而语言是思维的“外壳”；思维的存在凭借语言，而语言则是思维的工具。人用语言材料去进行思维活动，没有语言，则不能思维——甚至认为如果没有语言，则不会有思维；没有思维，则语言成为无意义的自然声。语言和思维是同时产生，互为依存的。

这种传统的答案，按照形式逻辑的推理，是可以成立的。但近年来好些研究哲学的、研究心理学的、研究语言学的，开始怀疑并反驳这种论断。有人认为语言是以声音为前提的物质现象，思维是在客观物质基础上产生的理性现象，语言的起源和形成要比思维晚得多。对这种反驳的反驳，则认为语言不仅仅是以声音为前提的物质现象——正如语言所传递的信息有两个要素，一个是形式(传递信息的方式)，一个是语义(没有语义的记号不能称为信息)一样，仅由声音构成的物质现象不能说是语言。

从社会语言学来看这个难题，我们认为：语言和思维是同劳动一起在人的社会化过程中产生的；语言和思维是社会生活中不可缺少的交际活动；在当代人类社会生活中，如果能把思维分成逻辑思维和形象思维的话，那么，逻辑思维的全部和形象思维的一部分，都是在语言材料的基础上进行的。在人类社会的一般场合，思维活动很难设想能离开语言材料。语言作为一种交际工具，至少可以说，给思维活动提供了有效的媒介；没有思想的“语言”(没有语义的信息)只是一堆无意义的自然声，不是语言。

第六章　社会语言学构建研究的视角：从社会生活观察语言变化

第一节　社会生活的变化导致语汇的变异

著名的城市方言学派社会语言学家拉波夫说过一句耐人寻味的话：“社会语言学的基本问题，是由于有必要了解某人为什么说某种话而提出的。”

他提出了三个变量——什么人，为什么，如何说——即这个人(或那个人) 在这个情况下(而不是在另一个情况下) 非要这样说(而不是那样说) ，而且用这种说法(而不用另一种说法) 来说这种内容(而不是那种内容) 的问题。实际上可以理解为六个变量，即什么人，什么地方，什么时候，为什么，怎么样，说什么。三个变量(可以理解为六个变量) 在社会语言学上即意味着：谁(人) 在特定的社会语境里(时，地) 为什么和怎样说，以及说什么。研究这三个(可理解为六个) 变量也就是要探明语言随着社会生活的变化而形成变异(变体) 的问题。

这里可以用现代汉语在解放后所起的变化为例，来论证语言的社会变异，这里的论证是以一般说话者为对象的。

首先是语音变异。语音变异在语言中是很缓慢的，通常需要 30 年或 30 年以上，才能看得出某些语音有显著的普遍性变异。语音的变异这种变量，在语言的发展中进行的速度很慢，面也很窄。

这些年现代汉语的语音变异，可以从三个方面表现出来：

(1) 由于大力推广普通话，使各大方言区的社会成员提高了讲普通话的能力，听普通话语音的能力；正是由于这个社会语境的原因，方言的音值受到影响——例如在粤方言区可以听见某些字句带有普通话的语音影响，虽则还不能发现明显的变化。

(2) 由于上述的社会原因(推广普通话) ，加上现代信息传递手段的广泛应用(例如中央广播电台和电视台的联播) ，方言区某些汉字的读法，有离开原来的土语语音趋势，而倾向于采用(不自觉的模仿) 普通话读法。

(3) 普通话(北方话) 的词尾“儿”化音的减少，减轻(即发音的时值减少) ，以至于在书面语(文字) 中几乎消失，这个变化是比较显著的。在用道地北京方言写作的语言大师那里，曾经看到书面语大量存在“儿”化现象，比如：

“马威进了书房，低声儿叫：‘父亲!’”(老舍)

“有系统总比没有系统有办法一点儿。”(赵元任)

“低声儿”“一点儿”现在都写作“低声”(或“低声地”) ，“一点”(或“一点点”) ，很少人把“儿”字写出来了——在广大群众每日必读的报纸上，更少看见“儿”化现象。至于北京话中的“名儿”“好好儿”“白字儿”“时候儿”“写法儿”“取灯儿”——大概在普通话中已念成“名”“好好(地) ”“白字”“时候”“写法”“火柴”了，末一个词连语汇也改了。

其次是语法。语法的变异也是很缓慢的，但语言这个东西却是天天在那里变，因此，经过十几年，几十年，某些语法现象也在变。

例如解放后常常看见这一类没有定冠词的句子：

“文章说……”(=这篇文章说……)

“小说写的是……”(=这篇小说写的是……)

把文句中这些地方的定冠词省略掉，是近 30 年的事，从前不那么省略的。很可能是解放初期(50 年代) 大量从俄语翻译电讯或文章，而俄语不用冠词(英语用定冠词 the 和不定冠词 a) 。久而久之，受了这种译文的影响，在这种情况下就不用“这个”“那个”或“这”“那”一类的定冠词了。

近年来在科学著作中常常出现例如“当且仅当”这种组合方式，过去是不常用的，如：

“我们要求反应元件当且仅当有刺激存在时才作出反应。”

这就是说，当“有刺激存在”的时候，以及只有在这个时候，才做出反应。这“当且仅当”是从外语直译出来的，目前在很多科学文献中已经广泛使用了。

最后是语汇。语汇是语言中最敏感的构成部分。语汇的变化(变异) 是比较显著的，而且不需要等很长时间，语汇变异的速度是比较快的。社会生活出现了新事物，语言中就迅速地出现了与此相应的新语汇。这里社会生活的含义是比较广泛的，包括经济基础与上层建筑的变化，当然也包括科学技术的迅速发展。

第二节　语汇的变化应满足社会生活变化的要求

近30年现代汉语出现了不少新语汇，可惜没有一部专门记录这些新词汇的词典。比方以“软”字为词头组成的新词，就颇耐人寻味。

解放不久出现的“软席”“软座”“硬卧”，从前就没有过。从火车在我国首次开行直到那时为止，我们的火车车厢分为头等，二等、三等，“头等卧车”“二等卧车”“三等卧车”；新中国成立后搬用了苏联的火车客运方式，才创造了“软”“硬”这样的术语(这自然是翻译过来的)，火车的座位和卧铺不再分三等了，只分为两类，一类是“硬”的(低级的)，一类是“软”的(高级的)。但公路交通和海河航运却没有用这样的制度。长途汽车是不分等的，轮船的舱位却有头、二、三、四等之分，在旧中国有时称为“官舱”“二等舱”“大舱”(=最低级的舱)。飞机在很长的时期内也不分等级，近来也分为两个等级了，但是没有采用“软”“硬”的名称。

20世纪60年代，电子技术突飞猛进，计算机的使用使得现代汉语词汇库中才有“软件”的称呼，“软件”是对“硬件”说的，——凡是设备装载的程序，都叫作“软件”。日本科学界70年代以后提出“软科学”一词——可能是从“软件”派生的，即指处理信息的科学。

同样，当人造卫星以及各种航天器成功地发射以后，我们又有了“软着陆”这样一个词，以别于“硬着陆”。凡是航天器在地球上或其他星球(如月球)上原封不动地着陆，本身没有受到破坏的动作，就叫作软着陆。

这几年我们国家实行了对外开放政策，慢慢地我们口语中有了“硬通货”和“软饮料”这样的名词，“硬通货”指可以兑换的外币或外汇(而戏称“软通货”，即不可兑换的本国纸币，不是学名，也不见于书面语言)。“软饮料”也是近年仿外国的称呼而兴起的，指不包含酒精的饮料，葡萄汁、橙汁、汽水、苏打水，直到啤酒(我们叫作“酒”，其实所含酒精成分很少，外国不把它归入酒类)。“软饮料”的对称是“硬饮料”，指的是含酒清的饮料，不过在语言里几乎没有使用这个语词。近来又出现了“软包装”的饮料，例如，汽水一向是用玻璃瓶或金属瓶(都是硬的)装的，现在塑料制品多了，也有采用透明的软塑料容器装的，称为“软包装”。

顺便提一下，粤方言有“软壳蟹”一词，它不是新词，一直没有导入全民的普通话里。这个词可能是从英语 softshell crab 直译过来的。词典说这种蟹产于北美，也许广东沿海也有出产，使用这个词是用其隐喻，蟹本来是横行霸道的，其貌凶恶得很，可是如果蟹壳是软的，那就不堪一击——比喻某些人或物，看起来不可一世，但一碰就垮，顶不住任何打击。有点像“纸老虎”“泥(巴) 巨人”的味道。柯乌斯编的《粤语词典》也没有收这个词。

凡是社会生活出现了新的东西，不论是新制度、新体制、新措施、新思潮、新物质、新观念、新工具、新动作，总之，这新的东西千方百计要在语言中表现出来。不表现出来，那就不能在社会生活中起交际作用。就这个意义说，语言(任何一种活着的语言，即有生命的语言) 是不稳定的，因为它每年每月都在变化中。但是语言又是稳定的，因为在历史的长河中，语言在不断的变化过程中却保持它自己的稳定性，如果没有这种稳定性，我们的语言就不能代代相传，就不能保持基本的语音、语汇和语法。

新词的出现是社会生活变化的结果。一般地说，语汇的变异表现为下列四种方式：

(1) 创造新词。例如：“团伙”“生产责任制”“攻关”。

(2) 旧词被赋予新义。例如：“朋友”(在一定场合下，=恋爱对象)，“爱人”(=丈夫或妻子) 。

(3) 原词压缩了语义(狭化) ，或转为特定的贬(褒) 义。例如：“批判”(“批评”) ，“反省”(原意较宽，新义较窄) 。

(4) 外来语音译(或意译) 新词。例如：“迪斯科”(disco= discotheque) ，“雷达”(Iadar) ，“诺浩”(know-how) 又作“专有技术”，“软件”(soft-ware) 。

科学技术的发展导入了很多新语汇，它们不改变社会生活所需要的基本语汇，但是它们却丰富了人类的语汇库。由于现代科学的发达，同时由于传播工具的发达，这些新语汇几乎一出现就成为所有语言的共同语汇(外国有人因此称这些科学新语汇为“国际语汇”) ，为全人类所共享。

例如，在 20 世纪前 20 年，科学界知道的粒子不多，如原子、电子等等。但是在近 60 年间，粒子理论有了很大的发展，新的粒子出现了，就要求一个新的名称，语言就出现了一个新词要搞清每一个粒子的含义。当科学向前发展时，发现了新事物，创造了新理论，语言必然迅速适应这变化，形成新的语言符号(语汇) 。

很有趣的是，现代物理学家居然借用了爱尔兰小说家詹姆士•乔伊斯的作品中的一个字“夸克”(quark) 来做粒子的名称，指三个假设中的粒子中的任何一个，这如同从前往往采取圣经或别的经典性著作中的某些名词，来称呼新发现或新出现的事物一样。这也是创造新词的一条有趣的途径。

有些新词是由产品的商标来的，也就是使专用名逐渐转化为普遍使用的名词。例如英语中的 kleenex(擦面纸)，老的字典里没有这个字——它本来是一种擦面纸的商标名，可现在已经普遍化，成为“擦面纸”这样的一个代名词了。

第三节　只有社会生活停止语言才不起作用

假如社会生活忽然停下来，或者像意大利庞贝城那样，忽然被火山的熔岩所淹没了——社会生活自然也不可能不停止了，语言也就会僵化。也只有这个时候，语言才会不起任何变化。不过在这个场合——庞贝城被埋掉的场合，那里的人一个也没有活下来，所以也就根本没有什么语言僵化不僵化的问题了。除非像柴可夫斯基的舞剧《睡美人》那样，王子公主们以及他们的周围一下子被巫术或神法所迷，憩睡达百年之久，当他们醒过来时，他们的语言仍然保持中魔入睡时的样子，没有一点新意，他们之间交谈是不成问题的，只是同外间世界就几乎很不容易交际了——比如他们就不懂得什么叫“飞机”，什么叫“原子弹”，当然更不懂得什么“雷达”“激光”等等了。

美国作家华盛顿•欧文有一篇家喻户晓的短篇小说，叫作《李迫大梦》——这是林纾的译法。还是引用林译，虽则那译文不“信”(不忠实)，但精神倒是对的。李迫出外打猎，一醉而睡 20 年，醒后归来，什么也弄不懂了。

“演说之人遂执李迫之手言曰：‘君祖何党？’李迫张目弗省。尚有一侏儒，仰跋其足，问李迫曰：‘你为联合党耶，共和党耶？’李迫仍瞠目不答。”……

大约李迫外出时还没有政党，所以问他政党的事——李迫根本不懂这指的是什么。社会生活在向前进，而李迫却睡着不动，他所掌握的语言(语汇) 还是 20 年前的，因此他什么也听不懂。语音是懂的，语义却不懂。于是，李迫只好“浩叹”了，且看他自己问自己道：“一夕之醉，而世局变幻如是，然则一身于世为畸零矣！但有所问，而所对者感如隔世，且村人有语，我成弗审，何也？”他自以为只醉卧一夜，而周围一切都变了——其实已醉了20年。如果真正只睡了一夜，语言是变不了那么快的。

距今1600多年前，晋朝的陶渊明作的《桃花源记》，写的也是这类趣事。他写一个晋朝渔人，一边打鱼，一边沿溪前行，进入了一个秦时避难的人群聚居的村落。这些与世隔绝的人群，“自云先世避秦时乱，率妻子邑人，来此绝境，不复出焉，遂与外人间隔。问今是何世，乃不知有汉，无论魏晋。”光是汉朝，前后经历约400多年(公元前202－公元220)，加上魏晋，起码超过500年与外间隔绝，能同外界人士用500年前的语言交际吗？恐怕很难，至少这个渔人讲话中的许多新名词，山里的人全不懂；也许经过几天解释，总算基本弄懂了。不过陶渊明不研究社会语言学，他写这故事是一种讽喻，我们就不能对他苛求了。

第四节　语言的时间差异与地域差异

语言的变异可以由很多因素促成。这其间包括时间的因素(古、今)，地域的因素，社会的因素，社会集团(阶级、阶层、其他社会集团，如学生、女工等) 的因素等等。以上几章所举的例子，这许多因素所引起的语言变异，大抵都接触到了。这里再举一个时间(历时的) 变异和地域(共时的) 变异的例证。

现在提倡古书今译，即把古代重要的著作译成目前通行的白话文。为什么要这样做呢？因为古文(古代人的书面语) 经历了千百年，现代人读不懂。即使把古人的读音略而不谈(即用今音来代替古音)，现代人读古书还是读不懂，或不大懂。古书今译是很重要的工作，它通过翻译(即把古人的书面语转写成今人的书面语)，使现代人能够取得古代文明中有益于现代事业的养料。我们常说“批判地继承”，如果连读也读不懂，或者只限于为数极少的专家才读得懂，那么，这所谓批判继承只不过是一句空话。欧洲现代民族国家用民族语(例如英语、法语、德语) 来译古代希腊、罗马著作(如希罗多德的《历史》)，这也是古书今译。

古书里有些很简单的句子，今人也是读不大懂的。例如《史记》，成书约在2000年前(公元前1世纪)，它有一篇描写荆轲刺秦王的故事，写得活龙活现。“四人帮”渲染所谓“儒法斗争”时，这篇东西几乎变成毒草，因为秦始皇是大法家，行刺法家就是现行反革命。司马迁却不管这些，他把秦始皇写得很可怜，遇到荆轲上殿献图，“图穷而匕首见”——把匕首夹在图里，展示到最后一刻，匕首就出来了，刺客执匕首要处死这个暴君。秦始皇吓得魂不附体，绕柱而行，困在殿下的群臣，都是教条主义者，他们碍于皇帝下过的死命令，臣子不得到允许是不准上殿的，为了提醒他们的主子，只得大声叫嚷：“王负剑！”从前有些版本重复了一句，作“王负剑！王负剑！”这句重复的话显出了当时的语境。“王负剑！”是由三个单音词组成的感叹句(或祈望句)，也许就是那时的书面记录。那时还没有录音机，说的话恐怕很难十分精确地传到今日我们的耳朵里了。如果用当代的北方语音孤零零地诵读这个短句——即使发音十分准确——没有准备知识的听众，还是听不懂的。即使看了那写下来的三个字，如果没有古汉语的起码知识，那也是看不懂的。为什么？因为现代汉语不用“负”字做这样的用途，也不做如此结构的陈述。语言在变化着，尽管变化的过程很缓慢。

不同地域引起的语音和语汇的变异(或者在一定场合下还可能有某种语法、语调方面的变异)，是显而易见的，而且就全体而论，不同于方言土语的范畴。方言土语当然也是一种地域变异。而且方言土语往往是一种异体，但方言土语是自然经济占支配地位的情况下，当交通条件不发达，与外界的交际不是那么急迫需要的“锁国”情况下生长和巩固的一种语言现象。这里说的地域性语言变异是指普通话，公用语(全民语言) 在不同的地域引起的差异。例如北方叫“冰棍”的东西，吴语区大都叫“棒冰”，而在南方却称为“雪条”。冰棍、棒冰、雪条，其实都是同一个东西——现在全国交通发达，人与人的社会交际活动又比过去任何时代都要频繁，这种很普通的为全体社会成员所熟悉的名物，也有不同的称呼，可见地域的影响是不可小看的。当然，这个具体例子很可能加上了方言的因素。南方因为不易看见下雪，所以人们往往冰雪混用，不像北方日常生活中对“冰”和“雪”的概念有那么明确的划分。至于在华东，冰雪是分得开的，却不知为什么字序(构词法或称造字法中重要的东西) 都起了变化，不叫“冰棒”而倒过来叫“棒冰”。

香港使用的普通话书面语也有变异，这种变异当然夹杂着粤方言语汇的成分，但不能说这是方言。有人讲笑话，诌了四句来取笑这种变异，说是：

拿士的，（“士的”即“stick”音译，手杖）。

坐的士，（“的士”即“taxi”音译，出租计程汽车）。

去士多，（“士多”即“store”音译，港地曾用“办馆”，即副食店）。

食多士。（“多士”即“toast”音译，烤面包之谓）。

这四句话有点滑稽，不过至少显出了香港书面语(它的基础是现代汉语)的一种倾向，即吸收了过多的外来语的成分。“巴士”即“公共汽车”(bus)，“小巴”即我们所说的“面包车”(指其形状有如长方面包，是由 minibus 译来的)。至于香港出版物喜欢将我们说的“超短裙”(mini-skirt) 写成“迷你裙”，将 mini 音译为“迷你”，可以反映出一个社会的风尚。港文常说“~~性”之类如“可读性”，也是从外文中移植来的表现法。“可读性”这样的词近几年也慢慢入侵内地，我们这里有些文章或交谈中也常使用“可读性”这字眼了。

美国英语和英国英语的差别，也是语言地域变异的明显表现。美国英语的历史不长，充其量不过是两三百年前由英国移民带到新大陆去的。现在它成长了，发展了，成为一种英语的变异，有些人索性称之为美语。且不说语音、语法、语调的变异(那需要专门的论著，本书不准备作详细论述)，单从语汇来看，也是很有意思的。

在美国，一见面叫一声“嗨(hi)！”，你也说“嗨！”，我也说“嗨！”，很简单的见面语，在很多场合代替了早安、日安、下午安之类的客套，却又比说“哈罗(Hello)！”有更多的含义。在英国，可没听见“嗨嗨！”的声音。英国人把“地下铁道”叫作“underground”(地底之下)，美国人却要说“subway”(底下的路)；英国人把“电梯”叫“lift”(升起来的东西)，美国人却叫“elevator”(升高的东西)；诸如此类，不一而足。有时还会因语义和惯用法的不同而引起误会。

对于这两个不同地域的英语的演化，即它们的发展以及未来的命运，也就是说，这种地域变异将会演化到什么程度，是愈来分歧愈大以至于形成两种互相不能了解的语言——两国人之间要通过翻译才能进行交际呢，还是随着时间的推移，这两者将会重新融合而形成单一的共同使用的英语呢？英国人和美国人对这个问题有争论，有两派见解，一派认为必分，一派认为必合。说分的强调语言的变异因素(例如地域的，民族的，国家的，社会习惯的，民族文化的等等)；主张融合的则强调国际社会的因素，即由于政治上、经济上的原因，两个主权国家参加的国际社会接触，将会比任何时代更为频繁和密切；由于科学技术上的飞跃发展，大大缩小了空间的局限性，因此两种同源的语言频繁接触的结果，形成两种独立语言的可能性是很小的，而融合为一种语言(保持某种地域差异) 的可能性是很大的。

在一个民族国家中，由于不同的种族或社会集团引起的语言变异(不是指方言) ，可以举美国国内黑人英语为例。以前，“黑人英语”(Black English)这样的词也是不那么为人所称道的。但差异是客观存在的，现在美国人也正式研究这种变异了。黑人英语有引人注意的语言变异现象，例如名词复数不加 s(说 five girl，而不说 five girls) ；名词所有格不加 s(说 the boy hat，而不说 the boy's hat) ；动词过去时不变位(说 he play 以表 he played)。这些在中国人看来很合口胃。而且这种变异还在继续发展中，因为有人数很不少的社会集团(黑人) 天天使用着。

第七章　基于语料库的社会语言学构建研究方法

第一节　定量研究与定性研究完美结合

社会语言学研究之所以成为一门独立的学科，不仅在语言观方面与传统结构语言学，尤其是转换生成语法学派不同，在研究方法上也有较大的差别。关于语言观上的不同，本书不加以讨论，本书重点讨论方法上的差别，尤其是语料库方法对社会语言学研究的促进作用。《语言学方法论》一书把语言学的研究方法分为上中下三篇，上篇为“理论方法篇”，中篇为“描写方法篇”，下篇为“实验方法篇”。

社会语言学研究方法部分放在中篇“描写方法篇”，主要涉及社会语言学的抽样方法、数据的收集、描写与分析。社会语言学的研究方法主要是描写的还是解释的，我们这里也暂且不加以讨论。我们认为，从社会语言学角度对数据进行分析描写是有必要的，但仅仅是分析描写远远不够。《社会语言学研究方法的理论与实践》一书把社会语言学研究方法的特征概括为三个：定性与定量研究结合、解释性、实证性。该书的这一概括还是比较全面的，但在解释“语料或数据”时，认为定性研究所收集的数据主要是词语而不是数字，定量研究所收集的数据主要是数字。这种解释似乎不够全面，利用语料库进行社会语言学研究，收集的数据既需要词语，也需要数字。该书还没有把语料库方法作为社会语言学研究的一种重要方法，没有看到语料库对社会语言学研究的重要作用。

《社会语言学教程》第六章设专章讨论语料库与社会语言学研究，认为语料库语言学为社会语言学带来崭新的研究工具。我们认为，随着现代信息技术的不断发展，利用语料库方法研究社会语言学将会是一种定量研究与定性研究完美结合的社会语言学研究的重要方法。

第二节　基于语料库方法的社会语言学研究现状

社会语言学研究在方法上的最大特点是在对言语社区语言进行定量和定性分析的基础上，揭示语言变量与社会变量之间的关系。早期的社会语言学研究更多的是注重口语的研究，因为口语的研究比较容易同言语社区结合起来，从而探讨语言变异与民族、年龄、社会阶层、性别等社会变量之间的关系。而这类研究一般要进行社会调查，调查一般采用的是抽样的方法，主要是判断抽样的方法。早期书面语的研究一般采用文献调查的方法，因为缺乏先进的手段，在语言变异研究方面很难有较大的突破并取得重大的成果。语料库语言学的出现不但给社会语言学研究书面语带来了生机，同时也大大推动了这一领域的定性与定量有机结合的分析研究。

《语料库语言学》一书中，关于“语料库在语言研究中的应用”一节，专门介绍了语料库对社会语言学研究方法的影响。作者在探讨一般意义上的社会语言研究所收集的语料与语料库的语料之间的区别时指出，社会语言学研究所收集的是专门性的语料，而不是一般的来自自然语言的语料，这些语料不一定是用来做定量分析用的，因此不一定经过严格的抽样；而语料库却可以提供来自自然语言的具有代表性的样本，且可以用来作定量分析。当然该书作者也指出，利用语料库方法进行社会语言学研究还只停留在相对比较简单的词汇层面上的语言与性别方面的研究。

到目前为止，利用语料库方法进行社会语言学研究取得重要成果并值得关注的主要有四个方面：一是语言与性别的研究，二是汉语社区词的研究，三是语域研究，四是话语分析方面的研究。

Kjellmer 在医用 Brown 语料库和 LOB 语料库检验男性偏爱时发现，在两个语料库中女性词项出现频率均大大低于男性词项的出现频率，但英国英语的女性词项出现频率高于美国英语。他还发现这种差异的比率是由体裁决定的，总的来说，女性更富于想象，爱情小说中女性出现的频率最高。还发现，女性相对缺少主动性，但经常出现客观动词而不是主观动词的假定是没有根据的，实际上男女都有类似的主客观比率。

黄昌宁等认为，语料库方法是解决不同语域的语言特性描写问题的最好方法，并且介绍了 Biber 进行口语和书面语两种不同语域变体的研究。语域(register) 是社会语言学的一个重要概念，陈瑞端把这个英文词翻译成“语体”，并对大陆、香港和台湾三地的科学语体、事务语体和报道语体的许多语言成分进行了定量分析。这些研究是社会语言学利用语料库方法在语域研究方面的开拓性研究，为我们积累了经验。

桂诗春等介绍了话语分析研究中的语料库方法。把语料库方法与社会语言学的研究结合起来研究一些莎士比亚有争议的剧作者的归属问题。通过第二人称代词和助动词的使用，观察作家的出生年份和使用规则化句子的关系来判定作品的归属。

回顾过去的研究，其重点主要集中在词汇层面上，语法方面和话语方面虽然也出现了一些成果，但从总体上看还不能与词汇研究相比，这与语料库的设计和建设有直接关系，因此，利用语料库方法进行社会语言学研究还有许多开拓空间。

第三节 基于定量研究的社会语言学习

“注意假设”(Noticing Hypothesis) 在20世纪90年代引起了语言学家的广泛关注。该理论创始人 Schmidt(1990) 强调，只有当学习者注意到目标语中的语言形式，才能有意识地去吸纳而习得目标语。在学习者对大量的语言输入进行加工处理之前，一定程度的“注意”非常重要。Swain(1993) 在她的输出假设(output hypothesis) 中也曾指出，语言输出不仅仅是语言习得的产物，还是语言习得的有效推动力，它主要体现在三个方面：“注意功能”(noticing funtion)，“检验假设功能”(hypothesis-testing function) 和“元语言功能”(metalinguistic function)。其中语言输出的“注意功能”与 Schmidt 提出的“注意假设”在理论上有很大的关联。“注意功能”主要指在语言输出过程(即用目标语表达的过程) 中，学习者会注意到中介语和目标语之间的“差距”，进而缩短差距，使中介语言更加准确和完善。所以理论上讲，“注意假设”和“注意功能”都极力强调“注意”能促使学习者意识到自己语言输出的不足，从而促进语言形式的习得。但近 20 年来只有极少的实证研究涉及了“注意功能”，而且实验结果并不是太理想。

Izumi&Bigelow(1999) 等语言学家通过语言输出，虽然先后做了几次实验，试图检验输出的“注意功能”，但是 Izumi 等人的第一次实验对于语言输出的“注意功能”提供的证据并不充足，于是他们进行了第二次实验。第二次实验是对第一次实验的改进与拓展，然而实验结果表明，第一阶段中实验组的后测成绩仍然不显著，反而第二阶段中实验组的后测成绩较为理想，所以第二次的实验仍然没有完全证实语言输出的“注意功能”。鉴于此 Izumi 和 Bigelow(2000) 做了第三次实验，这一次实验将两个阶段进行的顺序对调，结果这次实验取得了显著的成功。不过，也很难证明这次的实验是否带有偶然性。

可见，在验证“注意假设”或“输出假设”的“注意功能”时，虽然理论上，语言教师认为“注意”能有效促进习得，但在实证研究中，语言输出如何促进学习者注意目标语？何种语言的输出方式更有效？这仍然停留在假设阶段，缺乏大量的实证研究支持。鉴于此，本研究显得十分必要，它填补了二语习得中此领域的研究空白。本实证研究吸取了 Izumi 之前几次实验失败的教训，以青年学生为研究对象，在部分重复 Izumi(1999) 等人的研究基础上设计实验，通过严格控制实验中被试的年龄、母语背景、语言水平，外界环境的干扰，语言输出的复现率(frequency)，输入材料的突显度(salience)，被试对于实验的准备程度(readiness)，以及实验任务要求(task) 等一系列可能对“注意”带来影响的因素，进行了两次相关实验，从不同角度比较二语习得过程中的语言输出方式，旨在发现哪种输出方式能更好地促进青年学生注意目标语的语言形式，从而提高语法习得的成效。

（一）实证研究①

1. 研究问题与假设

我们是在验证 Izumi(1999) 等人的研究基础上，对实验进行部分修改，如 Izumi 研究中被试的目标语没有以一种显性的方式呈现，而本研究考虑到输入材料的突显度因素，将目标语中的语言形式以加粗或加下划线表现出来；Izumi 研究中的被试来自不同的母语背景，均是大学二年级的学生，而本研究的被试来自同一母语背景，是大学一年级的学生，这就避免了不同语言能力以及不同母语迁移的干扰；Izumi 感兴趣的是语言输出是否能帮助学习者注意到相关的语言形式，并促进对该语言形式的习得，而本研究不仅要验证语言的“输出假设”，而且在输出假设的“注意功能”这一理论框架下设计了两个实验组、一个参照组进行研究，目的在于检测哪种输出方式更能促进青年学生对于目标语的注意程度。本研究包含两个假设：

假设 1：语言输出比语言输入，在习得目标语过程中能够更有效促进学习者注意到其中的语言形式(与过去事实相反的虚拟语气) 。

假设 2：复述文章与判断对错的阅读题相比，前者能够更加有效地促进学习者注意目标语的语言形式(与过去事实相反的虚拟语气) 。

2. 目标语形式的选取

选取与过去事实相反的虚拟语气作为本研究的目标语形式是有一定根据的。Celce-Murcia 和 Larsen-Freeman(1983) 认为与事实相反的条件句经常给很多外语学习者造成困扰。这个结构比较复杂，包括 if 从句和主句，通常需要认真掌握英语时态系统和情态动词两方面的语法知识。鉴于此，本研究选取这一语法作为青年学生的目标语形式。此外，所有被试在实验前都接受了前测试(pre-test) ，前测试的成绩表明他们的中介语对虚拟语气有一定了解，但据目标语有差距，还不能完全正确使用这一语言形式。鉴于此，这些被试对于此次实验满足了准备程度(readiness) 的要求。前测试是由大量考查与过去事实相反的虚拟语气的单选题构成，例如：

(1) If you _______ a peep hole in your door you would have seen who was standing outside and kept the door shut.

A. have B. have been having C. had had D. have had

(2) I was too busy yesterday, otherwise I B to see you.

A. would come B. would have come C. come D. came

(3) If I B rubbed gloves on I would have been electrocuted.

A. had not had B. have not had

C had not been having D. have not been having

3. 研究被试

本研究随机抽选了 117 名来自中国某大学英语专业的一年级学生作为被试者。经过前测试，92 名被试满足了“可教性”要求(teachablility requirement) ，基本学完了英语的基本语言形式(包括过去虚拟式) 并且具备了一定的交流能力。最终 90 名被试同意参加实验，并进行随后的即时测试和延迟测试。他们被随机分为 2 个实验组和 1 个参照组，每组 30 人，确保每组被试样本数量足够大。

4. 研究过程

表 7-1　研究过程

第一天：前期测试(30 分钟)
第三天：第一阶段：自主学习显性知识的输入材料(10 分钟) 第二阶段： 实验组 1：阅读带有目标语形式的文章，然后复述短文(30 分钟) 实验组 2：阅读带有目标语形式的文章，然后回答判断对错的阅读理解题(30 分钟) 对照组：阅读带有目标语形式的文章，但是什么也不做。(30 分钟) 即时测试：(30 分钟)
第 16 天：延迟测试(30 分钟) 访谈：(60 分钟)

整个实验分为两个阶段，每个阶段一项任务，共历时 16 天。第一阶段以输入为主，第二阶段任务以输出为主，重点是第二阶段，两个实验组与 1 个对照组在这一阶段将进行不同的任务(如表 1) 。完成此阶段任务后，所有被试者将进行即时测试以及两周后的延迟测试。即时测试和延迟测试之间的两周间隔期，本实验尽量控制被试不接受与目标语形式相关的语言输入。实验最后，笔者将从三组中随机抽取被试者进行访谈，并对实验结果进行数据分析。

5. 研究工具

(1) 输入材料。第一阶段，三组被试进行自主学习的语言输入材料是相同的，均为以显性方式将与过去事实相反的虚拟语气的用法列出。第二阶段，三组被试在不同的实验室阅读相同的短文，短文包含了 70% 的与过去事实相反的虚拟语气。短文阅读以后，三组被试在各自的实验室进行不同的学习任务：实验组 1 的被试在此阶段的任务为复述整篇文章，实验组 2 阶段的任务为回答 10 道判断对错的阅读理解题，对照组阅读完短文没有任务。

(2) 测试工具。在本实验中，单项选择题被用来测试受试者就过去虚拟式的注意程度。所有受试者要进行 3 次测试，分别为前测、即时测试和一次延期后测。每套考题由 20 道单项选择题组成，其中包括 10 道含有目标语形式的选择题，10 道起干扰作用的选择题，旨在考查对与过去事实相反的虚拟语气的使用。

(3) 问卷访谈。第二阶段任务完成之后，马上对被试者进行访谈。访谈问卷包含 7 个问题，例如：

1）当看带有与过去事实相反的虚拟语气的讲义时，你最关注讲义中哪个部分？（对三组）

2）当你阅读文章时，你注意到文中隐含的虚拟语气句子了吗？（对两组实验组）

3）当你复述文章时，你注意到文中的虚拟语气了吗？（对第一实验组）

4）当你复述文章时，你遇到哪些困难或问题？（对第一实验组）

5）当你做判断对错时，你注意到与过去事实相反的虚拟语气了吗？（对第二组实验组）

6. 结果与讨论

本研究的实验数据采用 SPSS11.0 进行数据分析，由于实验中只有一个变量(实验组不同)，数据用 one-way ANOVA 进行方差分析。

表 7-2　三次测试的平均分数表

	实验组 1		实验组 2		对照组	
	平均分	标准差	平均分	标准差	平均分	标准差
前测成绩	3.9333	1.25762	3.9667	1.47352	3.9000	1.21343
即时测试	7.5000	1.35824	6.3333	2.21800	5.2333	2.26949
延迟测试	6.9667	1.29943	6.7667	1.07265	5.5000	1.25258

表 7-3　即时测试的方差分析

	平方和	自由度	均方	F	Sig
组间	77.089	2	38.544	9.705	0.000
组内	345.533	87	3.972		
总变异	422.622	89			

表 7-4　延迟测试的方差分析

	平方和	自由度	均方	F	Sig
组间	37.956	2	18.978	12.916	0.000
组内	127.833	87	1.469		
总变异	165.789	89			

首先，从表 7-3 和表 7-4 中，可以看出两次后测成绩中 F=9.705 和 F=12.916，p 值均是 0.000，小于 0.05 或者 0.01，这说明两次后测中组间差异均呈显著性，即在第二阶段完成不同任务后，对照组和实验组 1、2 就过去虚拟式的习得显示了显著的差异。

其次，从表 7-2 的前测中，2 个实验组和 1 个对照组中被试的平均分分别为 3.9333，3.9667，3.9000，这说明三组被试的英语水平基本相当。但经过第一阶段相同的语言输入任务(10 分钟内记忆材料中讲解的与过去事实相反的虚拟语气)，以及第二阶段三组不同的语言输出任务以后，很明显 2 组实验组被试的即时成绩和延迟成绩均分别明显高于对照组被试的即时成绩和延迟成绩。这充分说明两点，一是语言输入任务如果设计合适，能有效引起学习者对目标语的注意，这可以从对照组的前测、即时和延迟成绩不断提高的事实得出；二是语言输出比语言输入更能有效地提高学习者对目标语言的关注程度，这可以从实验组和对照组即时和延迟测试的成绩对比中看出，这也验证了本实验的第一个假设。

在验证本实验的第二个假设时，对于实验组 1 虽然即时成绩和延迟成绩分别高于实验组 2，但实验组 1 的即时成绩和延迟成绩却呈现下降趋势，实验组 2 的两次后测却一直保持平稳的态势，这与我们的预期结果有一定出入。

实验组 1 的被试在接受问卷访谈时，认为即时测试中的成绩提高迅速主要因为复试文章时，他们全部的精力不仅要放在概述文章的内容、词汇还要关注语法形式等等，即短时间内要调动被试各方面的语言能力去完成复述文章的任务，所以即时成绩提高的比较明显。然而两份周的间隔期对被试来说，很难在大脑中长时间地储存对短文的内容、词汇和语言形式的记忆，这种长期全面的记忆负担太重。这在一定程度上削弱了被试对目标语形式的首要关注度。所以本实验认为，复述这种形式的输出活动仅仅在短期内调动了被试学习目标语言形式的积极性，快速促进学习者掌握过去虚拟式，但没有达到长期真正习得这一语法形式的目的。这与 Chaudron(1985) 的实验结果非常一致，即注意的起始阶段以及就某一语言形式的初步掌握(preliminary intake)，并不能保证这一语言形式会被学习者最终吸收(final intake) 习得，后续起巩固效果的语言输出非常必要。

实验组 2 的被试在接受访谈时，认为在即时和延迟测试的成绩比较稳定的原因有两方面：一方面是因为目标语形式在输入材料(讲义) 中的显著性，以及这种语言形式在输入材料中频繁地出现，另一个原因与判断对错的理解任务有关。判断对错的理解题大部分是围绕虚拟语气的语言形式展开的，所以实验组 2 被试者在阅读短文时不得不给予更多的关注，否则他们就不可能进行回答问题。例如在判断这个陈述“One day, the farmer's friend offered him a fine young tree and told him to plant it。”对还是错，被试者必须理解短文中与之相关的过去虚拟式句子。因此，判断对错的理解任务把实验组 2 被试者的注意力也更多地放在理解虚拟语气的语言形式上。虽然在即时测试中，实验组 2 的成绩低于实验组 1，但经过两周的间隔期，实验组 2 的被试对于虚拟语气的语言形式依旧记忆深刻，这说明判断对错的阅读理解题若设计得合理能一直保持优势。

鉴于此，本实验只是部分验证了实验的第二个假设，复述课文和判断对错的阅读题相比，虽然前者能有效迅速提高学习者对目标语的关注度，但并不能一直保持优势，这也是这种语言输出方式的短板所在。如何既能在短期内快速提升学习者的成绩，又能长期保证学习者最终吸收掌握目标语，这促使笔者进行了一个后续的相关实验。

（二）实证研究②

1. 研究被试和工具

以上面的实验为基础，本实验目标语的选取和研究工具(输入材料、测试工具和问卷访谈) 都不变，重新随机抽选了 120 名来自中国某大学英语专业的一年级学生作为被试者。经过前测试，97 名被试满足了“可教性”要求，基本学完了英语的基本语言形式(包括过去虚拟式) 并且具备了一定的交流能力。最终 90 名被试同意参加实验，并进行随后的即时测试和延迟测试。他们同样被随机分为 2 个实验组和 1 个参照组，每组 30 人，确保每组被试样本数量足够大。

2. 研究问题

本研究包含两个假设：

假设 1：语言输出比语言输入，在习得目标语过程中能够更有效地促进学习者注意到其中的语言形式(与过去事实相反的虚拟语气) 。

假设 2：以回答问题方式的复述文章与判断对错的阅读题相比，前者能够更加有效地促进学习者注意目标语的语言形式(与过去事实相反的虚拟语气) 。

3. 研究过程

表 7-5　研究过程

第一天：前期测试(30 分钟)
第三天：第一阶段：自主学习显性知识的输入材料(10 分钟) 第二阶段： 实验组 1：阅读带有目标语形式的文章，然后以回答问题方式复述文章(30 分钟) 实验组 2：阅读带有目标语形式的文章，然后回答判断对错的阅读题(30 分钟) 对照组：阅读带有目标语形式的文章，但是什么也不做。(30 分钟) 即时测试：(30 分钟)
第 16 天：延迟测试(30 分钟) 访谈：(60 分钟)

4. 结果与讨论

实证研究 2 的实验数据采用 SPSS20.0 进行数据分析，由于实验中只有一个变量(实验组不同) ，数据用 one-way ANOVA 进行方差分析。

表 7-6　三次测试的平均分数

	实验组 1		实验组 2		对照组	
	平均分	标准差	平均分	标准差	平均分	标准差
前测成绩	3.9333	1.05645	3.9667	1.07425	3.9833	1.03793
即时测试	7.2667	1.11211	6.2000	1.33002	5.7667	1.27802
延迟测试	7.8167	.91429	7.0167	1.22814	6.1500	1.17554

表 7-7　组内对比的检验

源	因子 1	III 型平方和	df	均方	F	Sig.
因子 1	线性	414.05	1	414.05	4192.708	0
	二次	52.267	1	52.267	129.868	0
因子 1*组别	线性	22.108	2	11.054	111.935	0
	二次	6.303	2	3.151	7.83	0.001
误差(因子 1)	线性	8.592	87	0.099		
	二次	35.014	87	0.402		

表 7-8　组间效应的检验

源	III 型平方和	df	均方	F	Sig.
截距	9048.033	1	9048.033	2658.839	0
组别	49.072	2	24.536	7.21	0.001
误差	296.061	87	3.403		

首先，从表 7-7 和表 7-8 中，可以看出 p 值均是 0.000 或 0.001，小于 0.05 或者 0.01，这说明两次后测中组间和组内的差异均呈显著性，即实证研究 2 中的第二阶段完成不同任务后，2 个实验组和 1 个对照组就过去虚拟式的习得呈现出显著的差异。

其次，从表 7-6 的两次后测成绩可以看出，两个实验组的两次后测成绩都远远高于对照组，这一次的实验再次验证了第一个假设；而且两次后测成绩中，实验组 1 被试的成绩也都超过实验组 2，而且成上升态势，这次充分验证了研究的第二个假设，说明以回答问题方式的复述课文和判断对错的阅读题相比，前者能更有效迅速提高学习者对目标语的关注度，而且能一直保持优势，充分发挥了复述课文这种语言输出方式的特点。那么以回答问题方式来复述课文是如何既能在短期内快速提升学习者的成绩，又能长期保证学习者最终吸收掌握目标语的呢？实验组 1 的被试在接受问卷访谈时，认为以往传统的复述课文，需要他们调动所有精力关注文章的方方面面，重点不突出导致记忆负担比较重；而本实验中通过回答问题的方式复述课文，问题的设计都是围绕虚拟语气的语言形式展开的，实验组 1 被试者在阅读短文时不得不首先对目标语的形式给以高度注意，然后组织语言将几个问题连起来完成复述文章的任务，这样既使学习者在复述文章的过程中，调动自主能动性组织语言输出，又重点地将虚拟语气的语言形式突显，让学习者对这一语言形式高度重视，并长期储存在记忆里。从两周的延迟测试成绩也能看出，实验组 1 被试的成绩一直呈上升趋势，这种“改良”的复述文章并没有削弱被试对目标语形式的首要关注度。

（三）结论

为了验证“注意假设”或“输出假设”的“注意功能”，试图发现更有效地促进青年学生注意目标语的语言形式的输出方式，本研究进行了两次相关实验。

实证研究 1 验证了第一假设，即语言输出与语言输入相比，前者在习得目标语过程中，能够更有效促进学习者注意到其中的语言形式(与过去事实相反的虚拟语气），然而第二假设只是部分得到验证。在即时测验中，实验组 1 比实验组 2 的成绩提高得显著，这说明短时间内复述课文比判断对错的阅读理解题能更有效促进被试关注目标语的语言形式。但在延迟测验中，虽然实验组 1 的成绩仍然略高于实验组 2 和对照组，但与即时成绩相比，实验组 1 的成绩呈下降趋势，实验组 2 的成绩却一直保持优势。这一方面说明复述文章作为一种语言输出的方式，确实有效促进了学习者注意目标语的语言形式，从而习得这一语法现象；但另一方面，复述文章这种输出形式对于提高目标语形式的注意度只具有短时效应，并不总是保持优势。根据实验组 1 被试的访谈结果，被试注意到并马上学会使用某一语言形式并不意味着学习者能把这一语言形式长时间存储在大脑的记忆中，这并不等于真正意义上的习得。相比之下，判断对错的阅读题，如果设计得当，也能很好地促进学习者注意目标语的语言形式。

实证研究 2 是基于实证研究 1 的实验结果进行的。由于实证研究 1 只是部分验证了实验的第二个假设，复述课文和判断对错的阅读题相比，虽然前者能有效迅速提高学习者对目标语的关注度，但并不能一直保持优势，这也成为复述课文的短板所在。为了找到既能短期内快速提升学习者成绩，又能长期保证学习者最终吸收掌握目标语的语言输出方式，研究者进行了这个后续的实证研究。该实验的第二阶段，实验组 1 的被试改为通过回答问题来复述课文的输出方式，实验组 2 和对照组的输出任务不变。最后实验数据表明以回答问题方式的复述课文和判断对错的阅读题相比，前者不仅能更有效迅速提高学习者对目标语的关注度，而且能一直保持优势，充分发挥了复述课文这种语言输出方式的特点。原因在于，通过回答问题的方式复述课文，问题的设计都是围绕虚拟语气的语言形式展开的，这使实验组 1 被试者在阅读短文时不得不首先关注目标语的形式，然后再组织语言将几个问题连起来完成复述文章的任务，这不仅使学习者在复述文章的过程中，调动自主能动性组织语言输出，又重点地将虚拟语气的语言形式突显，让学习者对这一语言形式一直保持高度重视，并长期储存在记忆里，从而有效地促进语言习得。因此，在今后学生的语言习得过程中，通过结合显性的语言输入与设计得当的语言输出方式，一定能很有效地促进学习者注意到目标语的语言形式，当然这需要教师在教学过程中的长期不断尝试与摸索，从而帮助学习者提高语法习得的成效。

第四节　社会语言学研究需要的语料库

利用语料库和语料库方法进行社会语言学研究需要注意两方面的问题：一是语料库的作用是什么，如何建设一个好的语料库；二是社会语言学研究需要什么样的语料库。

语料库的通常定义是语言研究收集的、用电子形式保存的语言材料，由自然出现的书面语或口语的样本汇集而成，用来代表特定的语言或语言变体。经过科学选材和标注、具有适当规模的语料库能够反映和记录语言的实际使用情况。人们可以通过语料库观察和把握语言事实，分析和研究语言系统的规律。语料库语言学通常被认为不属于语言本身某个侧面的研究，而是一种以现实生活中人们运用语言的实例为基础进行语言研究的方法，以语料库为语言描述的起点，用语料来验证有关语言假说。它为语言研究提供了一种方法论基础，同时又给语言学研究提供了新的思路，所以它是介于理论和方法论之间的一种研究。语料库语言学是语言研究与相应的计算机技术相伴相生的产物，是语言研究中定量和定性方法相结合的典范。相对传统语言学，语料库语言学不仅研究哪些词语、结构和使用是可能出现的，而且还要统计其出现的概率和方式。

语料库设计和开发最主要的出发点是使在其基础上开展的语言调查是合理、可靠的。

语料库设计所面临的最基本的问题是语料库所采集的语言数据是否能真正代表某种期望的语言或语体，语料库并不是语篇的简单堆砌，它应具有样本广泛、规模有限、机器可读等基本特征。

语料库的代表性和平衡性是语料库建设的基本要求。一个语料库具有代表性是指从该语料库获得的分析结果可以概括成为这种语言整体或其指定部分的特性。所有语料库建设者都力图使其创建的语料库足以代表或反映其所要研究的目标语域或整个语言的语言事实，因此在创建初期都会对语料库的设计、取样进行科学的分析。但有一点我们必须认识到，无论如何也无法穷尽“某种语言的全体使用者说出来(或写下来) 的和尚未说出来(或写下来) 的所有话语”，因为它是一个开放集，理论上是无法真正捕获到这些语言全貌的。因而为了尽可能地(至少在统计上) 反映语言的实际状况，对语言进行抽样的方法在一定程度上可以满足研究的需要，与“抽样”紧密关联的一个重要概念就是“代表性”问题，也即所收集的语料是否可以在统计上代表各种类型的真实话语。语料平衡性不能简单理解为文本的不同来源。实际上，不同来源语料的使用、发行和读者数都不一样。至少应该区分小说、非小说、图书、期刊、报纸、正式、非正式出版物，作者属性等。然而，由于语言自身的高度复杂性，关于语料的代表性和平衡性还没有找到能为大家普遍接受的答案。

语料库规模也是建设语料库需要考虑的一个重要问题。多大的语料库才够用是伴随语料库作为一种研究方法产生的，也是最难回答的问题。一般就语言研究而言，例如研究词汇和词典编撰，或者比较各种文本的语言结构，语料库越大越好。但鉴于语句的无限性及语言的不断变化，语料是不能穷尽的，代表性也是相对而言的。因此，从量化研究的需要出发，语料的规模应是有限的。

语料库的标注加工是语料库能否发挥作用最重要的一环。一个语料库的功能主要与三个因素有关：一是语料库的规模，二是语料的分布，三是语料的加工程度。规模的大小关系到统计数据是否可靠，语料的分布涉及统计结果的适用范围，语料加工的深度则决定这个语料库能为使用者提供什么样的语言学信息。为了从语料库中抽取信息，必须首先从多个层面对语料库进行分析，并且将分析结果标注到语料库上去，这个过程就是语料库标注。语料库标注是指给口语或书面语语料库增添解释的和语言的信息的实践。“标注”也可以视为这个过程的最终产品，即附加、关联或分散在语料中的语言标记。语料库标注给语料库带来巨大的附加价值，是语料库建设中最为关键的一环。英语语料库已经达到或可以达到七个语言学标注层级，分别为拼写、语音韵律、语法、句法、语义和语用。

大型语料库的建立为各类语言研究提供了大量的真实语料，也为各种语言成分的定量分析提供了条件。但由于语料库的规模、分布和标注等方面存在局限，数据稀疏的问题还普遍存在。比如我们在讨论音译词时，有些音译词在语料库中查不到频次，即查询结果为零。这很可能主要是语料时间分布上不平衡出现的问题。

社会语言学研究对语料的代表性和平衡性有严格的要求，具有良好代表性、类别多样、时间分布平衡的语料库对于社会语言学的语言变异的研究意义更大。目前语料库的标注还远远不能适应社会语言学研究的要求，上面所说的七个语言学标注层级中，语用标注对社会语言学研究的帮助最大，但已标注语用信息的语料库一般都是用于专题研究性质的小型语料库，目前国内外的大型语料库大都缺少语用方面的标注。社会语言研究需要的语料库大致可从以下几个方面考虑：语料样本具有广泛性、代表性和平衡性；样本分布既有共时意义也有历时意义。所谓广泛性，指语料库收集的语料应该涉及各种文体，涵盖不同行业和不同地区的语言使用者。代表性、平衡性则是一般语料库共有的要求。样本分布具有共时意义可以用于共时的语言变异研究，具有历时意义则可以用于历时的语言变化研究。

语料样本信息丰富完整，包含作者的民族、性别、年龄、出生地、母语等更多背景信息，其中部分信息需要通过标注获得。这些信息是社会语言学研究中重要的社会因素，是研究语言与社会共变的重要资料。

语料库具有多层次、多方位的标注。例如，在词语标注方面，不仅有词性标注，有些具有地域特点的词语还应该有地区来源的标注。汉语里至少有四类词可以标注来源：第一类是方言词，可以标注出来自何地何种方言；第二类是社区词，可以标注出来自大陆、台湾、香港、澳门或其他华语社区；第三类是少数民族语言的借词，可以标注出来自何地何种少数民族语言；第四类是外来词，可以标注出来自哪个国家哪种语言，最好还能够标注出外来词的次类，如原形词、字母词、音译词、半音译半意译词、意译词等等，外来词如果有这样的标注，上面提到的没有频次的音译词的数量一定会大大减少。

第八章　社会语言学构建研究：信息系统模型

第一节　信息载体

语言是传递信息的重要媒介。信息可以通过语言作媒介，也可以不通过语言做媒介；例如，语言以外的图像或符号，都可以作为传递信息的媒介。在这个意义上说，语言本身是信息的载体，信息不能离开载体而存在。但在人类社会的交际活动中，信息不仅仅被理解为物理学上的内容——按物理学的观念，信息只不过是按一定方式排列起来的信号序列。在社会交际活动中，这个定义还不够：信息还必须有一定的意义，或者说信息必须是“意义的载体”。世间不存在无物质载体的信息，但是存在无信息的物质。信息是由物理载体(按一定方式排列的信号序列) 与语义两者构成的统一体。在这个意义上说，语言本身也可以称为信息。在20世纪初，社会生活中很少使用如现在这种语义的信息这个词；直到60年代信息论长足发展以后，人们在探索社会语言学的若干问题时，才广泛使用了信息这样的语词。人们现在对某些饶舌者，不说他讲空话，吹牛皮，喋喋多言，而说他讲话的信息很少。因此，在社会交际活动中，语言作为一种信息系统而存在，社会语言学先假定一个人说话的语音合乎标准，语法合乎规范，语汇的使用合乎语义的需要，在这前提下研究信息量的多少以及传达信息的效果是否达到所能允许的最大值，即最佳效能。

第二节　信息与反馈

按照申农的理论：

信号=信息+噪声

从信息工程学的观点看，信号减去噪声就是信息。信息不是物质，也不是能量，它只能传递而不能分配。我有四个苹果，你有两个苹果，如果我分给你一个苹果，那你拥有的苹果(3 个) 就会等于我拥有的苹果(3 个) 。苹果是物质，能够进行分配。如果我得到四条消息，你得到两条消息，我决不能分给你一条消息使你得到的消息与我得到的消息相等。我告诉你一条消息，你便知道三条消息，这不错；但我告诉你一条消息以后，我仍然有四条消息，告诉你(把信息传递给你) 以后我所拥有的信息没有减少。为什么？因为信息不是物质。

信息论(从社会语言学者的观点看来) 要解决的是远距离(当然包括近距离) ，全天候(不论在什么自然条件下) ，传递信息做到高保真(即把噪声减到最低限度) ，同时也能切实保密的问题。或者，换一种说法，传递信息要解决：

(1) 准确度问题。

(2) 精确性问题。

(3) 有效性问题。

准确度问题是技术学上要解决的(信息工程学主要就是解决这个问题的) ，而精确性的问题是一个传递信息的语义学上的问题，至于有效性的问题，则是语用学的问题。

甲同甲讲话。甲发问，他就是信号源，甲就是受信者。甲讲的话甲懂得，他就不要翻译(也就是不要编码，省略了编码器这一环节) ；假如甲讲的话甲听不懂，那就要一个翻译，在这里可以借用编码器来做比喻，要通过信息道——两人讲话就是通过声波，也可以说声波是靠空气传递的，然后到达甲。其间，如果甲站的地方离开甲颇远，例如一个在楼下，一个在十楼，甲讲话(发出信息) 时必然受到干扰(周围的噪声以及其他干扰)，他必须把发声的音量加大，目的是排除干扰；如果这里有部拖拉机开着，马达的声音(干扰) 迫使甲发出信息时要采取特别的措施，例如用一个锥形传声器，或者用一个放大音量的扬声器，或者用两只手作成一个类似锥形器的样子放在嘴边，所有这些都是为了“盖过”噪声，也就是使信息能够有效地准确地传达到乙。

为说明这个机制，还可以举出发电报这样的典型例子。例如甲在某地发电报给乙(在另一地方) ，那么，甲是信号源，他要发的信息(电报) 必须译成电码(在汉语，每一个汉字都有由四个数字组成的代码；在使用拼音文字的国家，则编成由不同的组合来表示的摩尔斯电报码)，这就是编码，编成的电码通过电信号传到对方所在地的收报机，收报机得到的只是电码，还要按彼此都理解的程序译成普通文字(这是“解码”)，然后送给乙。

从甲(信号源) 到甲(受信者) 的信息传递过程，必须引起甲的回音，这信息传递过程才算是“完成”了，或者受到“检验”了。回音——在信息科学上有个专门术语，叫做“反馈”，可能是按照甲的“指令”做出反应，可能是对甲的“指令”发回某种信息。在严格意义上说，有人认为只有后一种“可能”才叫做反馈。比方甲打电报让甲付 100 元给某人，甲可能只按照甲的“指令”，立即送给某人 100 元，也可能不只照办，还回一个电报给甲，说已照付某人 100 元了。后一个电报，不消说就是反馈；在比较广泛的意义上说，前一个行动(按“指令”付钱) 也是反馈。飞行员与指挥塔的无线电对话，也可以说明信息传递过程和反馈过程。例如设想最简单的对话：

飞行员：“幺洞拐请求降落。”

指挥塔：“幺洞拐可以降落。”

“幺洞拐”是“107”的叫法——这在下一节将要讲到——这里是这架飞机或这个飞行员的代号。头一句话是信号源(飞行员) 发出信息，通过信息道(无线电波) 直接传到受信者(指挥塔)，受信者得到这个信息后，立即做出反馈，这就是第二句话。

控制论就是利用数学的方法，分析的方法，模型的方法，去研究能反馈的系统并做出预见的科学。人的大脑接收信息，进行反馈，其原理基本上同上述机制是一样的。

第三节　构建人脑信息活动过程

人脑是从感觉器官收取信息的。假使人体外有一个信号源(或者是另外一个人讲话，或者是某些自然声音，或者是一些机械发声，以及不发声只显示图像，气味等等) 向人发出信息，人的“五官”——视觉、听觉、触觉、味觉、嗅觉器官，得到信息后，进入人脑的临时储存器，在这里停留约 6～

10 秒，然后经过选择，或者要立即反馈，或者进入短期储存器，在这里约莫可以储存 20 分钟之久；又经过选择，一部分进入永久储存器——这就是记忆。人脑对所有收取的信息，加以选择，做出储存或立即做出反馈的决定，而当做出反馈时，又动用短期的或永久的储存器中记忆信息来做比较或索性动用。所有这一过程，都是通过神经元进行的，人脑大约有一百亿个神经元；由一百亿个神经元组成的人脑信息收发储存系统以及指令系统，好比一个计算机，不过计算机一般的元件只以千数计算，而人脑则以百亿计算，可见人脑比最大的计算机还要“灵”上不知多少倍。这是人脑信息活动过程的简要表述——由于现代电子科学，计量科学以及神经生理学的飞速发展，这种表述虽则还有若干推论或假说的成分，但基本上是可信的，大部分是可以间接验证的。

第四节　信息量与最大信息量

信息不是词或句，信息是表现语义(思想) 的一个单一体——从这样的出发点去探索交际活动，就不是评论这人说话合不合语法，有没有“口音”(即符合不符合标准音) 等等，而是评论说话的信息量大或小，是有用(有效) 信息还是无用(无效) 信息，是主要还是次要信息，是必需信息还是多余信息。

在这里还可以提到这样的事实，即一个有学问的人，即使讲话的口音不正(不是说完全走样，因为假如完全走样，那就一点也不能起交际作用，必须通过翻译——译码器——才能交际)，从语音学的角度看不好，但因为信息很多，很有用(由于他有学问)，故从语义学的角度看是好的。假如这是个有学问的外国人，而他的口音甚至语法都不够好，但他给出了很多信息，那么，从语义学看是好的。

相反，如果一个不学无术的本国人，乱说一通——尽管是道地的普通话(从语音学上说是好的)，语法也无懈可击(从语法学上说也是好的)，但因为所讲的是废话连篇(从语义学上说是不好的)，他所给的信息量是很少很少的。

凡是受信者一方所已经知道的信息，其信息量等于零。

从前考科举，中了举人时有探子(或好事之徒) 飞奔到这个中举的人家中报喜，照例那家人要给探子或报信者以赏钱。有这么一个童谣：

头报三两六，

二报三钱六，

三报牛屎都没一堆。

第一个报信的人得赏钱三两六钱，因为他给出的信息是受信者完全不知道的信息，其信息量应当是最大的；第二个报信的人却只得十分之一的赏钱(三钱六)，为什么，因为受信者已经知道了他所传递的信息，严格地说，这个信息的信息量已等于零，但因为也许头报的信息不太完备，可以从第二个报信者取得补充信息(至少可以核对原来的信息)，因此，第二个报信者给出的信息量虽不大，也还取得一点点报酬。至于第三个报信者，他只不过重复了第一个和第二个报信者提供的信息，对于受信者来说，这种信息的信息量等于零。

为什么要反对陈词滥调呢？因为陈词滥调所提供的信息，其信息量很小很小，甚至等于零。废话则是一种没有语义(或没有正经语义)的信息，对于收信者来说，废话虽然是头一次听到，但既然是废话，那就是100%的无用信息，或无效信息。无用或无效信息，其信息量极小，或几乎接近于零。

在日常的社会交际中，很难获得最大信息量，那是一种理想的境界，但不是不可以做到的。最大信息量的含义不是说信息量最多——假设有很多信息，包括一个主要信息和很多次要(或不必要)信息，实际上主要信息却被掩没，被干扰了，结果使受信者获得的不是最大信息量。虽然信息很多，但没有达到最大值。

例如，在副食品店里的对话。

顾客：有啤酒么？

售货员：有。

顾客：要拿空啤酒瓶换么？

售货员：要。

这一段对话里，售货员的答话给出的信息只有一个字，但它已达到最大值；在这个场合，售货员所传递的信息虽然出乎寻常的简单，但它包含的却是最大信息量。

如果换一个售货员，他(她)不是这样简单明了，而是回答得很长，却忽略了主要信息，那么，他(她)的话就包含了很多次要信息，或者充满剩余信息，那不算是最大信息量。能以最必要的信息通过最少的语素，传达了最大信息量，如上例的两个单字，就达到了最佳的社会交际效能。

例如，公共汽车上售票员的独白。

售票员：前面是王府井车站[一]。王府井到了，在王府井下车的同志请准备下车[二]。没有票的同志请买票[三]。下车的同志请打开票啦[四]。

这是在北京公共汽车上天天听到的售票员的声音——有时多几句，多几个字，有时少一句半句，基本上是上例的样子。这是售票员给公共汽车乘客传递信息的典型方式——可以说是一个“模型”。

现在让我们从信息交换的角度来分析这个模型。每天乘同一条路线上班下班的乘客，完全不需要这信息——在这些人看来，上面这四句话全是多余信息，他凭着每天上下班的“经验”(大脑中由感觉器官收受而存储的记忆) 可以“察觉”到王府井到了，他主要是靠视觉看见车外的地形地物(地貌特征) 便可以“判断”出到了哪一站，是否快到王府井这站了。所以，我们讨论上报信息时，先要撇开这一部分受信者：因为他们根本没有需要，因而也不愿意收受这份信息。

但对于外地来北京，坐这一线路公共汽车的乘客，以及对于虽然住在北京可是不熟悉这一线路的乘客来说，售票员发出的这些信息(特别是其中的主要信息) 却是无比重要的。他们路不熟，又企图在王府井站下车，他们最主要的需要是得到王府井站的信息。因此，以上这段独白(即售票员作为信号源发出的全部信息) 中，这些乘客最需要的是王府井车站到了这样一个信息。这些乘客作为受信者如果获得“王府井车站到了”的信息，这信息就有最大信息量。可是，如我们在实际生活中看到的，“王府井车站到了”这个构成最大信息量的最主要信息[一]，往往湮没在其他许多次要的和多余的信息[二]，[三]，[四]里——乘客们往往听不清楚他所最需要的信息，对他来说，最要紧的信息是“王府井”(站名)，次要紧的，或者是补充说明性的信息是“到了”。光知道“王府井”这个站名，他就完全满足了，也就是说，只要他获得“王府井”这一信息，他就获得了最大信息量。如果他又接收了“到了”，那是一种补充信息，要不要都不影响这最大信息量——光听见“到了”这个信息，对于任何一个乘客，都是毫无作用的。所以“到了”是个可有可无的辅助信息，而不是必要的辅助信息。照此类推，乘客听信息[二]、[三]、[四]并没有获得他最需要的信息(当然，在[二]的前半句也提到了“王府井”这个主要信息，也算一种辅助性信息)。

上举例子中，信息[一]是主要信息。如果能保证这个主要信息传递到需要这信息的乘客那里，那就是传达了最大信息量了。为排除干扰(噪声干扰以及其他干扰)，这个信息可以重复一遍，例如："前面是王府井车站。是王府井车站"，而且加着重点的三个字(构成了几乎可以说 100%的最大信息量) 要增加时值——所谓增加时值就是念得慢一些(比念普通的字而言)，念得重一些，念得响一些。慢，重，响是一种手段，目的是使主要信息准确地有效地传递到接收者的感觉器官。

上例信息[二]、[三]、[四]，从信息传递和信息交换的角度看，是完全多余的，而这些多余信息并不能加强或巩固主要信息的传递。

句[二]促使在车上打瞌睡的乘客醒过来，除此之外没有任何作用——对所有乘客，其信息量等于零。因为凡要下车的都会准备下车(比方把手头拿的东西整理好，从座位上站起来，在乘客当中"运动"即"挤"到车门那里——所有这些都是下车的准备)，说了等于不说，不说也无碍于事。

句[三]和句[四]对于要获得到达王府井站并在这一站下车的乘客，从理论上说，也是毫无意义的多余信息。没有票，自然要买票，而且一上车就该买票，而不必等到要下车时才买票。"打开票"就是"出示月票"之意，按照乘车规则，带着月票的乘客，应该出示月票，所以这句话在理论上没有说的必要，说了，其传递的信息量也等于零。可见句[三]和句[四]以及句[二]的大部分，从信息交换的角度看，在这样的情景(即公共汽车正常运行的情景) 下完全是多余的，信息量几乎可以说等于零。但是，从社会语言学的角度看，句[三]和句[四]是必要的(信息量等于零的话也是必要的，这提醒我们语言研究者记住语言是一种社会现象，而不是单纯的自然现象)，它们反映了十年动乱中社会秩序被破坏残留下来的恶果：有人乘车不买票，有人有月票而不出示月票等等蔑视社会公共秩序准则的现象。

第九章　社会语言学构建研究的现实意义：从语言变化探索社会生活

第一节　从语言遗迹中探索社会生活的图景

用唯物史观的方法观察和分析语言的变化，特别是语言中最敏感的部分——语汇——的变化，去探究社会生活的图景和变动，从而概括出某些规律性的东西，这应该是社会语言学艰巨而又极有意义的任务。这个任务，语言学一向是不过问的；语言学不过问人类学和社会学的事，正如人类学和社会学不过问语言学的事一样。例如，著名的《古代社会》作者摩尔根在简单地论述了人类语言的演变以后，他就赶紧声明，“这个大题目本身自成一门学科，不属于本书研究范围之内”。不过，在实际上，所有人类学家，社会学家，历史学家，民族学家，曾不得不从作为社会现象的语言着手，去推断社会的变化。摩尔根本人就是这样做的，有他的巨著为证。只不过从前没有那么明确地自觉地宣称，应当有一门边缘科学，或者叫跨学科的科学——这里讲的是社会语言学——有意识地去探索这些问题罢了。

社会生活任何变化，那怕是最微小的变化，都会或多或少地在语言——主要在语汇——中有所反映，因为语言是交际活动赖以进行的最重要的交际手段。1927 年第一次国内革命战争转入土地革命时期，江西出现了工农兵政权，这个政权的出现是当时中国社会的一个巨大变化，它反映到语言中，出现了“苏维埃”这样的词汇。“苏维埃”是从俄文音译而成的，因为当代汉语没有任何一个词汇能表现这种社会变化，而古书中的一切汉语词汇更不能表现这种社会变化，所以必须采用新的词汇。音译的“苏维埃”三个汉字本身以及三个汉字的组合，都不能给出任何信息或联想，但这个词却不胫而走，苏区(苏维埃区的简称) 里所有的老百姓，不论他识字与不识字，都从实际社会斗争中懂得这个新词的丰富含义。差不多同时出现了“红军”这个词，因为要保卫斗争果实，保卫苏维埃，这个新的社会结构需要一支武装力量，叫什么呢？需要创造一个新词。这就是“工农红军”，简称“红军”。汉语里有过“红军”这样的词汇，但这时的“红军”却同传统的(甚至是农民战争的) 军队不一样，而苏区的老百姓，不论识字与不识字，在实际反“围剿”的斗争中，深刻地了解“红军”这个词的含义。红军经过两万五千里长征到达了陕北，由于民族危机的严重，引起了深刻的社会变化。此时“统一战线”的概念迅速地传播开来，深入人心——这样的社会变化，必然反映到语言中来，“苏维埃”这个词在边区的日常生活中消失了，代之以其他的新词，其中一个就是“边区”。由此可见，从研究语汇的出现、变化、派生、消失等语言现象着手，去探究社会生活变动，是有可能的，有必要的，而且会取得很有意义的成果。

几千年来，有文字记录的人类社会无时无刻不在变动中。某些社会变化已经发生过了，某些现象或者早已消失了，甚至也没有留下什么实物可以探究了，但是这些事物必然或多或少，或直接或间接保存在语言中，对语言作语源学的，历史学的或结构上的细致研究，可以推断或还原那已经消失了的某些社会变动。所谓“语言的遗迹”，就是指此而言；正因为有“语言的遗迹”，才使后人比较清楚地明了前人的某些东西。如果结合着地下文物，那么，“语言的遗迹”就会给人类社会提供更多东西。甚至在研究地下文物时，常常也离不开语言(这种场合常常是古代语文或死语言) ，例如中国的甲骨文，古埃及的图形文字等等。

被马克思和恩格斯高度评价的美国民族学家、人类学家摩尔根，深入生活在美洲印第安人那里，从实际生活中观察了和收集了印第安人那种原始状况的社会物质文化资料，发现了氏族的本质，揭示了原始共产主义的内部组织的典型形式，对于发展唯物史观，作出了重大的贡献。他对有关家庭、亲属关系的研究，有很多地方是从古代民族或现在生活在原始状态的部落对家庭亲属的称谓语出发的。

恩格斯把摩尔根的《古代社会》誉为在论述原始社会方面是一部“像达尔文学说对于生物学那样具有决定意义的书”。马克思发现了这部书，并且说他“很喜欢这本书”，为此，他精心研读了此书，还参考别的原始文化史文献，写下了附有马克思本人批注的“十分详细的摘录”。摩尔根给自己的书定了一个副题——“人类从蒙昧时代经过野蛮时代到文明时代的发展过程的研究”。这本书甚至诱导马克思要运用唯物史观写一部关于原始共产主义社会的著作。马克思的意愿没有实现，却是由恩格斯写成了一部辉煌的历史唯物主义的巨著：《家庭、私有制和国家的起源》，作者谦逊地加上了这样的副标题——“就路易斯•亨•摩尔根的研究成果而作”。现在已不用怀疑，凡是研究马克思主义，研究唯物史观的人，凡是研究人类文明史和社会发展史的人，凡是要获得历史学和社会学科学方法的人，都会精研摩尔根的书，马克思的笔记和恩格斯的书。笔者认为，社会语言学的研究者也有必要细读这三部书，并且从语言的角度来考察社会与语言这样的根本命题。

第二节　从社会语言学的角度去研读《古代社会》

摩尔根的《古代社会》这部书不是语言学专著，对于一般读者甚至对于语言学研究者，也许没有很大的吸引力，但它讲到很多同社会语言学有关的问题或提供了有趣的令人信服的例证。本书摘出中社会语言学感兴趣的论点并作一些批注，来阐明观点。

(1) 语言。“人类的语言似乎是由最粗糙、最简单的表达形式发展起来的。必然是先有思想而后才有语言；同样，必然是先用姿态或手势表达语意而后才有音节分明的言语，正如卢克莱修斯所隐约提到的那样。单音节先于多音节，而多音节又先于具体词汇。人类的性灵不自觉地利用喉舌发音而发展出清晰的语言。”

这一段话是摩尔根多年考察印第安人社会生活所概括的结论，触到了最令人头痛的语言起源问题。有些论点例如思维与语言何者先有的难题，手势语是否一定出现在分音节的有声语言之前的难题，都是引起争论的，这在前面的章节中已经简单的论述过了。恩格斯在《古代社会》(1877) 写作的同时写的《劳动在从猿到人转变过程中的作用》(1876?)一文中，只提出劳动－思维－语言这三者差不多是在一个阶段中产生的，并没有答复思维与语言何者为先的问题。至于卢克莱修斯“所隐约提到的”，在其《天道赋》中有所体现(杨东莼等译文：“……且代妇孺，气求怜爱。或出之以呼号，或无声而作态”)。

(2) 文字。“文字的使用是文明伊始的一个最准确的标志，刻在石头上的象形文字也具有同等的意义。认真地说来，没有文字记载，就没有历史，也没有文明。”

使人发生兴趣的是，摩尔根在这里加了一个注，说：“拼音字母之出现，也和其他伟大的发明一样，是连续不断努力的结果。迟钝的埃及人改进他们的象形文字，经过若干形式，才形成一个由音符文字构成的方案，而他们所尽的力气也就到此阶段为止。他们能把定型的文字写在石头上了。随后出现了富于好奇心的腓尼基人，他们是最早的航海家和海上贸易者。不论他们以前是否熟悉象形文字，总之，他们似乎一跃就投入了埃及人所致力的工作，凭着天赋的灵感，他们解决了埃及人所梦想解决的问题。腓尼基人创造了由 16 个符号构成的新奇的字母，及时地给人类带来了一种书面语言，人类由此有了写作和记载历史的工具。”

在这里摩尔根强调了书面语言的重要性——他有很多地方作推断时是引证古代语言的，如果没有文字记录，他的推断就无法进行，因此他作了过分的强调，即提出没有文字就没有历史也没有文明的论点。就严格的逻辑意义上说，应当倒过来：没有历史，没有文明，则文字根本就失去存在的价值，文字只是记载语言的工具，文字本身不可能创造文明。

根据用碳同位素 C14 测得的结果(对半坡遗址的测量)，可以得出这样的概念，即汉字的发生约在六千年前。彩陶和黑陶上所写所刻的符号，被认为是汉字的原始阶段。接着在龟甲兽骨上刻字——叫做甲骨文——约在公元前 1300 多年至 1100 多年，大都是占卜的记录，这也许就是最初的汉字。接着是刻在(实际上是冶铸在) 青铜器上的铭文——称为金文或钟鼎文。值得注意的是，殷代已有“笔”的概念，除了以刀为笔(“刀笔”) 之外，还有毛笔。约 2000 年前的《尔雅•释器》有：“不律谓之笔。”郭璞注：“蜀人呼笔为不律也。”朝鲜读“笔”为 put，越南读“笔”作 but，广东(粤方言)保存了古音，“笔”读作 pet(p 和 t 均不送气)。在汉字系统，石刻是较晚的事了。

确实，人类发明了文字，就打破了原来交际工具的时空限制。所以《共产党宣言》发表时(1848) 写的第一句话：“到目前为止的一切社会的历史”，在 40 年后恩格斯特别加了一个注，“确切地说，这是指有文字记载的历史。”在同一个注里，恩格斯称誉摩尔根发现了氏族的真正本质及其对部落的关系，“这一卓绝发现把这种原始共产主义社会的内部组织的典型形式揭示出来了。”

(3) 语言的起源。“即使我们不说那些蒙昧人，就是在野蛮人当中，遇到他们彼此方言不同而要互相交谈的时候，仍然以手势为共同的语言。美洲土著就曾发展了一种这样的语言，由此可见，要形成一种适用于普遍交谈的手势语言是可能的。根据他们使用这种语言的情况来看，这种语言使用起来既很文雅，又富于表情，还能使人感到有趣。这是一种自然符号的语言，所以它具有通用语的要素。发明一种手势语言比发明一种音节语言要容易；而且，因为掌握手势语言也要方便得多，所以我们作出假定，认为手势语言之出现早于音节分明的语言。”

“语言和手势均产生于蒙昧阶段，并肩发展，臻于兴盛，而在进入野蛮阶段很久以后，二者仍始终结合在一起，不过结合程度较轻而已。凡是急于想解决语言起源问题的人，最好充分注意手势语言所能提供的启示。”

这是上面所引第一段立论的进一步阐发——手势语言显然在摩尔根眼中有很大的分量，手势语言在原始阶段所起的作用当然是值得重视的。但有没有可能手势语言与声音语言差不多同时发生，或者说手势语言不占一个发展阶段呢？这是引起很多争论的问题。

(4) 语汇反映的社会生活。饶有兴味的是摩尔根从分析荷马的史诗《伊利亚特》的语汇出发，推断了人类在蒙昧和野蛮时期的社会生活——“希腊人在进入文明阶段以前即已知道了什么”。“伟大的野蛮阶段之所以显得伟大也有四项非常重要的事迹，那就是：家畜的饲养、谷物的发现、建筑上的使用石材、铁矿熔化术的发明。”

社会语言学研究者发现摩尔根分析《伊利亚特》的语汇时，实在会感到很大的兴趣。研究这部史诗的语汇，可以证明社会生活的四项重要“事迹”。

(5) 方言与部落。印第安人有很多部落，各有不同的方言。“有多少种方言，就有多少个部落，因为当方言尚未出现差异之时，部落也就还没有彻底分离。”分离出去的部落，语言就发生了歧异。“在美洲土著当中，一个部落包括操不同方言的人民的例子是极其罕见的。凡遇到这样的例子，那都是由于一个弱小的部落被一个方言很接近的强大部落所兼并的结果”。

摩尔根的假设：“南、北美洲大量的方言和语系，除了爱斯基摩语以外，都是从同一种原始语言衍化出来的，它们形成所需要的时间当以文化上三个时期来衡量。”立论的根据：“一种口语，虽然其词汇能维持得很久，其语法形式能维持得更久，但总不可能永不改变。人们在地域上相互分离以后，到了相当时间就会引起语言的变化；而语言的变化又会引起利害关系的不一致，终至于各自独立。”摩尔根接着说，“部落和方言大体上是范围一致的，不过在某些特殊情况下也出现例外。比如达科他人的 12 个团体现在可以称之为 12 个部落，因为它们的利益和组织都不相同；它们曾经过早地被迫分离，因为美国人侵入了他们的原居地，把他们赶到了平原上。他们以前保持着极其亲密的关系，所以在密苏里河沿岸时开始只形成了一种新的方言，即提顿方言，这种方言的母语就是密西西比河流域的部落所用的伊桑提方言。几年以前，切罗基部有过26000人，在美国境内所见到的说同一种方言的印第安人以此为最多。但在佐治亚州的山区，已经出现了一点语言分歧，不过还不足以另立为一种方言。其他类似的例子也能找到几个，但无论如何不能打破土著时代的一般规律，即：部落与方言范围等同。”

摩尔根在印第安人部落中观察方言的形成过程时所归纳的一些规律，对于语言同社会的互变(共变) 现象是一种实际证明。方言是分裂出去的部落由于特定的社会语境而形成的，方言必须有一个母语，部落和方言的范围一般是等同的。

(6) 从家畜名称找到畜牧生活的证据。在论证拉丁人进入意大利半岛时已饲养家畜，还可能种植谷类和其他作物，已越过野蛮社会，接近文明之域的时候，摩尔根引用了蒙森的《罗马史》。蒙森写道：

“当现已分离的印度－日耳曼系诸民族尚未分化并操同一种语言的时候，他们的文化已经达到了相当的水平，而且他们已经有一套与此文化相适应的词汇。其后各民族带着这套词汇及其习惯用法作为他们共同获得的嫁妆，并作为进一步构成他们各自方言的基础。由此我们便能从固定不变的家畜名称中找到那个遥远的时代已经发展畜牧生活的证据。”

在同一处地方，摩尔根又引用了费克的有关论点：“(原始社会中) 人们的物质资料完全不取决于农业。涉及农业的原始词汇为数甚少，即可完全说明这一点。这类词汇有：yava-野果，varka-锄或犁，rava-镰，以及pio，pinsere(焙烤) 和mak，即希腊语之脚，义为打谷和碾谷。”

这两条注阐明一个现象，即语言中没有或少见的语汇，就是这个社会生活中所没有或少见的现象。有的语言农业语汇多，这就是说，操这种语言的社会集团已经在发展农业了；反之，即得到相反的结论。如果日常使用的语言中，发现很多科学词汇，那就足以推断，这个社会生活的科学水平很高了。

(7) 氏族一词的语言学含义。摩尔根分析得最多的是氏族、家庭、家族关系等等范畴。例如他曾从语言学去阐明氏族最初是什么意思。gens 等词就暗示一个氏族的成员们有着直接的共同世系。因此，氏族就是一个由共同祖先传下来的血亲所组成的团体，这个团体有氏族的专名以资区别，它是按血缘关系结合起来的。

在论证希伯来人的氏族、胞族、部落、家族……时，摩尔根写道：

“希伯来语的beth'ab 表示‘父族’‘宗族’‘家族’的意思。如果希伯来人有氏族，那就是这种团体了。用两个词来描写这种团体自会使人感到疑惑，除非专偶制的个体家庭在当时已经非常多、非常突出，以致不得不使用这种曲折的说法来概括这种亲属。……比‘宗族’高一级的为‘家室’，看来这就是胞族。希伯来语对这种组织的名称是 mishpacah，意即‘联宗’‘睦族’。它是由两个或更多的‘宗族’组成的，是从一个最初的团体分化出来的，而各有一胞族式的名称以资区别。这与胞族是非常符合的。……最后一级，即‘部落’，在希伯来语中称为 mat-teh，意指‘树枝’‘茎于’或‘支条’，其组织类似于希腊人的部落。”

(8) 家族一词在拉丁部落中出现较晚。在分析专偶制时，摩尔根对“家族”(英语 family)-词作了耐人寻味的分析，他写道：

“我们可以从家族(family)一词的意义推断出它在拉丁部落中是晚近才出现的。family 出自 familia，familia 含有 famulus 之意，famulus=仆从，因此 familia 可能出自鄂斯坎语的 famel，famel=servus，意为一个奴隶。从 family 一词的本意来看，它与配偶及其子女毫无关系，而是指在 pater familias(家族之父) 的权力支配下为维持家族而从事劳动的奴仆团体。在某些遗嘱条文中，familia 与 patri-momum 通用，意为‘传给继承人的遗产’。这个词被引入拉丁社会，来指明一种新的组织，这个组织的首领支配妻室儿女和在父权控制之下的奴仆团体。蒙森用‘奴仆团体’来表示 familia 一词的拉丁意义。因此，这个词及其概念不会早于拉丁部落的家族制度，而后者既晚于希腊人与拉丁人两支的分化，也晚于农业的出现和奴隶制的合法化。”

由于罗马人的民法家们为了确定遗产继承关系而成功地用一种排列方法和说明方法来表达一大群支系庞杂、人数众多的亲属，他们对家族关系的称谓语就建立起来了。摩尔根说：“他们称父方的诸父、诸母为 patruus(伯叔父) 和 amita(姑母)，而称母方的诸父、诸母为 avunculus(舅父) 和 matertera(姨母)。”在这个地方作者加了这样一个注：

“我们的[按：指当代——引用者]称谓 aunt(姑母) 是从拉丁语 amita(姑母) 来的，uncle(舅父) 是从拉丁语 avunculus(舅父) 来的。拉丁语的 avus(祖父) 一词加上指小词尾就成了 avunculus。因此它的意思是指‘小祖父’。有人认为拉丁语的 matertera(姨母) 一词源于 mater(母) 和 altera(另一个)，意即‘另一位母亲’。”

难怪摩尔根说：“拉丁语中有关姻亲的称谓是特别丰富的，而在我们的英语中却使用 father-in-law，son-in-law，bmther-in-law，step-father，step-son[按：意即法律上的父亲=岳父，法律上的儿子=女婿，法律上的兄弟=姻兄弟，继父，继子——引用者]以及诸如此类不恰当的名称来表示二十来种非常普通、非常密切的亲属关系(对于这些亲属关系在拉丁语中差不多全都有专用的称谓词)，英语的贫乏由此可见。”

这使我们想起恩格斯写给布洛赫那封有名的信。布洛赫提出了为什么在血缘家庭绝迹之后，在希腊人那里兄弟姐妹之间的婚姻并没有成为非法的问题，恩格斯回答说：

“首先，……普那路亚家庭形成的过程是逐步逐步的，甚至在本世纪，夏威夷群岛王室家庭中还有兄弟和姐妹(同一母亲生的) 结婚的。而在整个古代史时期，都可以遇到这种婚姻的例子，例如托勒密王朝还有这种情况。可是在这里，也是第二点，应当区别母亲方面或只是父亲方面的兄弟和姐妹。

在这封信里，恩格斯注意到希腊文的“兄弟”“姐妹”两个词，是从“妈妈”一词转化来的，因此做出了如上的推断。母权制时期的概念一直还保存在语言(语汇) 里，母权制消失了，语汇却还没有消失，人们常常可以从保存在语汇库中的旧日遗下的概念推断出这种概念所反映的社会实际来。

(9) 血亲称谓多少反映了能不能到达专偶制。以同样的分析语词的方法，摩尔根推断了雅利安式亲属关系。他写道：

“如果在雅利安人之中曾经存在过土兰尼亚式亲属制，那么我们也可以设想这种亲属制的大部分称谓将会在专偶制之下消失。凡是对原属同一种亲属关系而现在将予以区别开来的那些人的称谓都将不得不停止使用。除了这种假设之外，不可能再有别的说法来解释雅利安式亲属制的固有称谓之贫乏。在各种雅利安方言中，只有父母、弟、妹和儿女的称谓是共同的，除此之外还有一个共同的称谓不加区别地用来称呼甥、侄、孙和从表兄弟姊妹。就如此之少的血亲称谓而论，他们根本不可能到达专偶制所包含的那种进步状况。但是，如果以前存在过一种类似土兰尼亚式的亲属制，那么这种贫乏现象就可以解释得通了。”

摩尔根从这个推断出发，他指出以前的土兰尼亚式亲属制的残余仍然保留在例如匈牙利人的亲属制中，在这里“兄与弟、姊与妹均以不同的称谓区别开来。”

摩尔根还进一步对雅利安方言关于祖父的称谓作了分析。他写道：

“我们不能想象在雅利安民族的母语中不存在祖父这一亲属关系的称谓，蒙昧和野蛮部落都普遍认识到这种关系；但是在雅利安诸方言中却不存在这一亲属关系的共同称谓。但是，在以前的亲属制的称谓中，有一个词，不仅用来指真正的祖父、祖父的兄弟、祖父的从表兄弟，而且还用来指祖母的兄弟和从表兄弟，它是不可能用来指专偶制下的直系祖父和祖先的。随着时间的推移逐渐放弃这种称谓是不难的。这样来解释在这种原始语言中缺乏对这一亲属的称谓的现象似乎是合乎情理的。”

(10) 中国九族。摩尔根力图阐明中国亲属制度同他在《古代社会》中所发现的原始状况的关系，遗憾的是他没有足够的语言条件和实践条件。

他提到过“中国的九族关系”，即在“我”之上有四族(父，祖父，曾祖父，高祖父) 和在“我”之下有四族(子，孙，曾孙，玄孙)，加上“我”为一族。共九族。“这些人全都同宗，虽然每一族属于不同的支系或家族，但都是我的亲属。”这种解释出自《尚书•尧典》，后人有以为“九族”包括母系(父系四，母系三，妻族二)，《明律》和《清律例》基本上也保持上有四族，下有四族之说，但同时推向横系，兄弟、堂兄弟、再从兄弟、族兄弟共四族。

摩尔根大约向当时在华的外国人调查中国的亲属制度，可惜他得到的是住在广州的英国人——海关总监罗伯特•哈特 1860 年提供的材料，由此推断出“在中国人当中流行一种特殊的家族制度，这种制度似乎含有古代某种氏族组织的遗迹。”哈特提供的材料大意是：

1) 中国人称民众为百姓，意指“一百个家族的姓”，是否说“中国人是由一百个分族或部落(氏族) 组成”？

2) 现在，中国约有四百个姓，其中某些姓与动物、果实、金属，自然事物等有关，如马、羊、牛、鱼、禽、凤、李、花、叶、米、林……

3) 中国有许多大村庄，每个村庄只有一姓。

4) 中国人的夫和妻总属于不同的家族，即不同姓，禁止同姓通婚。子女属于父亲的家族，即承袭父姓。

摩尔根根据他得到的很不完善的材料，匆忙下结论说，中国“各氏族的名称也还保留着原始的形态。这些氏族由于分化而增至四百，这是可以料想得到的结果；但是，当野蛮阶段早已过去之后，它们竟一直维持到现代，这却是值得惊异的事，同时，这也是他们这个民族十分固定的又一证据。”

由这样的前提出发，他得到了一个完全与实际社会生活不符的推论——“我们还可以料想，在这些村庄中，专偶制的家族尚未得到充分的发展，而且，在他们当中也未必没有共产主义的生活方式和共妻的现象。”

由此可见，不到实地考察，不占有大量材料，遽然下过早的结论，总是非科学的。作者把他所搜集到的一鳞半爪材料都纳入他从观察印第安人社会所概括出来的原始社会规律，而不理解这个国家长期处在封建主义桎梏下，亲属关系根本不是他所假想的那样子。其中写道：

“中国有史时期的姓氏制度分为两个不同的阶段。战国时代以前，‘姓’和‘氏’有别，‘姓’可能与上古氏族的图腾有关；‘氏’应相当于氏族下的家族，其名称与图腾无关。战国时代以后，‘姓’和‘氏’的区别消失，即形成流传至今的姓氏，这些姓氏大多沿袭前一阶段的‘氏’，所以与氏族的图腾无关。摩尔根根据这一点甚至猜想在这些村庄中‘专偶制的家族尚未得到充分的发展’，还可能‘有共产主义的生活方式和共妻的现象’，这完全是错误的臆断。”

(11) 命名与词义。“在蒙昧阶段和野蛮阶段的各部落中，每一个家族是没有名称的。”“代表家族的姓氏并不早于文明社会之出现。但是，印第安人的个人名字通常却能表示出个人所属之氏族，以别于同部落中属其他氏族的个人。一般习惯每一个氏族都有一套个人名字，这是该氏族的特殊财产，因此，同一部落内的其他氏族不得使用这些名字。一个氏族成员的名字就赋予它本身以氏族成员的权利。这些名字或者在词义上表明它们属于某氏族，或者众所周知其为某氏族所使用着。”研究原始民族的个人名字，能在某种程度上推断出一些有关社会生活的东西。由此可见，人名学——名字学——地名学等等有它的社会意义，例如从地名往往推断得出古代的(乃至当代的) 社会状况来。

(12) 语言与战争。“部落和方言的增多，成为土著间不断发生战争的根源。一般而言，相持最久的战争总是在不同语系的部落之间进行的；如易洛魁人与阿耳贡金人的战争、达科他人与易洛魁人的战争即是。反之，阿耳贡金人与达科他人彼此一般相安无事。……操同一语系方言的各部落之间可以凭口语交涉，通过这种方式解决他们的纠纷。”

以上所引摩尔根所涉及的12个论点，是从社会语言学的角度摘引的。其中关于语言，文字，语言的起源，方言与部落和语言与战争都可以归到本书在第六章提出的第一个方面，即从社会生活出发，探究语言的形成，发展和变化；另外关于语汇所反映的社会生活，关于从家畜名称找到畜牧生活的证据，关于氏族在原始社会和在语言中的含义，关于家族一词在拉丁部落中为什么出现得晚，关于血亲称谓多少与专偶制的关系，关于命名与词义，都可归到第二个方面，即从语言(特别是语汇) 的变化探究社会现象的本质，作为这方面研究的一种方式。还有一题即从中国九族推断中国的社会是一种不符合实际的臆测，也可归入第二个方面推断失败的例子。

第三节　从社会语言学的角度去研读《语言论》

爱德华·萨丕尔(1884—1939)，是美国人类学和早期结构主义语言学流派的代表人物之一。他的学术理论与实践非常具有开放性，敢于突破当时盛行的学科范式(Darnell，1990)，不仅没有受制于研究的专业性，而且善于从社会学、心理学、人类学、个性学等不同视角诠释语言学，曾被誉为现代语言学和现代人类学两个学科的创始人之一 (Darnell，1990)。萨丕尔的研究也很有前瞻性。他受老师博厄斯的影响，从调查和描写印第安语开始研究语言，但并没有止步于此。萨丕尔在博厄斯研究的基础上扩展了语言学理论，将具有一般理论意义的问题作了进一步探讨。

关于美洲印第安语言和印第安文化的研究，萨丕尔发表过多种专著，并写过不少关于语言和文化关系的文章，代表作就是他于1921年出版的《语言论：言语研究导论》(下称《语言论》)。《语言论》的出版，在语言学界产生了广泛的影响与争议。本书通过评价此书，旨在阐明以下关键问题：其一，萨丕尔和布龙菲尔德均著有《语言论》一书，那么萨丕尔独特的语言观是如何构建的。其二，有不少学者认为萨丕尔的理论陈述带有一种模糊的色彩(林玉山，2009；柳明明，2012)，本书阐述事实是否如此。其三，萨丕尔在《语言论》一书中，提到的语言多达60种以上，汉语的例子更是不胜枚举，笔者想通过重读此书，进一步验证萨丕尔提出的语言学理论，对汉语例子的解读是否正确。其四，很多人认为萨丕尔关于“语言和思维关系”的论述导致了强式与弱式萨丕尔－沃尔夫假说的提出，本书分析这种对萨丕尔理论的解读。

(一) 对《语言论》的评价

萨丕尔的《语言论》一书充满智慧的类比和发人深思的论述，是语言学研究的经典著作之一。但也受到了一些学者的质疑和批评，这些质疑或批评主要集中在三个方面：第一，萨丕尔对语言本质的论述中是否体现了语言的心理模式，文化的传递性；第二，萨丕尔是否提出了完整的分析方法，制定了严密的术语系统；第三，萨丕尔对语言和思维的论述是否体现了“萨丕尔—沃尔夫假说”。为了解决上述评述中的质疑，笔者通过理清萨丕尔《语言论》中对语言本质、语言与思维的关系，以及语法概念等术语的论述，认为萨丕尔对语言本质的论述并非“忽视文化传递性”，而且他的理论始终强调语言的心理模式；“萨丕尔－沃尔夫假说”并非源自萨丕尔，这一直是人们对萨丕尔语言观的错误解读。不过，萨丕尔关于“语言是工具，思维是产品”的论断确实不合适，容易让人产生“语言先于思维”的想法。此外，萨丕尔对四类语言概念的评述虽然很清楚，但在运用汉语例子论述时，解释得并不恰当。

（二）对《语言论》的误解与重新解读

本书将通过重新梳理《语言论》的核心思想，从语言的本质、语言和思维的关系以及萨丕尔在对语法等术语的界定三方面入手，指出当下普遍存在的几方面误读和关键性术语的误用。

1．语言的本质

对于语言的本质，萨丕尔有他自己独到的见解，他认为“言语是一种非本能的，获得的、文化的技能”(Speech is a non-instinctive，acquired，“cultural” function.) (Sapir，1921) 。关于对萨丕尔语言本质的论述是否体现了一种心理模式，是否反映了文化的传递性，学术界大体有这样几种说法：

赵世开(1999) 认为萨丕尔对语言事实的尊重精神是他留给以后美国描写语言学的遗产之一。此外，萨丕尔始终强调心理的模式，这反映了他对语言本质的看法和立场。

翟澍(2000) 认为萨丕尔在书中并未深入地谈论语言的心理问题，也对此并没有十分深入地研究考察。

陈明芳(2006) 认为萨丕尔的“非本能的”这一说法忽略了语言的“文化传递性”和“能产性”特征。

那么以上的质疑是否有根据呢？萨丕尔把人类的说话和走路加以对比，以说明这一道理。走路是人类遗传的，与机体有关，显然学走路的过程，文化或社会习惯的传统不起重要作用。而言语是非本能的，如果没有社会，人永远学不会说话，因此言语具有社会性，也是获得的。可是这一论断似乎与乔姆斯基、平柯等人提出的“本能论”或“天赋论”矛盾，引起了人们的争议。笔者认为，二者的理论相得益彰。“本能论”是从语言的内部发生机制的视角提出的，认为人的大脑中先天存在着语言官能，而萨丕尔的理论则侧重后天言语的形成条件。事实上，语言官能和外界的语言环境是人类语言形成的两个必要条件。语言官能只有在外界语言环境(社会)的刺激影响下才能发育，人类才能说话。因此，萨丕尔对语言本质的论述与乔姆斯基认定的“本能论”并非矛盾。

萨丕尔接着得出：“言语这人类活动，从一个社会群体到另一社会群体，它的差别是无限度的，因为它纯然是一个社群的历史遗产，是长期相沿的社会习惯的产物。”(Speech is a human activity that varies without assignable limit as we pass from social group to social group，because it is a purely historical heritage of the group，the product of long-continued social usage.)(Sapir ，1921) 这一论述表明，言语活动是人类特有的，排除人以外的活动；言语是无数代人积累、传承下来的，不是一代人能够完成的。这很好地解释了萨丕尔并非“忽视文化传递性”。

萨丕尔给语言下了个定义：“语言是人类特有的，非本能的，凭借自觉地发出的一套符号来传达观念、情绪和欲望的方法。”(Language is a purely human and non-instinctive method of communicating ideas，emotions，and desires by means of a system of voluntarily produced symbols.) (Sapir，1921) 这可以解释为：语言一旦形成，人可以自觉地、能动地使用，即萨丕尔使语言在更深层次上和人的心理紧密地结合在一起，是一种绝对自我化了的语言，很明显这是萨丕尔心灵主义思想的充分体现。下文关于语言成分的论述更是将语言的心理模式阐述得很清晰，萨丕尔认为语音必须和人的经验的某个成分或某些成分(如某个或某类视觉印象，或对外物的某种关系的感觉) 联系起来才构成语言的成分，这个经验成分是一个包括成千上万不同经验的概念符号，一个可以“顺手把思维包起来的囊袋”(Sapir，1921) 。因此，萨丕尔对语言本质的论述中，始终强调语言的心理模式，而他对语言成分的理解和索绪尔也是不谋而合。萨丕尔认为语言是符号性的，由语音和经验构成的，即索绪尔提出的能指和所指。

2. 语言与思维的关系

萨丕尔的学说中争议最大的是关于语言和思维关系的论述，即“萨丕尔—沃尔夫假说”(或“语言相对论”) 。这个假说认为人类的思考模式受到其使用语言的影响，因而对同一事物有时可能会有不同的看法。这一假说还被进一步细分为强式假说和弱式假说。前者认为语言决定思维，后者认为语言影响思维。

那么这个假说是对萨丕尔思想的正确解读吗？赵世开(1999) 认为“他(萨丕尔) 在 1921 年的《语言论》里还认为语言间的不同只是表达经验的方式不同，并不是经验本身的不同，但是，1929 年以后他改变了观点，认为现实世界在很大程度上不是不自觉地建立在人们的语言习惯上的；语言不仅所指是经验，而且规定经验，沃尔夫正式从这一思想出发提出了他的理论。”

其实在语言和思维之间的关系这个问题上，我们只要全面地找出萨丕尔在《语言论》第一章关于此命题的论述，很容易理解“萨丕尔－沃尔夫假说”是否出自萨丕尔的思想。下面是萨丕尔在《语言论》中关于语言和思维关系的相关论述：

“语言最多也只有在符号表现的最高、最概括的水平上才能作为思想的表现。稍稍改变一下角度来看，语言主要是一种生理性的功能。它逐渐接近思维。思维先只是潜伏在语言的分类法中和形式中，而最终才可以从语言中看出思维。语言并不像一般的但是肤浅的想法那样，是贴在完成了的思维上的标签。语言只能接近思维，并且永远不会成为思维，它只能是思想的表现。也就是说，思想才是思维的产物，语言和思维根本不属于同一个范畴。没有语言，思维的产生和日常运用未必更能想象。语言的成长要充分依赖思维的发展。我们确实看到这种语言和思维相互作用的复杂过程在我们眼前进行着。工具使产品成为可能，产品又改良了工具。”

从以上论述可以很清楚地得出这样的结论：萨丕尔认为语言的形成和发展同思维的形成发和发展具有相辅相成的关系，语言促进思维的发展，思维的发展对语言的发展又有反作用。对此，笔者并不赞成赵世开(1999) 评述的前一部分，萨丕尔“1921 年的《语言论》里认为语言间的不同只是表达经验的方式不同，并不是经验本身的不同”(赵世开，1999)，即语言的差别源自每个人对于同一概念的意识或思维方式表达的不同，也就是思维决定了语言，可这忽视了语言在人类思维过程的作用，显然背离了萨丕尔的本意。此外，笔者对于赵世开(1999) 后一部分的论述也存有质疑。赵世开认为，1929 年萨丕尔的观点发生了变化，从语言和思维互为影响的双向关系变为“语言规定经验”，从而导致了假说的提出。为此，笔者找到了 1929 年萨丕尔的文章，原文用的是 condition 这个动词，那么到底翻译成“规定”“制约”“决定”还是“支配”？不同的字典解释不一，查阅《语言论》不同版本的译文，似乎这些词都有使用过。很明显，这也是“萨丕尔一沃尔夫假说”分为强势和弱势之说的最主要原因。萨丕尔后期的思想根本没有走极端，不管什么权威的字典，condition 均有“成为某事物发展的条件”这一释义。也就是说，萨丕尔对语言和思维二者关系的理念一直贯彻始终，并没有提出语言模式决定思维模式这一说法。因此，“萨丕尔一沃尔夫假说”并非源自萨丕尔，这一直是对萨丕尔语言观的错误解读。

不过，萨丕尔关于“语言是工具，思维是产品”(Sapir，1921) 的论断确实不合适，容易让人产生“语言先于思维”的想法。语言和思维属于不同的范畴，这前文已提过，若把语言比作工具，思维看作产品，显然先有工具后有产品，即说明语言在前，思维在后，语言决定思维，这严重背离了萨丕尔的语言观，所以这个类比并不恰当。

3. 语法概念等术语的界定

一些学者提出，萨丕尔的《语言论》并没有对其理论进行细致明确的阐述，尤其是在第四、五章中没有清楚地界定语法概念中所涉及的根本概念、派生概念及关系概念之间的划分标准。例如，赵世开(1999) 认为 “萨丕尔没有能在语言分析和描写方面建立一套完整的科学的术语和方法，这使得他以后在美国的影响不如布龙菲尔德。但从美国人类语言学的整个时期看，他应当得到泰斗之冠”。陆志韦 (1963) 提出“据我看来，本书的语法概念四分法未免有些牵强，因而它的语言分类法也未必能够实际应用。”那么我们可以重读这一章，分析萨丕尔是如何界定这些语言概念的。

萨丕尔提出了四类语法概念：

一类是基本(具体) 概念，即代表事物，动作或性质，通常用独立的词或词根成分表达。

二类是派生概念，通常是派生词缀表示的概念。

三类是具体关系概念，是像“性”“数”这样比较具体的语法范畴。

四类是纯关系概念，是像“格”这样纯粹表示句法关系的语法范畴以及词序、虚词等表示纯句法关系的语法手段所表示的语法概念。

笔者认为萨丕尔对这四类语言概念的评述很清楚，第一类包括所有独立使用的词，第二类从形态学的角度界定，第三类从屈折变化的角度定义，第四类是句法层面界定，划分标准比较科学，囊括了所有的词类。如果说界定不清，不是概念本身，而是语言的表层形式千变万化。例如英语单词 full 具有独立词义，能独立使用属于第一类词，可是 full 也可以作为附加成分，用于某些名词变为形容词的后缀，如 beautiful 或 wonderful，在这种情况下 full

则归为第二类词。所以语言中像 full 这样的成分很难界定，这与萨丕尔对语法概念的分类或界定是否清晰无关。

不过，笔者认为萨丕尔在使用“The farmer kills the duckling”解释上述概念时，由于引入了汉语句子“人宰鸭子”，使其解释得并不恰当。

萨丕尔认为，语法概念中第一类和第四类是必须的。可是在谈到汉语的句子时，他又认为“人宰鸭子”也是成立的，即汉语中没有体现第四类词，缺少指称、数、时态也能传达意思，并把汉语中“人”前面没有如英语中定冠词“the”的现象称为“没有指称成分”，那是不是“宰”没有像英语那样有时态的标记，汉语无法体现时态的变化呢？实际上，这样的误解是因为萨丕尔虽然在书中提到 60 多种语言作为例证，但并非对每种语言都掌握得十分透彻。“人宰鸭子”并非是地道的汉语，按照格莱斯的合作原则，中国人为了使交流顺畅，交流时也需要说清楚到底哪个人，宰哪只鸭子，以及将要宰、还是宰了，或是正在宰。因此，萨丕尔在运用汉语例子论述时，缺乏对这种语言的深刻认识。

4. 结语

综上所述，萨丕尔的语言观是建立在博厄斯、洪堡特和克罗齐三位大师的思想基础之上，始终强调语言的社会性和心理特征，比布龙菲尔德只强调研究语言结构系统的语言观更加全面，在美国语言学界起着一种平衡作用；他关于语言和思维的论述，并非像一些学者评述的那样，过于极端，忽视人类思维的影响，因此他后期的语言相关论，虽然备受争议，但不是出自萨丕尔的语言观。当然，萨丕尔的论述也有不恰当之处，不过瑕不掩瑜，《语言论》一书在语言学史上的贡献是不能抹杀的。

第四节　从社会语言学读经典文学名著

一、《傲慢与偏见》

《傲慢与偏见》是英国女作家简·奥斯汀的著名代表作，这部作品以爱情和婚姻为主题，以讽刺为基调，用女性特有的视角深入地进行心理剖析，成功地再现了 18 世纪末至 19 世纪初英国乡村中产阶级闲适的生活，凭借平凡生活中的人物对话，剖析出不同人物语言背后的爱情和婚姻观。

合作原则是美国哲学家格赖斯于1967年在哈佛大学的演讲中首次提出的。格赖斯认为，当人们进行交流时，为使谈话顺利进行，都遵守一种心照不宣的协议，他称之为合作原则，其下分为4个准则：

(1) 量准则，交谈中应提出适量的信息，不多也不少。

(2) 质准则，只提供你认为是真实的、有充分依据的信息。

(3) 关系准则，谈话内容应与话题有关。

(4) 方式准则，传递信息的方式要清晰、简练、有序。不过在交际中，说话人并非时刻遵守原则，有时为了传递会话含义，使听话人明白另有用意，会违背、利用或放弃原则。因此，人们的交际行为实际上是在遵守、利用准则与违反准则这几个层次上进行的。从会话含义在书中角色之间的巧妙运用，可以看出简• 奥斯汀对会话的哲学掌握到了炉火纯青的程度。可见，本书在格赖斯合作原则的框架下，解读贝书中四对男女的四种婚姻观，是有一定理论依据的。

(一) 贝内特夫妇的婚姻观

在《傲慢与偏见》开篇第一章，贝内特先生与太太的对话就违背了“关系准则”与“量准则”。贝内特太太急于把内瑟菲尔德庄园租出去的消息告诉贝内特先生，可他却不紧不慌。“难道你不想知道是谁租去的吗?”太太不耐烦地嘘道。“既然你想告诉我，我听听也无妨。”贝内特太太急于想知道贝内特先生是否想知道这个消息，然而贝内特先生却不做相关回答，不说想不想，而说“你想告诉我”就说吧。“听听也无妨”。显然，贝内特先生违背了“关系准则”。不过有趣的是，即使贝内特太太得到这样的回答，她依然饶有兴致、滔滔不绝地讲下去。在提供恰当的信息“单身”后，她又提供了许多额外的信息：一个有钱人，每年四五千英镑的收入。所以不难看出，贝内特太太违反了“量准则”——不要使你的话语比所要求的信息更充分。她这样喋喋不休目的在于向贝内特先生暗示这是一位非常好的女婿的人选。小说第二章中，当贝内特先生有意隐瞒寻求最佳效果向全家人披露他访问了宾利先生这一重大新闻时，贝内特太太的一番话可说是违反“关系准则”的绝好例子。贝内特太太训斥女儿的话与正在谈论的话题毫不相关，显然破坏了“关系准则”，但会话照常进行，合作原则在更深的层次上得到遵守。

通过这两段对话，明显可以看出贝内特贝内先生和太太是两种不同类型的人。贝内特先生是一位有见识、镇定、幽默，有涵养的男人，而贝内特太太则是一位头脑简单、急功近利、愚蠢庸俗的女人。贝内特夫妇的婚姻可以说是18～19 世纪英国中产阶级阶层传统婚姻的一个缩影，讲究门当户对，尽职尽责地维护着家庭成员的利益，但是夫妻双方缺乏情感与个性的直接交流。因此，贝内特夫妇的婚姻是那个时代功利婚姻的产物。

（二）科林斯与夏洛蒂的婚姻观

我们首先看一段伊丽莎白与夏洛蒂的对话，当夏洛蒂提及她的婚姻观："Happiness in marriage is entirely matter of chance." 伊丽莎白反对她说："You make me laugh." 此时，伊丽莎白的回答明显违反了合作原则中的"关系准则"。她没有对夏洛蒂说的话做正面回应。但是，伊丽莎白对夏洛蒂婚姻观"婚姻幸福是靠机缘的"显然不赞成。

小说中科林斯的装腔作势、平庸和愚蠢可谓被作者刻画得淋漓尽致，尤其是在第十九章中柯林斯向伊丽莎白求婚陈述的三大理由："第一，我认为凡是像我这样生活宽裕的牧师，理当给全教区树立一个婚姻的好榜样；其次，我深信，结婚会大大增加我的幸福；第三，(这一点我或许应该早一点提出来) 我三生有幸，能够等候上这样一个高贵的女施主，他特别劝告我结婚，特别赞成我结婚……"严重违反了"方式准则"，而且反复破坏了"量准则"和"质准则"。很难想象一个人求婚，还能拐弯抹角提供那么多无关紧要的信息，在近乎独白的陈词中，刻意强调"有幸能得到一个高贵的女施主的劝告"，更加使读者对于这个满口仁义道德实际上卑躬屈膝的奴才相有进一步的了解。

可见，对于科林斯与夏洛蒂的结合，一方面是夏洛蒂在伊丽莎白拒绝科林斯求婚后，抓住了这个机缘，虽然没有感情基础，但拥有了不菲的身家和财产；另一方面，科林斯认为夏洛蒂符合了他结婚的条件，于是二人一拍即合。因此，他们的婚姻是一种经过理智思考双方条件，金钱至上的拜金主义婚姻。

（三）威克姆与莉迪娅的婚姻观

威克姆是一个风流倜傥、善于欺诈的军官。《傲慢与偏见》中男女主人公矛盾冲突的关键在一定程度上是伊丽莎白在舞会上轻信了威克姆对达西的诋毁，因为威克姆故意漏掉了关键信息，没有讲他如何为了得到达西妹妹的财产，企图诱拐她私奔等真话。显然，威克姆对达西的诽谤严重违背了“质原则”，使伊丽莎白对达西的误解加深了。不过，当一切真相大白后，伊丽莎白也以聪明诙谐反击了威克姆，进一步揭露了他的厚颜无耻与堕落。在第 52 章中，当威克姆提及达西的妹妹时，“我真觉得她没有什么出息。你喜欢她，我很高兴。但愿她能够改好得象个人样。”伊丽莎白实在无法忍受，讽刺道 “她一定是已经过了容易闯祸的年龄了”，明显在暗指达西小姐被威克姆诱拐一事，违反了“质准则”产生言外之意，表达与语言形式相反或相关的内容。

莉迪娅是伊丽莎白最小的妹妹，她与不负责任的威克姆私奔了，使贝纳特全家蒙羞。多亏达西秘密安排才替他们补办了结婚仪式。可当威克姆与莉迪娅以新婚夫妇的身份到贝内特家时，竟然自我感觉良好，没有丝毫不安或羞愧感，尤其是莉迪娅：“我们整个冬天都住在纽卡斯尔，那儿一定有很多舞会，而且我一定负责给姐妹们找到很好的舞伴。”伊丽莎白连忙说，“谢谢你的关怀。”显然，伊丽莎白违反了“质准则”，在批评了莉迪娅的不道德行为后，“谢谢”充满了挖苦与轻视的口吻。

威克姆与莉迪娅的结合是建立在忽视道德的情欲婚姻基础上的。莉迪娅头脑简单、爱慕虚荣；威克姆是个金絮其外败絮其中的伪君子，一个为了金钱和享乐不择手段的流氓。他们的婚姻缺乏真诚与感情，没有生活保障与幸福，只是为了追求一时的快乐与情欲，游戏人生的荒谬婚姻观根本不可能美满永久。

(四) 达西与伊丽莎白的婚姻观

伊丽莎白和达西这一对在门第和财产地位上不平等的恋人，能最终结为眷属，吸引对方的是彼此的品德和才能，而不是金钱。达西举止优雅、有钱有势，但他傲慢冷漠，总是以挑剔的目光看待每一个人。当达西和伊丽莎白第一次见面的时候，彬格莱被简的美貌所吸引，对简评价非常高:“我从来没有见过这么美丽的一个尤物。”这句评价违背了量和质准则，但是表达了他对简的喜欢。而相反地，达西对伊丽莎白的评价则故意挑剔贬低了伊丽莎白的容貌，只说了句:“她长得还算可以，但并不真漂亮，叫我动不了心。”显然是一种对“量准则”的违背。

伊丽莎白直爽开朗又聪明狡黠。在第 18 章，由于在舞会前听了威克姆对达西的诽谤，加上达西在第一次舞会的表现，伊丽莎白对达西的误解加深了。她利用反语、隐语等修辞方法故意违反“质准则”，如在与达西跳舞时，故意逼他说话，说“为了某人着想”。显然，伊丽莎白是在揶揄达西的傲慢，跳舞时也不忘摆架子，以达到嘲讽达西的目的。小说的高潮是在达西被伊丽莎白的机灵的头脑与诙谐的头脑吸引，向她求婚，伊丽莎白却运用反语与反问，违反了“质准则”谴责达西的“仁慈”与“热切关心”，断然拒绝求婚。

伊丽莎白和达西的婚姻是作者竭力称颂的完美婚姻。两个人的爱并非由各自的外表而产生，而是在逐步交往中，经历一系列事情让彼此互相了解，两人最终也因互相爱慕、互相吸引、互相尊重而完美结合。这是小说中唯一的一对为了真爱而结婚并最终找到幸福的情侣。他们的爱情和婚姻体现了作者与当时时代完全不同的婚姻观念。从这一点上看，奥斯汀还是有一定的现代意识的，她的观点远远超越了她所处时代对爱情和婚姻的理解，她的婚姻观与现代的十分接近。

(五) 结语

通过对《傲慢与偏见》中人物的对话的分析，我们发现简·奥斯丁在创作人物语言时有意违反合作原则，产生了特殊的会话含义。这些会话含义一方面体现了在特定环境下小说人物想要传达的真正意图，另一方面作家简·奥斯汀通过描写四种不同的婚姻，帮助读者揭示了婚姻的真谛，具有一定的现实意义。婚姻不应建立在美貌、金钱、情欲的基础上，牢固的爱情与真挚的情感相通才是婚姻的基础，才是真正美满婚姻的依据。

二、《简·爱》和《蝴蝶梦》

“哥特式”小说是18世纪末出现的一种新的文学体裁，这类小说的故事情节通常以一个哥特式的城堡为背景，充斥着恐怖、谋杀、暴力、复仇、鬼魂、悬念甚至超自然现象。“女性哥特式”这一概念源自1974年美国女作家埃伦·莫尔斯(Ellen Mores) 发表的《女文人》(Literary Women) 。她对这一概念的解释为：“女作家用文学形式书写自18世纪以来被称为哥特式的作品。”此后，女性主义批评家意识到性别在哥特小说中的重要性，同时也对女性哥特写作及其特点不断进行争论。从本质上讲，哥特式小说、女性哥特式小说在形式、结构、主题方面区别不大，二者均致力于描写神秘、诡异、阴森、暴力之事件，营造令人沮丧、恐怖之氛围，达到一种使读者毛骨悚然的表现效果。不过，“女性哥特式”小说的情节更多围绕女主人公逐步揭开男性社会向她隐藏的秘密展开，尤其是女主人公如何试图逃离封闭空间所做的努力，最后多以皆大欢喜的完满结局落幕。在叙事技巧方面，女性哥特小说更注重渲染恐惧的气氛，常常对文本中出现的超自然现象予以解释。此外，女性哥特式更表达了女性对男权社会的不满，通过阐述她们对生活的幻想以及自身性别身份的焦虑，表现了她们向男权社会抗争的决心。

对于达夫妮·杜穆里埃的《蝴蝶梦》和夏洛蒂·勃朗特的《简·爱》，很多学者已经作了系统的探讨，有些专家甚至认为《蝴蝶梦》是对《简·爱》的模仿。这两位著名的英国女作家的作品之间确实有很多相似之处：如叙述视角、故事情节、语言特点、社会状况等。本书将运用女性哥特小说理论，把这两部作品放在女性哥特小说的视角下进行对比解读，从而提高对此类文学作品的鉴赏能力。

（一）《简·爱》和《蝴蝶梦》的哥特式元素

1．神秘的哥特式庄园

神秘的古城堡是英国哥特式小说的一大特色。之所以很多英国人仍旧住在古老的房子里，是因为英国政府规定房屋要 50 年以上才可以拆迁，因此，英国住宅的古老也给人们的生活蒙上神秘色彩。这两位女作家都曾住在这样的建筑物中，哥特式庄园带来的神秘给她们的写作增添了切身的感受。《简·爱》和《蝴蝶梦》两部作品的故事情节都发生在哥特式的大庄园里：罗切斯特先生的桑菲尔德庄园和麦克西姆的曼陀丽庄。桑菲尔德庄园的大房子被描述成了一座古堡、教堂或墓穴似的建筑：“楼梯和通向各个卧室的长过道，都像是教堂里的，而不像是住家房子里的。一种阴森森的、地下墓穴般的气氛笼罩着楼梯和过道，使人不愉快地联想起空旷和孤寂。”“(过道) 又窄又低又暗，只在远远的一头有一扇小窗子，两边的两排小黑门全部关着，看上去就象是蓝胡子城堡里的走廊一样。”由此可见，夏洛蒂·勃朗特的描述使桑菲尔德庄园披上了一层神秘的哥特式外衣，渲染了一种阴沉、孤寂、吓人的基调，向读者预示着这里将有着不可告人的秘密和潜在的恐怖。《蝴蝶梦》中开头的对梦中的曼陀丽的描写“昨晚，我梦见自己又回到了曼陀丽庄园……一朵乌云已经遮没了月亮。乌云有好一阵子徘徊不去，就像一只黑手遮住了脸庞。顿时，我消失了，窗户的灯光也一起熄灭。我面前的屋子终于又成荒凉空壳，没有灵魂，也无人进出……曼陀丽是座坟墓，我们的恐惧和苦难都深埋在它的废墟之中。”这样的开局从一开始就给读者带来一种压抑和阴暗的气氛，不难看出作者力图营造出一种神秘的氛围，在这种神秘氛围的笼罩下，人物命运扑朔迷离，故事情节跌宕起伏，这样的哥特式描写使读者一下子陷入对曼陀丽庄园的幻想、神秘，阴冷、萧瑟、幽深又有些恐怖，同时也衬托出了女主人公的胆怯、压抑、焦虑和彷徨。

2．男主人公隐藏的秘密

在情节方面，女性哥特的主题之一就是女主人公试图揭开男性社会向她隐藏的秘密。在《简・爱》中，简爱一直被桑菲尔德庄园“奇怪的笑声”以及男主人公古怪行为所困扰，感到焦虑。“……我问自己为什么不呢？究竟是什么让他——罗切斯特远离这栋房子呢？为什么总是匆匆离开呢？……这里的夜似乎非常的黑，我感到压抑……我听到一声尖叫，恐惧让人战栗…我叫道‘谁在那里？’”“夜如此的静，一声恐惧刺耳的声音传遍了整个桑菲尔德庄园……声音来自第三层，越过头顶，令人窒息——救命！救命！救命！“显然，男主人公隐藏的家族秘密，让人匪夷所思，这在推动情节的发展上，增添了故事的神秘色彩。在《蝴蝶梦》中，最大的秘密就是吕蓓卡。故事的叙述者“我”、男主人公的第二任妻子始终被吕蓓卡所困扰，努力想要解开在她身上的谜团，而男主人公迈克西姆的许多行为都充满疑惑。小说前部出现的一首诗就是一个重要的暗示，为什么迈克西姆总是读这首诗？这其中究竟隐藏了怎样的玄机？他感觉到什么了吗？迈克西姆初次出现在蒙地卡洛时，他并不愿意谈及曼德利或他的亡妻。当范・霍珀太太对曼德利赞不绝口的时候，迈克西姆眉头微微皱起，显然沉默完全是出于痛苦，那么在他内心到底隐藏了怎样的秘密？迈克西姆为什么一直对吕蓓卡之死讳莫如深？在一步一步揭开吕蓓卡神秘面纱的过程中，“我”也逐渐从被动天真地旁观转变为积极地寻找谜底。

3．第一人称的叙事手法

这两部作品采用的第一人称叙事手法也体现了女性哥特式的特点。从主人公的内心出发形成一条情感主线，通过“我”的眼睛，营造一个给读者讲故事的环境，使读者与主人公直接产生情感交流，直视主人公的内心世界，避免了由于其他人称叙述造成的读者与作品之间的隔阂。此外，这种手法的作品在叙述的过程中由于只以“我”为叙述焦点，是一种限知限觉的叙事视角，一些关键性情节只要“我”不知道就不必做出交代，这样自然会引起悬念，营造神秘氛围。例如，《简·爱》中“我”对罗切斯特前妻的一无所知，使读者和“我”一样被排除在事件真相之外。再如，简到了桑菲尔德庄园后，仆人的举动、疯女人的吼叫、房间的异火、梅森的受伤等都像谜团一样摆在面前；“我”觉得自己爱上了罗切斯特先生，但在与英格拉姆小姐容貌的对比时，又产生了自惭形秽的矛盾心理。这一切只能使得读者和“我”一起步步深入探寻故事的真相。《蝴蝶梦》也采取了第一人称的叙述方式，自卑而羞涩的“我”时时感觉到吕蓓卡似乎音容犹在，吕蓓卡的签名屡次出现，男主人公刻意回避吕蓓卡死亡这个话题，尤其是鬼魂似的丹佛斯太太对“我”的种种奇怪举动，海边诡秘的小屋，说话莫名其妙让人费解又似有所指的贝恩，幽暗、虚幻而阴森的西厢房，已死去一年却阴魂飘荡、无时不有、无处不在的吕蓓卡，所有这些都让读者感到曼陀丽的阴森与恐怖。这一切在“我”的内心留下了阴影，用第一人称的限制性叙述封住了读者的视野，使作品的悬念情节迭起，产生神秘感。

4. 诡异的超自然现象

两部作品均对超自然的、超乎想象的现象进行了描绘。《简·爱》的超自然现象主要体现在简听到了两次“召唤”。第一次是当简爱与罗彻斯特的婚礼被迫中止时，简正处于在保持人格尊严与充当所爱的人的情妇中煎熬，这时她突然听到她那逝去的母亲的召唤，“我梦见我躺在盖茨海德的红屋子里，夜一片漆黑，我心里有着各种奇奇怪怪的恐惧。……对我的心灵说话；声调远不可测，却又如此之近，就在我的心里低语：‘我的女儿，逃避诱惑吧。’”这一次是处在保持自己的人格尊严还是充当自己所爱的人的情妇的矛盾中，简听从了母亲的召唤，选择了尊严。第二次是当圣约翰·里弗斯坚持要求简与他结婚并一起到印度传教之后的那天晚上，简爱感到孤独无助，听到了罗彻斯特的呼唤，“它狂野地、凄惨地、急迫地从痛苦和悲哀中发出来。”第二次是简处在保持自己的人格独立还是受制于人的矛盾中，她听到了爱情的呼唤，选择了独立。这两次召唤都是简在与父权制展开控制与反控制的斗争中听到的，最终简从孤独和无助中解脱出来，收获了属于自己独立而有尊严的爱情。《蝴蝶梦》中超自然的现象则体现在“我”的梦境中，如女主人公“我”常常在夜里乱梦颠倒和在白天出现幻觉。“我”梦到迈克西姆和“我”一起在树林里穿行，迈克西姆始终走在“我”

前面。“我”看不清他的脸，只见他一直在前面昂首阔步，“我”怎么赶也赶不上。女性哥特式小说对于超自然现象进行解释，没有像男性哥特小说那样将其视为实实在在的存在。在该小说中，吕蓓卡的死无所不在，与其说是一个鬼魂还不如说是被刻画为扎根于每个人物心中的记忆。

(二)《简·爱》和《蝴蝶梦》中女权意识的抗争

这两部作品都可以找到“女权主义”的痕迹，但对妇女独立这一主题的表现手法是截然不同的。在《简·爱》这部作品里，作者是通过简自身不懈的努力，由弱者变为强者逐渐变得成熟、逐渐要求与男性同等地位的这一过程来体现的。简爱的一生根据其生存环境的不同可以分为四个阶段：

(1) 在盖茨海德，简在精神与心灵上备受折磨，尤其是里德先生的死，是简爱开始反抗的导火索，使简从习惯的生活中出逃。

(2) 罗伍德的贫困生活加上直视海伦的死亡，使简学会了无畏，这一次的反抗更拥有一种自主意识——应当到更大的世界里寻找自己的价值。这样一种主动的反抗正是女权主义极力提倡的。

(3) 在桑菲尔德，简遇到了她所爱的男人，与罗切斯特相爱的过程中，简追求的是一种平等自由的爱情。简的第三次反抗本身是出于渴望自由而平等的爱，是真正建立在理性思维基础之上的。由于简身上的自卑使得其在与罗彻斯特的交往过程中总是带着一些不平等的成分，而伯莎的遭遇唤醒了简的焦虑，简最终决定反抗当时的不平等父权，离开了桑菲尔德。

(4) 在惠特克劳斯，面对圣·约翰的求婚，简逃走了。这一次的逃走不仅意味着简对宗教的反抗，还包括对传统爱情观念的反抗。最终听到了罗切斯特的召唤，简回到了桑菲尔德，在追求真爱与自由的抗争中取得了女权意识的胜利。而《蝴蝶梦》中一直隐藏的“吕蓓卡”通常被看作是英国上层社会中享乐至上、尔虞我诈、穷奢极侈等恶习的典型代表。但换一个角度来看，吕蓓卡其实是一个美丽、精明、干练、独立意识很强的女性，她经常驾轻舟、驭骏马；她充分认识到自己的特质，发挥自己独特的才干，蔑视以男性为中心的社会。如果说《简·爱》的诞生与当时英国女权主义运动密切相关，那么英国女作家的达夫妮·杜穆里埃能在一百年后塑造一个具有强烈女权意识的吕蓓卡，是非常成功的。吕蓓卡女权意识不仅仅是与男性争取同等的权力与地位，而是要成功担当起男人的社会角色。因此，《蝴蝶梦》塑造的“新女性”形象，表达了对男性控制下的女性生活模式的不满和挑战以及对女性追逐爱情权利和自由的支持和捍卫。

（三）结语

本书通过从女性哥特式视角对这两部作品进行解读，不难得出以下结论：《简·爱》与《蝴蝶梦》是英国女性哥特式小说中的成功典范，每部作品都有各自鲜明的特点。《简·爱》没有简单地延续传统哥特式的写作风格，而是从女性细腻的叙事视角出发，借助哥特式的表现元素，将女性在婚姻关系中始终处于从属地位这一社会问题公告于天下，让读者在感受哥特式恐惧的壮美之余，从简勇于追求平等、自由、独立与幸福的旅程中得到启示。《蝴蝶梦》在讲哥特式的悬念故事的同时，塑造了一位不安于充当客体角色的吕蓓卡，她的所作所为彻底颠覆了父权文化，挑战了丈夫的主体地位。可见，达夫妮·杜穆里埃是在借助吕蓓卡来体现自己的女权主义主张，实现自己的理想。

三、《红与黑》

《红与黑》是法国 19 世纪小说家司汤达的一部批判现实主义作品，曾被誉为是西方的“红学”，一直是众多读者和文学评论家关注与研究的焦点。《红与黑》中男主人公于连的很多行为颇令人费解，如他与大他十多岁的贵妇德·瑞那夫人的情感纠葛，是恋情还是亲情？作家之所以能塑造出这样一个情感取向的人物形象，原因何在？本书从司汤达的俄狄浦斯情结切入，多层次、多角度的解读为文学作品人物的怪诞行为作出了理性的解释。

（一）“俄狄浦斯情结”的含义

20 世纪著名思想家弗洛伊德，形成了一套完整的精神分析理论，这一理论主要建立在泛性欲学说的基础上，俄狄浦斯情结(Oedipus Complex) 正是弗洛伊德性欲理论的核心。他把人类的无意识行为归结为人的性本能，即“力比多”(libido) ，这是人类一切活动的真正原动力。弗洛伊德认为正是“力比多”使男孩到青春期后依恋自己母亲，在潜意识中将母亲看作自己的性对象，而与之相对应的是在潜意识中对父亲的仇恨，将父亲视为自己同母亲亲密关系的障碍。根据弗洛伊德潜意识和性欲的理论，人们借用希腊俄狄浦斯杀父娶母的悲剧故事将这种恋母情结称之为“俄狄甫斯情结”。正常男孩会随着年龄的增长，以及母亲的警告和父亲的权威，“俄狄甫斯情结”渐渐地消减，转而在现实中去寻求新的性选择对象。然而，对于司汤达，不幸的家庭生活经历和青少年时期接受的启蒙思想导致了他无意识地产生“俄狄浦斯情结”，并在创作《红与黑》时，把自己对梅蒂尔达爱情的渴望映射到于连对德·瑞那夫人的迷恋。因此，文学作品在一定程度上是作者内心的刻画与表现，甚至作品中的人物就是作者本人的自我镜像与映射。

（二）作者的不幸童年是于连“俄狄浦斯情结”产生的根源

司汤达不幸的童年生活及长期的精神压抑致使其产生俄狄浦斯情结，主要表现为两方面。一方面，父亲的压制与束缚。司汤达出生于法国的一个律师家庭，父亲思想守旧、顽固，在他七岁母亲去世以后，父亲便将他托付给一个专横暴戾的家庭教师(神父) 管教，司汤达称他为暴君、伪君子。司汤达也憎恨他的父亲反动、顽固、自私和贪财，因为父亲和家庭教师一样，一心想将他培养成保皇党人和天主教徒。因此，成长过程中的司汤达备受他们的虐待与压制，潜意识中产生了一种敌对情绪并形成独立反叛的个性。另一方面，母爱的缺失。司汤达的母亲是意大利人，美丽、善良、热情、思想开明，多才多艺。司汤达非常迷恋母亲，甚至达到变态的程度。不幸的是，母亲很早过世，致使他童年时母爱缺失，即拉康所谓的“原始缺失”。由于“缺失”造成的欲望主体使他在情感追求时，通常会在潜意识中把他碰到的第一个女子认定为母亲形象的替代物，使回归母体的欲望暂时得到满足。 正是这种不幸的童年，使司汤达的俄狄浦斯情结在作品《红与黑》中，鲜明地反映在于连的身上。司汤达塑造的男主人公于连，也是从小缺乏母爱，在没有姐妹的环境之中长大，哥哥们常常欺负他，父亲常常训斥他，形成了一个不健全的性格。根据弗洛伊德精神理论，如果一个人的俄狄浦斯情结无法在家庭生活中获得满足，那么他就会千方百计逃离自己的家庭，到外面寻求解脱。于是，于连比正常人更渴望投入女性的怀抱，得到女性的温存和爱抚。因此，司汤达的苦难童年经历造就了其作品中于连俄狄浦斯情结形成的主要根源。

（三）作者接受的启蒙思想是于连“俄狄浦斯情结”产生的主要原因

司汤达的母亲过早去世，他备受父亲和神父家庭教师的精神虐待与折磨，以及兄弟的欺凌，内心情感得不到满足。在外祖父的影响下，司汤达培养了对启蒙思想的爱好和对文学的兴趣。从书中，他感知到了伟人对爱情的狂热。司汤达对卢梭尤为崇敬，把他视为“思想最高尚、才能最伟大的人物”。而卢梭的华伦夫人，既是做过卢梭养母的女人，又是他的爱人。司汤达对拿破仑始终钦佩有加，视为英雄，并为其写过传记。他评价说：“这个伟人有他敢作敢为的气魄；他成功了；但是由于追慕表面的荣华和富丽的宫廷生活，他欺骗了民族，他自己也垮了台。”拿破仑的妻子约瑟芬是一位大他六岁的漂亮贵妇。书读得越多，司汤达潜意识的“俄狄浦斯情结”越严重，也更加意识到只有具备母亲形象的女人才能给予自己缺失的母爱。因此，《红与黑》中，司汤达不留痕迹地把对启蒙思想家狂热爱恋的渴望与追求映射到主人公于连的情感取向上。约瑟夫森曾说，于连是戴着面具的司汤达。司汤达将启蒙思想对自身的影响完全映射到于连这个人物的塑造上。于连读过卢梭的《忏悔录》，受到启蒙思想的熏陶。他把拿破仑奉为神明，梦想追随这位伟人去建功立业，最终穿上将军服。但拿破仑的垮台堵死了这条飞黄腾达的路。启蒙思想使于连渴望成功，用辉煌的壮举赢得巴黎漂亮贵妇的青睐。因此，启蒙思想是导致于连产生“俄狄浦斯情结”的主要原因。他试图通过征服世界来满足他心理上的原始缺失和对爱与性欲的需求。

（四）作者的爱情经历是于连“俄狄浦斯情结”的直接映射

由于母亲的原因，司汤达十分迷恋意大利女人，一生中有过三段恋情。每位与他相恋的女人年龄都比他大，都有一双与他母亲一样的大眼睛且拥有高贵的气质。其中，梅蒂尔达·维斯孔蒂尼伯爵夫人是司汤达生命中爱得最深的女人。在与司汤达交往的过程中，她始终高贵，坚守内心的情感，令人敬重。司汤达无法抵御她的美貌与纯洁高贵的魅力。当他向她表白爱意时，一时冲动抓住了她的手，在上面印下了炽热的吻，梅蒂尔达产生了厌恶情绪，极其冷淡地请他离开。这使司汤达陷入极大痛苦之中，甚至想到过死。因此，司汤达将对梅蒂尔达的渴望升华为于连对德・瑞那夫人的迷恋。可以说，德・瑞那夫人是梅蒂尔达在司汤达作品中的完美映射。司汤达在《红与黑》中至少有12次关于于连思念德・瑞那夫人手的情节，而于连同巴黎最美丽的德・拉莫尔小姐的交往中，却没有关于他喜欢的德・拉莫尔小姐的手的描写，只提到她美丽的双眼和双肩。可见，于连的“俄狄浦斯情结”是通过迷恋德・瑞那夫人的手而显示出来的。于连亲吻德・瑞那夫人的手，一方面是出于自我征服的需要，另一方面则是对于母亲的手的向往，德・瑞那夫人的手是对童年时代母爱情愫的一种回放体验，是一种温暖和呵护，于连需要真实地感知母爱，抓住母爱。从第一次于连见到光彩夺目的德・瑞那夫人为其妩媚的目光，惊艳的美貌和温柔的声音所吸引，到最后于连因为得知德・瑞那夫人写信揭发两人的关系而对她开枪，都是司汤达强烈的“俄狄浦斯情结”在作品中的直接映射。司汤达所描写的于连与德・瑞那夫人的爱情是纯洁的、平等的、真诚的。“俄狄浦斯情结”浓烈的人绝不会容许母亲一样的恋人背叛自己，玷污纯洁而高尚的爱情，更不容许母亲一样的形象被破坏摧毁。因此，司汤达在作品中让于连选择死亡，选择回归母爱，使“俄狄浦斯情结”完美地贯彻始终。

（五）结语

司汤达由于不幸的童年经历和启蒙思想的影响，有严重的“俄狄浦斯情结”，长期被压抑在潜意识中，在现实生活中得不到合理的释放。因此，司汤达在创作《红与黑》时，将本人的生活经历、情感追求与作品中于连的形象结合起来加以塑造，可以看出于连性格中的“俄狄浦斯情结”正是司汤达内心情感的宣泄与补偿。本书通过对司汤达的“俄狄浦斯情结”在《红与黑》中的映射研究，旨在帮助读者更深入的鉴赏这部文学巨著中不朽人物性格和故事情节的合理发展。

第五节　从社会语言学看二语习得假设

（一）功能假说研究

1．研究背景

近一个世纪以来，语言学家们对影响语言变异的因素提出了不同的理论依据。其中，功能假说具有较大的影响。代表人物主要是 Kiparsky(1972) ，Littlewood(1981) 和 Young(1993) 。Kiparsky(1972) 的功能假说认为，语义上相关的冗长信息倾向于被说话者保留在句子结构中，也就是说复数修饰语为冗余信息，因其表达的复数概念相对于复数标记是多余的，因此被冗余复数信息修饰的名词相对于没有被此信息修饰的名词更倾向于不被标记。Littlewood(1981) 也曾提出“功能假说”的概念，不过只具有指称意义，表达上并不直接(Young，1993：94) 。Young(1993) 在《中介语形态变异的功能制约》一文中指出“功能假说预测：当某些语义信息缺失，语法的制约功能将防止语言的某些成分删除。”基于这一假说，Young(1993) 具体提出，没有时间状语的过去式语境比有时间状语的过去式语境更容易出现过去时标记。

功能假说的争议主要分为两大阵营，正方支持功能假说，并提供了相应的实证研究；反方反对这一假说并提供了相对复杂的结果。研究的焦点主要集中在修饰语(如数词、量词、指示代词等的名词修饰语、时间状语等)是否与某些语法形式的正确习得有关联。

2. 文献回顾

在以往对中介语的研究中，Terrell(1979) 的研究结果支持功能假说：在古巴西班牙语中，当名词有表达复数概念的形容词修饰时，复数标记更有可能被省略。Poplack(1980) 对波多黎各西班牙语的研究得出了既支持又反驳功能假说的结果，即省略复数标记避免信息冗余和复数信息存在导致复数标记的两种倾向均存在。Poplack(1980) 对此总结说，功能假说不足以用来解释西班牙语中复杂的复数标记省略现象。Hundley (1987) 和 Ranson(1993) 的研究均证实了 Poplack 的观点，其结果表明复数标记的省略受词性、语义、句法和文化等一系列因素的影响。Oggs 等人(2006) 考察了留美不同母语成人受试的书面语料，结果发现：冗余复数信息缺失促进复数标记。对受试中台湾学生的分析发现，虽然冗余复数信息没有显著作用，但没有被复数信息修饰的名词更容易被标记。不过因为台湾受试人数(5 人)太少，所以此结果不足以用来反驳反对功能假说的质疑。最新的研究(Lipski，2010) 也表明，西班牙语方言中复数标记缺失与功能因素无关，而可能是从中介语到目标语发展过程中的产物。国内相关研究中，姜德杰、尹洪山(2010)发现修饰名词的形容词抑制复数标记，但对包括冗长复数信息在内的多重因素仍需进行定量分析，而且仅凭研究复数标记也不能全面证实功能假说地真伪。

反对功能假说的阵营中，Ho(1981) 对新加坡英语和 Budge(1989) 对香港英语口语语料的研究都发现，受试倾向于对有复数修饰语的名词进行复数标记。但 Budge 把此结果归因于受试背景语言汉语的影响，即汉语通常使用量词和数词等复数修饰语而非复数标记来表示复数，复数修饰语所传递的复数信息会促使说话人对英语复数形式进行标记。的确，这也验证了受试的中介语变异受母语的影响。最早对中介语复数标记变异进行定量分析的是 Young(1988，1991，1993) 。他比较了母语为汉语者和捷克及斯洛伐克语者的英语口语中介语复数标记的省略现象，发现：

(1) 多个因素组对复数标记省略有显著影响。

(2) 功能因素对不同母语受试中的低水平组的复数标记有非常显著的影响。虽然 Young(1993) 总结了功能假说，但实验结果却与功能假说相反，即复数修饰语的存在促进复数标记，而缺失则导致零标记(zero plurals) 。此外，Young(1988，1991) 对留美汉语者的研究发现，数词和指示代词对高低水平组受试的复数标记都有很强的促进作用，此结果为 Budge(1989) 模式提供了有力的证据。Hu(2007) 对留美中国学生的研究同样发现，多个因素组具有显著影响；冗余复数信息中的量词、指示代词和数词是很强的促进因素。但是，冗余复数信息的缺失也促进复数标记，这一结果虽然部分证实了功能假说，但也显示出复数标记变异具有系统性和规律性，受多重语言因素的影响。同样，国内学者杨燕锋(2007) 的研究结果也只是基本支持功能假设，他曾对口语叙述文中时间状语对一般过去时使用的影响做过相关研究。结果表明，时间状语的存在与否对一般过去时变异没有显著影响，但不同类型的时间状语对一般过去时变异具有显著影响，不过这一结果证明了时间状语在形态变化阶段起辅助和提示作用。

3．研究前景

上述研究主要通过考察复数标记缺失这一目标语变异形式验证功能假说的真伪，实验设计过于单一，因为只有同时考虑其他可能的中介语变异形式才能从整体上把握这一假说。其次，现有的研究主要基于口语语料，对书面语语料的研究甚少；而对中国二语习得者来说，书面输出是比口语输出更为常用的方式，而且对最具有代表性的中国内地的英语学习者进行的研究尚不多见。国内的相关研究主要侧重于英语水平和汉语负迁移对复数标记习得的影响(杨洪娟，2006；孟丽君、刘景霞，2009) 。姜德杰、尹洪山(2010) 发现修饰名词的形容词抑制复数标记，但是该研究并没有对其他多重因素进行定量分析。第三，以往研究只对各因素的独立影响进行了考察，而对因素间的交互作用没有做进一步的探讨。如设计实验和分析实验结果时也需考虑到受试的母语和目标语的差异，根据回避(avoidance) 现象(Gass & Selinker，2001) ，二语习得者会视母语和二语的同异选择性地使用目标语，因此受试通常避免使用复数标记-es，而使用零标记名词，这一心理倾向往往影响了实验的效度。第四，有些研究的受试或来自同一学校，或样本数量太少，其个体差异性受一定限制。今后的实验设计还应涉及语料库的相关研究，便于考察范围更广、语言水平差异更大的受试。

(二) 频率假设研究

1. 研究背景

在语言学中，频率既可以指语言特征的分布规律，也可以是个体接触语言的经历(Harrington & Dennis，2002) 。频率假设(frequency hypothesis) 是 Hatch 和 Wagner-Gough (1976) 首先提出的。该假设认为：学习者习得语言的先后顺序取决于该语言成分在输入中出现频率的高低。由于这一假设的提出，正处于乔姆斯基语言天赋论的兴起时期，所以强调频率及练习在语言学习中作用的学习理论并没有引起人们的足够重视。一直到 Ellis(2002) 提出的基于频率的二语习得观，才进一步发展了 Hatch 和 Wagner-Gough(1976) 的频率假设。他认为频率是语言习得的决定因素，人们对不同层次语言现象的处理和加工都依赖于语言分布的频率。Ellis 的观点引发了国内外专家对频率作用的广泛争论，使频率在二语习得中的作用再次成为二语习得研究者们关注的焦点。本书试图对近年来国内外学者有关频率与第二语言习得研究情况做一些综合性的介绍和评论。

2. 国内研究综述

近年来国内有关频率假设的讨论主要分为理论和实证研究两方面。

理论研究方面，文秋芳(2003) 认为，频率只是语言输入所需具备的诸多特征之一，其他如输入强度、突出性、时间分布等因素也决定着学习效果。而且，把语言学习纯粹看成范例学习也过于偏激。规则学习和范例学习两者在语言学习过程中缺一不可，缺了任何一种，语言学习都不可能达到理想状态。只有把两者有机结合起来，二语学习才能获得成功。

李红(2004) 、罗瑜(2005) 从认知科学和心理语言学的角度，指出 Ellis 的频率理论中所存在的问题。她们认为，二语学习的成功不单单依靠基于频率作用的内隐学习，也应该有外显学习的促进。同时，二语学习也要考虑母语迁移、注意力等诸多其他因素的影响。

实证研究方面，柳燕梅(2002) 研究了频率对欧美学生汉语词汇学习的影响。她通过两项实验说明了词汇复现率的重要性。一项实验发现，母语学习中存在的词频效应，在欧美学生的汉语词汇学习中也存在。另一项实验发现，采取提高生词复现率的教学方法能够促进学生的词汇学习。

周丹丹(2004) 主要想揭示频率对提高口语语言形式是否有帮助。她让一名受试在连续的 3 天时间内重复复述同一故事 6 遍。研究表明，重复练习对故事复述在内容和语言形式方面都有一定促进作用，但是进步并不呈单一的线形发展，其间的变化曲折反复，而且频率作用对内容和形式的影响也不尽相同。此外，频率对口语表达的内容有无帮助，并无详细探讨。

王镭(2008) 对中国正规外语教学环境中，教材中的词汇输入频率对二语词汇习得的影响进行了实验性研究。他的研究对象为 626 名非英语专业学生。他的研究结果发现，目标词汇的正确率随着输入频率的增长而增长，测试中输入频率为 6 次及以上的词正确率高于 50%，输入频率低于 6 次的词正确率低于 50%。因此，6 复现可以当作词汇习得的一个临界点，而且王镭的研究还发现各年级被试均有部分高频词没有被习得，而部分低频词被习得，这说明频率并不能解释所有词汇习得。

3．国外研究综述

国外对于频率作用的研究起步较早，研究范围涉及二语听、说、读、写、词汇习得等各项技能。相关研究中相当一部分只注重频率对口语表达流利性的影响。例如，Arevart 和 Nation(1991) 以及 Nation(1989) 设计了一种 4/3/2 重复口语练习方法。练习者向三个不同的对象分别讲述一件内容相同的事情，每次讲述时间从 4 分钟减到 3 分钟，再减到 2 分钟。研究结果表明，数次重复同一练习材料可以使练习者在口语流利性方面的表现超出平时水平。

Bygate(1996) 的个案研究考察了除流利性以外的其他指标。他要求受试复述一段故事并在 3 天后再次复述。结果显示，经过重复复述，语言形式的各项指标都有相应变化。不仅流利性有明显进步，语言准确性也大大提高，词汇运用更加多样化，句法结构也更趋复杂。Bygate(1999) 的研究扩大了样本，参加的学生共有 32 名，分成两组。在前测试中，所有学生完成复述和对话两项任务。接下来的 10 周时间里，一组学生练习复述，另一组练习对话。后测试中，所有的学生完成三项任务：

(1) 10 周前的同样任务。

(2) 10 周内练习的任务类型，但是具体内容不同。

(3) 10 周内没有练习的任务类型。通过比较前测试和后测试的结果，研究发现，10 周的练习并没有对学生的口语有明显帮助。相反，重复 10 周前的同样任务能帮助学习者在口语的流利性、准确性、复杂性等各项指标上取得显著进步。

Gass 等人(1999) 使用的也是故事复述形式，学习者们在大约两周时间内通过三次重复复述相同或不同的故事，在口语整体水平、准确性、句法和词汇等方面都有了较大的进步。该研究还证实，练习频率的增加能使学习者熟悉练习内容，从而使注意力逐渐转移到控制语言形式上。

Bley-Vroman(2002) 指出，频率不能解决语言习得中的所有问题。他指出，有许多内容只出现过一次，或者次数很少，但由于它们的突显率很高，就能引起学习者的注意和随后的深加工，其结果，这些内容就成了语言学习者知识的一部分。

Hulstijin (2002) 举出一些典型的反例来证明频率对二语习得的作用有时并不明显。例如，有些青春期以后开始学习外语的人，尽管接触第二语言的时间长于母语，但讲话时依然带有严重的外国口音，句法中依旧存在一些终身难改的错误。

Eubank 和 Gregg(2002) 指出，练习的作用极其有限。语言规则的掌握并不在于范例的数量，而在于学习者能否根据有限的输入形成假设，不断进行尝试，并根据新的输入随时修订假设。

Larsen-Freeman(2002) 总体上支持 Ellis 的观点，但也批评 Ellis 忽略了语言学习者的自主性和创造性。此外，这项研究强调输入和输出频率不能混为一谈，因为输入频率不能直接转换为语言的输出。

4. 研究前景

不难看出，以上这些研究至少存在着如下不足之处。首先，以往研究对于频率作用的分析过于简单化。通常练习频率对语言学习的影响通过对比练习前和练习后的变化来判断学习是否有进步，至于每次练习带来的细微变化和进步，则没有详细的报告，更谈不上对于变化路径、速度、原因等方面的分析。频率对语言学习的影响应该是一个非常复杂的过程，路径有曲折，速度也有快慢，因此要揭示出频率作用的复杂性，需要更深入细致的分析。

其次，以往研究混淆了输入频率和输出频率之分。这些研究都是让受试听或看故事后然后再复述，在重复练习的过程中，受试有机会再重听或看原来的故事然后再复述。虽然研究结果表明经过重复练习后，学习者的口语表达有相应进步，但是导致这些进步的原因却无法确定。究竟是重复听还是重复说引起这些变化，或是两者同时起作用而引起不同方面的变化，这些问题由于输入和输出的混淆不得而知，所以应该严格区分输入频率和输出频率，分别考查它们在二语学习过程中的作用。

第六节　从社会语言学看语言哲学

20 世纪索绪尔结构主义语言学的兴起，使人们对于语言的本质和语言与客观世界之间的关系等问题有了新认识，成为指导人文科学的理论范式；而 20 世纪 70 年代法国哲学家德里达对结构主义语言学进行解构，进而无情地批判，又使我们以一个全新的视角去认识语言本质，改变了思考问题的方式。本书试图从两大思潮的代表人物索绪尔与德里达的语言学理论出发，进而审视语言的模糊性现象在结构与解构主义理论中的体现及其内在联系。

（一）语言模糊性的哲学基础及含义

西方哲学从古希腊时期起，大体上经历了两次大的转向，即古代的本体论到近代认识论的转向，认识论到当代语言的转向。本体论研究主要探求世界的本质与起源，但是本体论的研究始终无法脱离认识论，因为人们只有在认识论中才能解释世界的本源。因此，第一次转向属于唯实论的范围，涉及的是对客观现实的存在及其认识的问题。在第二次语言的转向中，索绪尔的结构主义语言学进入了哲学家的视野，这不仅因为他的语言学理论具有哲学的意义，更是因为结构主义语言得到了当时科学发展的验证，从认识范式上实现了哲学语言学的转向。这一转向的主要观点认为，哲学的首要任务是从哲学角度上研究语言，特别是探索语言的意义问题。语言的模糊性就是在这一时代背景下，成为许多著名哲学家，如皮尔斯、厄尔曼、罗素、维特根斯坦等关注的中心问题之一，这也正是模糊语言学诞生于 20 世纪 60 年代的重要原因。

那么何为语言的“模糊”性？哲学家皮尔斯于 1902 年曾给出这样经典的释义，即当事物出现几种可能状态时，尽管说话者对这些状态进行了仔细的考察，但实际上仍不能把这些状态排出于某个命题之外或是归属于这个命题，这时候，命题就是模糊的。上面所说的实际上不确定，并不是由于解释者的无知而不确定，而是因为说话者的语言特点就是模糊的 (Ballmer and Pinkal，1983) 。由此可见，语言的“模糊性”并非泛指意义“不确定”“不明确”，而系指“人们认识中关于对象边界和状态的不确定性”，即指一个事物或概念范畴的中心含义是明确的，但其外延边界不清晰的特性。

（二）索绪尔的符号学和语言模糊性

结构主义语言学家费尔迪南·索绪尔(Ferdinard de Saussure，1857—1913) ，被誉为哲学上的语言学转向的奠基人，而他的理论也被称作语言学中的一次“哥白尼式的革命”。该理论认为，科学的认识不能仅停留在表面的经验现象的水平上，而要寻找现象背后的“稳定的”秩序或结构(Saussure，1959) ，因此称作“结构主义”(structuralism) 。其基本特征是共时优于历时，强调能指(signifier) 与所指(signified) 的紧密结合。那么语言模糊性如何体现在索绪尔的结构语言学理论中呢？

1．从能指、所指看语言的模糊性

在《普通语言学教程》第一编的第一章，索绪尔指出：语言单位是一种由两项要素联合构成的双重的东西。语言符号由两个要素组成，而语言符号的这两个要素都是心理的，而且由联想的纽带连接在我们的脑子里。一个要素是能指(signifier) ，也就是音响形象；另一个要素是所指(signified) ，也就是概念 (索绪尔，1999) 。

在索绪尔的概念体系里，“所指”是概念，但并不是指代某一具体的物质。因此，在没有任何前提条件的情况下，概念界定起来十分困难，不可避免地产生语言的模糊性。例如，“春、夏、秋、冬”这四个季节，在人们日常表达时或多或少都有模糊性，因为不同国家、民族和文化中，它们的区别不尽相同。从空间角度看，人们通常对方位有“上、下、左、右”

的说法，但实际操作进行精确地定位事物时，还远远不够。于是又进一步划分为“左上方、左下方……”。不过，现实生活中不管人们怎么精细划分和界定这些方向，这些概念外延本身还是具有模糊性，进而导致相关概念之间的界限也存在模糊性。鉴于此，我们得出索绪尔的符号学理论中，与概念相应的“所指”也完全可能是模糊性的。

与此相仿，符号学中“能指”也具有模糊性。“能指”即音响形象，和语音学的基本原理有关。一方面，发音所依赖的“元音”和“辅音”两个概念的界限就是模糊的。因为“半元音”既有元音的特征，又具有辅音的特征；另一方面，从发音的标准与否看，标准与非标准的界限也是模糊的。语音主要源于发音器官的细微变化及相邻音之间的相互影响，人为确定的音只是一种近似于精确地模糊音。只要发出的语音不至于导致歧义，影响交流，人们一般都采纳、容忍、接受语音的模糊性。可见，音响形象的模糊性也在所难免，而符号学中的“能指”也自然具有模糊性。

此外，索绪尔认为，“所指”和“能指”之间并非呈现一种一一对应关系也导致了语言的模糊性。一方面，多个“能指”可能对应一个“所指”，例如，“树”这个概念对应英语“tree”，或汉语“shu”，或法语“l'arbre”，可见，一对多的对应关系进一步验证了模糊性是语言符号的内在属性；另一方面随着网络新词的不断涌现，很多旧词被赋予了新的词义，致使“所指”也可能从“一”演变成“多”，从精确的概念变成模糊性的概念。

2．从历时、共时审视语言的模糊性

索绪尔认为，对语言的研究有两种观点。一种是共时的观点，另一种是历时的观点。历时研究着重于语言概念在不同时期的演变状况。共时研究则着重于具体某一时期中，不同语言和文化环境下，对同一指称对象指称内涵的边界清晰与模糊两种性状彼此消长的状态。

从历时角度看，很多事物是从早期的模糊状态走向清晰精确然后再走向模糊。例如，随着人们科技水平、认识水平的提高，对一项事物的认识肯定会越来越详细，于是在原有概念的基础上又产生了一些子概念，在语言上也就表现为语言的精确化。以生物学为例，人们最早对于它的认识比较粗浅，对其界定的概念更是模糊、不清晰，但随着历史的发展科技的飞跃，生物学细分为很多分支学科，如微生物学、分子生物学、细胞生物学、神经生物学……不过也正因为这门学科的研究内容越来越清晰，导致了生物学的概念界限越加模糊了，因为无法预知将来还有多少子学科或边缘学科会被囊括进来。

从共时角度看，语言的模糊性与跨文化语用研究有密切关系，主要体现在不同国家、民族的文化和思想认识差异上。以中西方对于亲属称谓的划分为例。汉民族十分精细地区分了本族、外族，直系、旁系，有伯、叔、舅、姑父、姨夫，而英语和法语中所有这些只对应一个词 uncle，oncle。之所以出现汉语的精确化和英法语言的模糊化，是由中西方不同的国情决定的，中国悠久的封建文化传统非常重视亲属关系，亲属关系往往影响着社会交往(亲属称谓)，甚至决定了社会地位，而在英法等西方国家，封建统治的时间不长，对人们思想及其语言的影响远不及中国那么久远。

3．德里达的解构翻译理论和语言模糊性

解构主义是 20 世纪 60 年代中期继结构主义之后兴起的一种反其道而行的思潮，也称“后结构主义”(post-structuralism)，德里达的三部著作《言语与现象》《论文字学》和《写作与延异》的问世，标志着解构主义理论(deconstruction) 的产生。在德里达看来，翻译远不是如何实现两种符号——意义体系对等转换问题，而是打破结构主义的唯一固定和译文应服从原文这一理念，主张“解构”(deconstruct)，把原文和译文看作一种平等互补的关系，一种“共生”的关系。

那么究竟德里达的翻译理论和语言模糊性有何关联？其实，国内学界很多学者对此进行过相关讨论。有代表性的当属蒋跃教授在《外语教学》发表的“解构主义的翻译观与语言模糊性”和鲁苓教授撰写的《多元视域中的模糊语言学》。蒋跃(2007) 教授通过分析解构主义理论与自然语言模糊性之间的实质关系，推导出原文文本及译文的不确定性和流变性即是语言模糊性的体现。鲁苓(2010) 教授则认为，蒋关于此问题的探讨很有意义，但所涉及的理论领域较多，如模糊理论、解构主义、认知语言学等，如将多个理论流派的概念交织在一起，难免有些含混不清，如“不确定性”是一个有关世界本源与终极问题的形而上学的哲学概念，和作为语言学概念的“语言模糊性”大相径庭，不存在彼此等同的依据和可能性。

鉴于此，笔者翻查了相关资料，发现从词源的角度考察“不确定性”的确出自哲学的概念范畴，如果直接简单地将其等同于“语言的模糊性”，确实有失偏颇。但是抛开德里达的解构主义翻译观，翻译本身无疑是一种语言行为，无法避免地具有模糊性。其理由如下：翻译包括源语言、文本理解、目标语表达和翻译标准四个要素。基于模糊性的经典释义和索绪尔

符号学中“所指”的模糊性特点，源语言中的符号概念本身就界限不清，具有模糊性，这必然决定了其短语、句子、乃至篇章的模糊性；同理，在一种语言中的模糊词语或模糊现象很有可能在译成目标语时同样模糊，这就决定了文本的模糊；文本理解涉及人类对于事物的认知，即哲学范畴上所说的前理解结构，而这也正是造成语言的模糊性的主要原因之一，因此文本理解的过程也必然无法避免产生语言的模糊性；对于翻译的标准，更是多元化说法不一，也具有模糊性的概念。所以，从这一角度上笔者同意蒋跃教授的观点，德里达的翻译理论体现了语言的模糊性。不过，对于德里达的解构主义翻译理论内容，并不是完全赞同。我们可以认同 “原文的意义是不确定的”，但是无法认同“原文可以进行无限的解释，随不同的时代的译者而具有不用的意义(Derrida，1979) 。”例如，人们常说有多少个哈姆雷特的解释者，就有多少个哈姆雷特。但并不代表不同人的解读会将哈姆雷特模糊地解读到唐吉坷德或李尔王的形象。因此，语言概念(所指) 的边缘虽然很难界定，但是并不意味着翻译源语言时文本没有主导性的内容和基本的意义，不等于意义模糊到无法解读。

4．结语

虽然索绪尔的符号学和德里达的翻译理论出自结构和解构主义两大思潮，而且德里达的解构主义翻译理论又强调批判结构主义，认为语言符号是一个开放系统，旨在打破语言符号是一个封闭系统的结构主义观念，但是通过上文的论述，我们可以发现结构主义的符号学与解构主义翻译理论在解释语言模糊性这一层面上是不谋而合的。索绪尔借助“能指”与“所指”“历时”与“共时”的结构主义语言学方法使语言的模糊性在一定程度上得到诠释，而德里达则是在语用学的层面上运用翻译理论使语言的模糊性特点得到了解读与释放，从某种意义上讲，语言的模糊性也是解构主义及其翻译理论的语言学理论支持。可见，语言的模糊性贯穿于结构与解构两大体系，为我们深入认识语言本质提供了新的视角与思考空间。

第七节　从亲戚称谓的变化观察社会的变化

郭璞给《尔雅》加注约在 1600 多年前，这部书有中国封建关系亲属称谓的最古老最完备的记录。不仅有生时的记录(如父，母，妻) ，还有死后的称谓(如考，妣，嫔)，这些亲属称谓见现存十九篇中的第四篇(《释亲第四》)。这里收载了宝塔似的层层亲属称谓，例如：祖父(祖母)，曾祖父(曾祖母)，高祖父(高祖母)；兄、弟、(姊、妹)(姑)、孙、曾孙、玄孙、来孙、景孙、仍孙、云孙——有趣的是，在“孙”的一级竟有七代之多！在“宗族”题名下即有舅、有甥、有姨、有私(女子谓姊妹之夫为私)、有出(男子谓姊妹之子为出)、有侄、有离孙(出之子)、侄孙(侄之子)、外孙、有姒(女子同出，谓先生为姒)和娣(后生为娣)、有嫂(兄之妻)、妇(弟之妻)、娣妇(长妇谓稚妇为娣妇)、姒妇(稚妇谓长妇为姒妇)。在“妻党”题名下则有舅(称夫之父——犹如后来的翁)、有姑(称夫之母)，死去则称先舅、先姑；还有少姑(称夫之庶母——反映了一夫多妻制)、兄公(夫之兄)、叔(夫之弟)、女公(夫之姊)、女妹(夫之女弟)、妇(子之妻)、婿、姻(婿之父)、婚(妇之父)等等。当时的亲属称谓可能比这里提到的还复杂些。这许多称谓直到现在还广泛应用着，虽则有些称谓已经简化了。封建主义结构重视这些亲属特征，因此有严格区分亲属关系的称谓语词——无论哪一方面的社会交际，都必须严格按照亲属称谓的规定；不论是丧礼婚礼，承继遗产，以至一人犯罪，波及九族，都要按这亲系树的等级办理。前资本主义时期(或者如摩尔根所指的由蒙昧、野蛮时期进入文明时期)，亲属称谓的复杂和严格划分是一个特征，一个反映到语汇中的明显的特征。

现代汉语关于父系和母系的亲属称谓还是分得很清楚的，不似资本主义社会忽视这种亲属关系，所以在西方现代语言中，并不重视这些细致的区别，也就是摩尔根感叹现代英语如此“贫乏”的原由。现代汉语关于父系母系的概念，请看下例便见一斑：

(1) (甲) 父系(乙) 母系。

(2) 姑(称父的姊妹) 姨(称母的姊妹)。

(3) 叔(称父的兄弟) 舅(称母的兄弟)。

(4) 姑丈(称父姊妹的丈夫) 姨丈(称母姊妹的丈夫)。

(5) 婶(称父兄弟的妻子) 妗(称母兄弟的妻子)。

(6) 侄(称上二者的子女) 甥(称上二者的子女)。

而在现代英语，通常只使用 uncle 和 aunt 来称呼，前者代表“伯父”“叔父”“叔”“舅”“姑丈”“姨丈”等，后者代表“伯母”“姑”“婶”“姨”“舅妈”“妗”等等。

亲属称谓的简化，意味着家族关系在社会生活中不占那么重要的地位；资本主义关系下的家庭，其构成和社会作用完全不同于封建主义关系，在语言中也能找到反映。

在解放后的中国，有些亲属称谓又发展了新的语义，这也反映了新的社会关系。以“姨”“叔”两字为例，在社会生活中凡是尊称女性时都叫她为“阿姨”——只是对年长的妇女才称为“大妈”“大娘”“老大娘”等；在幼儿园里孩子们把他们的导师称为“阿姨”，在医院里常常有人把护士同志亲切地叫“阿姨”，把保姆也叫“阿姨”；凡是尊称男性时一般都叫“叔叔”，特别是年青人或小孩都把年纪不老的大人叫“叔叔”，少年先锋队员或小孩，都把解放军指战员亲昵地叫“解放军叔叔”。“阿姨”“叔叔”这两个词在新的中国社会生活中有了全新的语义，从这新语义来看，已经脱出了旧的亲属称谓，进入了一个新的生活场景。这里，人都应该受到尊重，人与人之间应该。是平等的和互相敬重的关系。

由于人口压力太大，现代中国提倡晚婚，并且提倡一对夫妇只养一个孩子。“独生子女”这个复合词，现在比过去任何时代都使用得多了。“独生子女”是我们社会现时的社会现象。一个时期以后——比如说，一个世代即 30 年后，在未来的社会生活中，“哥”“弟”“姊”“妹”这些词就会失去它的真实含义——即会失去它的亲属称谓(或血缘亲属称谓) 的语义，而只具有象征性的或非亲属称谓的意义；因为“独生子女”没有胞兄、胞弟、胞姊、胞妹，但是两家人两个独生子女聚在一起，年长的男孩仍被叫做“哥哥”，年幼的男孩仍被称为“弟弟”，这时“哥哥”“弟弟”的语义就不再含有嫡亲(血缘) 的味道了。因此，从理论上说，严格按照亲属关系的称谓，甚至根本不需要这样的语汇——但是，谁都不会怀疑，这几个语汇在实际生活中是不会消失的。由此可见语言是一种非常顽固的社会现象(社会习惯) 。

第八节　称谓语的演变及其社会意义

《古代社会》中说，对一个印第安人直呼其名，或直接询问对方的名字，都被视为唐突无礼的行为。书里又说，印第安人在亲昵的交际或正规的客套话中，双方都根据听话人对说话人的关系而按人伦称谓来称呼。这就是说，如果双方有亲戚关系，则按亲属称呼；如果没有亲戚关系，则改称“我的朋友”。

大约自古以来，人与人的交际都必须有称呼语，绝不能无礼到只叫一个“喂”字；而这些称呼语也反映了时代和社会。凡有亲属关系的一般都按亲属称谓来招呼，而老一辈对小一辈则往往可以直呼其名(甚至是名字的昵称)，而小一辈则不得对长辈直呼其名。一部外国电影《英俊少年》中，小儿子直呼他的爸爸的名字，这在西方社会也是少见的。同辈则互称名字的居多；亲昵的同辈之间可以称呼彼此的诨名、绰号，或者加某些亲昵词头(词尾)。除了亲属称谓之外，社会成员之间的称呼，无论是口头语还是书面语，都是颇为讲究的。这套称呼牵涉到等级制度，也许是从原始社会的亲属称谓(辈份称谓) 演变而来的。

可以认为，在阶级社会里，统治阶级(奴隶主、封建主——从皇帝到贵族，到地主，到资本家) 对被统治阶级(奴隶、农奴、平民、工人) 的成员，可以直呼其名，而反之则不可。这有点类似亲属称谓中长辈可以直呼晚辈的名字，而不能倒过来。比如见皇帝则称“陛下”，见亲王必说“殿下”，见高贵官员(所谓“达官显贵”) 则必言“阁下”，称将军可要讲“麾下”，一般贵人还须称为“老爷”；不加这种特定的敬称不行，乱用敬称也不行——如果把某亲王称为“陛下”，虽则尊称上升了一级，却也不得不视为“失礼”，甚至唐突、不敬，以至亵渎，更不必说采用低一级的称谓了。等级森严也许是阶级社会(特别是封建社会) 的特征。根据等级差别的称呼和官衔、等级衔的称呼非常复杂，非常繁多，而且划分得非常清楚的语言现象，就可以推断这个社会是处在怎样的一种生产关系中。

苏维埃俄国革命后对一般社会成员曾推行过“公民”一词，作为社会上的普遍称谓，而以“同志”为布尔什维克(以及进步分子) 的称谓。公民某某也许是从 1871 年的巴黎公社那里传下来的，巴黎公社的人们彼此间就以“公民”互称。但在十月革命后，“公民”这称谓词没有预期的生命力，它虽被推行了好些年，后来却不流行了，一部分被“同志”一词所代替，一部分被职称所置换了。这也许是旧的社会习惯不容易改变的原故。

在我们这个社会里，“同志”式的相互称呼是值得提倡的社会准则。在我们的社会交际中，也出现了“老”和“小”两个亲昵词头，记录了新社会成员之间亲切的关系。凡是对 20 岁上下的男女青年，一般都在他(她)的姓氏前冠以“小”字，如小陈、小李、小王——这“小”字不带一点蔑称，而带来很亲切的感觉。说的人很亲切，听的人也觉得很亲切。“老”这昵称是从旧时代沿用下来的，也是用在姓氏之前，如老陈，老张，老王，比直呼其名客气一些，有礼貌一些，尊敬一些，比叫陈、张、王同志又亲切一些，亲密一些。“小”和“老”也是现在的称谓语的社会准则。至于“老”

字作为词尾加在姓氏后，如陈老、张老、王老，则完全是对老一辈的尊称——反映了我们的社会敬老的风尚。

第九节　称谓语的文化标志功能

称谓语是值得深入研究的一个语言现象。按照《现代汉语词典》的诠释，称呼语可以定义为人们打招呼时使用的表示彼此关系的名称。但是，称呼语不能简单被看作是人们交往中沟通发展人际关系的桥梁，它实际上是一个国家、一个民族传统文化与社会关系的综合体现。

近年来，国内外很多学者从社会学、语言学等角度对称谓语进行了大量的详实的研究。20 世纪 60 年代，美国的罗杰·布朗(Roger Brown) 和玛格丽特·福特(Marguerite Ford) 把美国英语中的称谓系统分为三种语义模式：彼此直呼其名(the mutual exchange of first name) 、彼此选用头衔加姓氏的方式(the mutual exchange of title last name) 、非对称选择方式(the nonreciprocal pattern) 。西方的一些学者(Brown & Gilman) 从社会语言学的角度对印欧语系中的第二人称代词(你和您) 的指称用法进行了深入的研究，进而发现在不同社交场合下的一些语言规律。国内研究民俗语言学的曲彦斌(1889～1996) 则认为，“称谓”是“习俗礼制与语言的结合体，是关于人际之间用作叫法、称呼的语言习俗。”赵元任著《汉语称谓》，强调将面对面交谈时的直接称呼语与指称他人的间接称呼语、口头用语及书面语区别开来，他还著有《中国人的各种称呼》，列举了 114 种亲属称谓。另外，祝畹瑾、李树新、陈明月、陈松岑、贾玉新、徐志诚、卫志强等人也从不同角度对称谓语做了研究。

虽然很多国内外学者已从不同角度对称呼语作过专门系统的研究，但是很少有语言学家对称呼语在社会语用功能方面做出相关的论述。称呼语虽然是跨文化交际中一个较小的交际单位，但它却具有多种功能，如交际引导功能，社交指示功能，行事功能和语言策略功能和社会文化标志功能。本书力图从称呼语的社会文化标志功能入手，以英语、汉语为例，简要分析一下不同语言的称呼语所反映的不同民族文化。

（一）称呼语和英汉民族的宗法制度

在英语文化中，无论性别、年龄、社会地位、权力大小，其平等的观念对称谓的使用有很大的影响。因为西方国家以个人本位取代群体取向，以契约关系为基础的社会取代以血缘为纽带的宗法家族社会。西方人轻家族，轻血亲，尊重个体。以基督教的说法就是：“即使是单独的一个灵魂，即使它没有一个亲邻，只要他自为地享受到上帝，那他还是幸福的。”所以，在称谓语中主要表现为没有父系和母系之分，同辈家庭成员、亲戚之间没有长幼之分，任何一个亲属称呼语都有很广的通用性，基本上只进行性别区分。

而汉文化中推崇宗法制度，所谓“宗法”，是指“以家族为中心，按血统远近区别亲疏的法则”。(《现代汉语词典》，1979) 在传统的中国社会，宗法既是一种等级亲属制度，又是一种社会组织制度和政治等级制度。等级亲属制度表现为对血缘关系高度重视，从而导致汉族的亲属名分分的很繁琐，相应的亲属称呼语也就很多很复杂，无论内亲外戚都各有其相应的名称，充分体现“长幼有序、内外有别、男女有别”；同时，森严的社会等级制度又导致了汉语称谓中出现大量的职衔称呼，而且直到今天也没有完全消失。

我们先以亲属称呼语为例进行分析，英语亲属称谓用 13 个名词(father，mother，son，daughter，brother，sister，uncle，aunt，nephew，niece，cousin，husband，wife) 和几个修饰词(great，grand，step，half，first，second，in-law) 就可以反映所有的辈分、同胞、血缘关系(汪榕培，1997) 。而汉语表亲属关系的称谓系统则要考虑年幼、年长、父母关系。赵元任先生在《中国人的各种称呼语》一文中列举了 114 种亲属称呼语，每种又有正式名称、直称及比较文气的称呼之分，可见汉语的称呼语之复杂。下面是英、汉语表示主要亲属关系的称谓语之对比：

(1)英语：grandpa、grandma、father-in-law、mother-in-law。

汉语：祖父、外祖父、祖母、外祖母、岳父、公公、岳母、婆婆。

(2)英语：uncle、aunt 。

汉语：伯父、叔父、姑父、姨父、舅父、伯母、婶母、姑妈、姨妈、舅妈 。

(3)英语：brother、sister、cousin。

汉语：哥哥、弟弟、姐姐、妹妹、堂兄、堂弟、堂姐、堂妹、表兄、表弟、表姐、表妹。

(4)英语：nephew、niece。

汉语：侄子、外甥、侄女、外甥女。

下面以职衔称呼语为例进行分析。职衔称谓指人们在相互交际时按对方的社会地位，如职务、职称、学衔或其他头衔等使用的称呼。在汉文化中，“官本位”“上卑下尊”“各守其份”的思想仍然制约着人们的行为，职衔称呼语所表现出的权势色彩远远浓于平等关系。因此，汉语中直呼对方的职业、官衔、学衔、职称(仅限于一些社会地位较高的职业和较高的学衔、职称)，如“张老师”“李律师”“白医生”“李经理”“胡总书记”“江主席”等。而在西方社会，人们偏爱对等式称呼模式，对职业尊卑、官职大小并不敏感，人际间的分化是受到赞许的。所以，只有极少数职业或头衔可用于称呼，如医生或有博士学位的人、教授、一些政府高官可被尊称。其他头衔，正是场合都用 Mr./ Mrs. / Miss + Surname 称呼对方，非正式场合可以直呼其名。

英语头衔称呼=头衔+姓(LN)：

(1) 总统(校长)/大使/上校：Mr. President/ Mr. Ambassador/ Mr. Colonel。

(2) 医生/博士学位的人：Doctor+LN。

(3) 教授：Professor+LN。

(4) 先生/女士/小姐：Mr./Mrs./Miss/Ms+LN。

汉语头衔称呼=姓+头衔(LN)：

(1) 总书记/主席/主任/经理：(LN)+职务全称。

(2) 教授/工程师/医生/教师/先生：(LN)+职务(部分)。

(二) 称呼语和英汉民族的伦理道德观念

中西方由于受不同的传统文化的影响，所以有着迥然不同的传统伦理道德观念，这在语言上也有相应的体现。儒家思想在中国的传统伦理思想中一直占主导地位，传统的伦理道德规范是忠君孝亲、三纲五常，如“君为臣纲，夫为妻纲，父为子纲”。妻子对丈夫要“从一而终”，要“保持贞洁”。中国文化深受儒家思想的影响，以孔子思想为代表的儒家文化尤其强调“仁”和“礼”，这些都直接影响着人们在与他人交际中，强凋人与人之间感情的融洽、和谐，于是汉文化中出现了亲属语的泛化现象，即人们为了表示礼貌和亲切，常常用亲属称谓来称呼没有亲属关系的对方。无论是对街坊邻居、朋友熟人还是素不相识的路人，人们均按性别、年龄称呼对方为大叔、大哥、大娘，小朋友称军人、警察为解放军叔叔(阿姨)，称计程车司机为的哥(姐) 等。这种称呼语，能够缩小交往双方的心理距离，密切彼此间的关系。汉语拟亲属称谓语的主要构成为：

(1) 长者：(LN)+大爷/大婶/大嫂/大伯。

(2) 职业+叔叔/阿姨。

(3) 同辈/同事/朋友：LN+哥/姐。

(4) 仁兄/师妹/师傅。

(5) 职业+哥/姐。

(6) 后辈：小+LN/同志/弟弟/妹妹。

西方社会没有像中国那样一统数千年的传统核心伦理思想，但我们依然可以追溯其渊源。西方文化发源于古希腊、罗马，海洋型的地理环境使人们需要那种驾驭海洋、征服自然的冒险、独立、竞争精神。因而，人们很早就摆脱了家族血缘的束缚，更重视人们的平等和契约关系。此外，西方文化中，人们由于深受基督教的影响，崇尚个性，其核心是个人主义。在 19 世纪，平等的观念就已渗透到美国人的生活和思想领域，他们的语言也体现着平等的观念。这一切无不影响着英语中的称谓语。就拟亲属称谓语而言，英语中也有类似的称谓，不过要简单的多。如“Uncle Tom”“Aunt Jane”；再如，“Father/Godfather Smith”(史密斯教父) “Sister Mary”(玛利雅修女) 等。在西方文化里，只有在基督教徒之间才会有“兄弟”“姐妹”等称呼，因为他们彼此之间认为是上帝的女儿，这种有灵魂的亲属关系，远远胜过血缘关系。

(三) 称呼语和英汉民族的价值观念

价值观念是人们对客观事物和客观现象进行是非判断和优劣判断的尺度，它决定人们的价值取向，指导人们的行为方式。中国传统文化的特点是，人们对自身价值的评论常常是低值的，由压抑的自我价值观出发“自卑而尊人，贬己而尊人”。简单的说，对自身的才能、作用总是有意贬抑、不愿外露，即自谦，却喜欢故意抬高对方，即“贬己扬人”，以表示对对方的格外尊敬。 这种社会行为准则在称呼语上有明显的体现，就是敬称和谦称。例如，敬称“你”为“您”，谦自己为“ 鄙人、小弟、老朽”等。敬称对方的亲属或有关的人“ 令尊、贤弟”等，谦称自己辈分高的亲属“家父、家兄”等。另外，在姓氏前加“老”(老+LN) ，如“ 老王”，即使被称呼者并非上了年纪，也被视为对对方的尊敬；姓氏后加“老”(LN+老) 如“张老”，常指德高望重者。所以，儒家伦理思想里，“老”意味着有阅历、有经验、有学识，所以老者往往受到社会、家庭的尊敬，特别是在家庭中老者的地位往往是至高无上的。

汉语谦称和敬称有：

(1) 自谦：敝人、小弟、在下、属下、卑职、小人、卑人、晚生、鄙人。

(2) 谦辈分高亲属：家父、家母、家兄、家嫂。

(3) 谦称自己有关人/物：敝人、内人、犬子、小女、愚弟、寒舍、愚见、拙作。

(4) 敬称对方/家属：贤弟、阁下、令尊、令堂、令郎、令子、令爱、尊亲、尊长。

(5) 敬称对方有关人/物：贵姓、贵校、贵府、高见、大作、佳音。

西方人追求人人平等，长期以来尊重个人价值，乐于表现自己，因此英语中这类词语较少，现在仍在使用的更鲜有踪迹了。对国王或女王可直接用敬语，面称用“Your Majesty”，背称用“Her Majesty”，称亲王“ Your Highness”，称红衣主教“Your Excellency”。第二人称单数“thou”(您) 作为敬称，人们祈祷时对上帝才用，或在诗歌中也还有它的踪迹。其他情况，不管对方年龄多大，地位或级别多高，you 就是 you，I 就是 I。在西方，“老”是无用的代名词，属于禁忌语，谁也不愿意别人称自己“老”。

(四) 称呼语和英汉民族的国家制度和社会制度

称呼语是一个敏感、开放的语汇系统。时代的变迁、社会的发展，都能引起称呼语语义及功能的变化。前面提到亲属称呼语是称呼语系统的一个重要组成部分，而夫妻称呼语则是亲属称呼语的一个重要方面。下面我们以英汉夫妻称呼语为例，分析国家、社会变迁给这类称呼语所带来的影响。

在中国古代，实行的“一夫一妻”制是指妻子只能有一个，妾可以多个。妻还能获得尊称，如“结发”是专门对元配之妻的敬称，“内子”是用来称呼嫡妻的。“夫人、太太、内人、内舍”都是丈夫对妻子的称呼，而妾是无法享用这些称呼的，地位可怜。丈夫对外人提到自己的妻子时，通常为“贱内”“拙荆”“愚妻”“贱室”等，虽然本书之前提到这是由于汉文化受“自卑而尊人，贬己而尊人”思想的影响，但也暗示了女性在古代社会中的性别角色的卑微，没有独立的人格，是丈夫的附属品。相反，妻子对丈夫的尊称却有多种，如“夫君”“相公”“夫婿”等。随着时代的发展，尤其是新中国成立以来以及现代称谓系统的日趋简化，夫妻之称谓语的变化也反映了国家制度和社会制度的发展变化。例如，很多知识女性不愿再做丈夫的附属品，摒弃“太太”一词，认为这个称呼语带有依赖丈夫的含义，而偏向于“夫人”这一称呼。同时，受港台电影电视的影响，“老公”“老婆”也备受夫妻称呼语的亲睐，这体现了夫妻间的一种平等。此外，夫妻称呼语也受到外来语的冲击。从英语 lover 翻译过来“爱人”一词，带有很浪漫的感觉，因为它的本意是“情人”，所以，50 年代开始风靡中国，备受欢迎。综观中国夫妻称呼语趋于平等的发展变化，充分体现了国家、社会变革是推动语言发展演变的外在因素。

西方社会夫妻之间的称谓语不像汉文化这么繁杂，这是由不同的社会文化背景造成的。西方文化崇尚自由平等 “Everyone is created equal”。西方“一夫一妻”制与同一时期的中国的婚姻制度有所不同，在传统的汉文化里，丈夫在娶正妻之后，还可以纳妾，不同阶级的男子所能纳的妾的数目也有明文规定。相比之下，西方的婚姻制度较为平等，公元 16 世纪后，随着资本主义的萌芽和新教运动的胜利，欧洲的契约婚制得到了迅速发展，奠定了以夫妻关系为家庭关系主体的基石，所以，西方社会的夫妻关系较为平等，反映到语言上就是夫妻之间的称谓语不像汉语那样复杂，一般直呼其名或者以昵称相称，如 darling、sweetheart、honey、love、dear、baby 等。

（五）结语

通过以上对中西称呼语的粗略探讨，可以看出不同文化的称呼语有着不同的社会文化标志功能。称呼语充分体现了一个国家、一个民族的社会文化、伦理道德观念、价值观念和社会制度。中华民族重视伦理道德，“伦”就是等级类别之间的次序，儒家思想的核心“礼”就是这种等级次序所遵循的规律，强调“上尊下卑”或“卑己尊人”。在西方文化中，人们追求自我实现，个人主义是西方价值观的核心。正是由于人们在文化价值方面的差异决定了人们在称呼语上的差异。所以，在跨文化交际中人们要特别注意不同民族的心理和习惯，恰当运用和正确理解中西方称呼语，以免造成误解。

第十节　委婉语的掩饰功能

委婉语有多种叫法，如婉曲、委婉、婉转、曲言、蓄意等等，它一般

有以下的定义:

根据《韦伯斯特大字典》上记载，委婉语是：the substitution of an agreeable or inoffensive word or expression for one that harsh，indelicate or otherwise unpleasant or taboo。李桂山在《委婉语散论》中定义为：处于平白明确的词语与禁忌语之间，“在禁忌语周围跑来跑去的”。陈松岑在《礼貌语言》中指出，婉言法指的是采取某些特殊的语言表达方式来减少话语对听话人的刺激；或是委婉地指称某些事物；表达说话人对某人、某事的评价与态度；或是客气地向听话人提出某个要求。程希岚在《修辞学新编》中定义为：故意不明说，而通过另外的东西，从侧面把要说明的东西烘托出来；或不直截了当地说，而隐约闪烁地说出来。

可见，委婉语是人类语言使用过程中的一种普遍现象。尽管委婉语的使用有相当长的历史，不过近20多年来，国内外学者才真正开始对委婉语从不同的角度，如语义研究、文化研究、模糊理论研究及语用学角度进行研究。在委婉语言的交际功能方面，语言学家也作了相应的研究，于海江指出委婉语主要有三个交际功能，即“避讳”功能，“礼貌”功能以及“掩饰”功能。“避讳”功能的产生与语言禁忌有关。早期的禁忌事物是那些令人敬畏的神和妖魔，因为那时科学文化尚不发达；而在现代社会里，人们的“忌讳”心理往往是社会问题的指示灯。为了避讳禁忌，消除恐惧便成了委婉语的第一交际功能。“礼貌”功能是指在交际中避免冒昧和非礼。当迫不得已要涉及令人不快的事情时，就要选择委婉的表达法以避免伤害对方的感情。“掩饰”功能的使用具有模糊色彩，有相当大的欺骗性，于是往往成了政客、奸商们骗人的工具。本书从跨文化对比的角度出发，通过分析英汉委婉语掩饰功能在婚姻、犯罪、社会经济、政治等方面的应用，以加深对英汉语言和文化本质的理解。

一、与婚姻生活有关的委婉语

传统的说，委婉语在婚姻生活中起着一定的正面作用，它的使用避免了某些尴尬和不雅的场面，体现了一个人的文化素养。人们在使用委婉语时都注意避此言彼，往往会采用辞格使委婉语的语义发生转移，这些用辞格创造的委婉语显然是对客观事实的一种变通的表达，它们代替、掩饰了非委婉语的禁忌、直接和粗野。委婉语的掩饰功能在婚姻生活中有以下几方面的体现：

例如中国古代，其婚姻制度的特点之一是“一夫多妻制”，若对小妾直言相称“小老婆”，显得粗鄙、刺耳，因而人们便用“别室、侧室、次室、二房、偏房”来借以掩饰；为了避免直言夫妻感情不好，就用“琴瑟不合、琴瑟不调、琴瑟失调”来指代，以达到一种“含不尽之意，见于言外”的表达效果。另外，根据传统的中国文化，人的性行为应该是冷漠而谨慎的，性心理应该是含蓄而害羞的。这便使得人们采用文雅和含蓄的委婉语来描述该行为，常常将其特定的语义转化成模糊义，使之一般化、笼统化。如用“那事、房事、同房、同居、男女关系”等婉指，这样既避免了粗俗不雅之嫌，又能含蓄曲折地表意，取得了很好的表达效果。

在西方社会，人们思想观念相对来说比较开化。在婚姻情爱的表达上，英美人比中国人要直率的多，他们常用“I love you”“I’m dying to marry you” 等方式大胆求爱。另外，最有代表性的是语言大师莎士比亚，他虽然对语言文字的运用非常讲究，但决无矫揉造作之嫌，他对人的生殖器总是直言不讳。不过总体来说，西方人还是采取回避的态度。例如，纳撒尼尔·霍桑于 1864 年逝世后，他的妻子在精心整理他的日记时，删去所有的 leg(腿) 字而代之以 limb(肢) 的字眼，正如在中国古代，女人的脚是万万不能让外人看见的，是同样的道理。在英美国家，由于性生活自古就常常笼罩着罪孽和羞耻的色彩，所以人们也常用一些比较含蓄和文雅的词语来掩饰人类那种赤裸裸的本能行为。例如：amorous congress (爱的聚合) 、balling (作乐) 、business(办事) 、make love(做爱) 等等。有趣的是，随着 make love 被引进中国，在汉语委婉语中也被广泛的使用。可见，婚姻生活中某些方面的委婉语在英汉文化的应用确有相似之处，它们无疑揭示了一种亲密无间的感情和正常性生活的乐趣。

二、与犯罪有关的委婉语

委婉语具有模糊意义，不仅能掩饰说话人不愿意直说的事，消除直接的等同联想，而且能够文过饰非，起到很好的掩饰效果。一般说来，这类委婉语的原意都是一些贬义词或者感情色彩强烈，让人不愿提及或者不便提及的事。因此，犯罪者为了掩饰自己的行为或为了保密，有时为了掩饰罪行而产生的恐惧心理，编造了一套又一套的隐语。

如汉语中“摆烟灯”，即吸鸦片时所用之灯，以借指吸食鸦片、白面儿、白粉的瘾君子；用“梁上君子”替代“贼”；借用“东窗事发”“放白鸽”“青袍白马”来指代“乱臣贼子”，以免提起类似事情刺激对方。现如今社会上也常用“失足青年”指代“犯罪青年”。所以，人们把这些令人不快的事物或人物用美言相称，加以掩饰，目的在于听起来婉转中听，易于接受。这种现象在英语中也有很多的体现。如 artillery，本意指炮，委婉语中借指毒品注射器；white nurse 直译为“白色奶妈”，后指代“吗啡”。下面是一些英语中关于犯罪的委婉语的表述方式：

(1) prison(监狱) correctional center

(2) young criminal(少年犯) juvenile delinquents

(3) rape(强奸) criminal assault

(4) pick pocket(扒手) a five fingers

(5) robber (盗匪) gentleman of the road

(6) heroin (海洛因) hero of the underground

(7) drug pusher (毒贩) the candy man

(8) prostitution (卖淫) social evil

(9) death sentence (死刑) capital punishment

三、与社会经济有关的委婉语

在经济领域，委婉语也比比皆是。汉语中有关失业方面的委婉语也忠实反映了我国社会经济的发展以及随之而出现的一些问题。改革开放以前，在计划经济体制下，我国长期实行“低工资、高就业”的政策，实行的是“大锅饭”“铁饭碗”，人们往往一次就业定终身，人员很少流动，也很难流动，失业现象并不是一个突出的社会问题。随着经济的转型及经济结构的调整，我国经济这些年来持续发展，但同时也出现了失业的现象。在汉语中我们称“失业”为“待岗、待业、下岗、分流、优化出去了”；称“失业人员”为“富余人员、下岗职工、待业职工”。这些“犹抱琵琶半遮面”的“失业”的代用语使失业者得到了一种精神上的安慰。另外，国内经济不景气被称为“经济滑坡”，市场不景气被称为“市场疲软”，涨价为“调价”等等。

而在英美国家，劳动力流动是正常的事情，失业以及再就业都相对频繁，有关这方面的委婉语也比较多，如 between jobs，between shows，to be self-employed，on relief，on welfare benefits。这些表达方式或是幽默，或是自嘲，或是反映了英美社会的失业保险制度。此外，为了减少某些词语或概念所引起的不快，一些公司、组织及政府的公告和出版物也常使用委婉语。例如，某州的地铁发生大火，影响了车辆正常运动，政府对外的宣布是：We have a fire situation.比较委婉的掩饰了失火给外界带来的不便及困扰。另外有个很有意思的词——“the deprived”直译为“被剥夺的人”，常常指代贫穷的人。然而，Rawson Hugh(1981) 也曾指出，它的委婉义指的是富人。他认为在美国，富人同样感到被剥夺．因为他们同样要担负名目繁多的税赋。美国是一个税赋极重的国家，几乎每件事都和税有关，富人有钱要纳税，穷人领取救济金也要纳税，仿佛富人和穷人均在为政府“打工”。因此美国的富人不敢“斗富”，越富就被“剥夺”得越多。连“富”这个词也不太喜欢使用，常常用“people of means”“the less deprived”或者“the well off”形容一个人富有，景况好。这一点倒是跟汉语中人们觉得“富”太俗气，有异曲同工之妙。20 世纪 70 年代人们还以“穷”为荣，谈富色变。改革开放以后，人们嫌“富”字太俗，都喜欢被委婉地称作：“老板”“款爷”“大腕”“大款”等(吴松初，1996) 。

常见的委婉语在社会经济方面的运用有：

(1) strikes 罢工　　industrial action/dispute 工业行动/纠纷

(2) slaughter 屠杀　　depopulated birds 减少家畜数量

(3) economic crisis 经济危机　　recession/depression 衰退/萧条

(4) poor 贫穷　　needy/man of modest means/the deprived 匮乏的/财产不多的/被剥夺的

(5) slum 贫民窟　　substandard housing 不够标准的住房

(6) relief 救济　　income maintenance/welfare/unemployed benefit 维持性收入/福利

(7) area with low employment 低收入区　　grey area 灰色地带

(8) tax increase 提高税收　　revenue enhancement 增加税收

四、与政治有关的委婉语

人们在交际中使用委婉语的原因很多，其中一个重要原因就是委婉语具有模糊色彩。比如，大量使用委婉语或名模棱两可得话可使一位政治家、外交官或一个政府能进能退，立于不败之地。“可理解”“可接收”“表示赞赏”“表示遗憾”等话往往让人不知所云。一架被劫的飞机可以说成是进行了一次“换向飞行”，贫穷的国家可说成是“第三世界”或“发展中国家”。

类似的还有我们很熟悉的“Ping-Pang diplomacy”(乒乓外交)，用以委婉的指中美关系史上通过乒乓球队交流，推动外交关系正常化的作法。这样的政治委婉语可以说是不胜枚举。

然而，政治军事方面的委婉语往往也是一些国家和政府部门运用文字的手段，以掩饰事情本来性质的工具，其目的在于替自己的行为辩护，掩饰和缩小自己的失败和不得人心的政策。政治委婉语顺应了政界尔虞我诈的心理特征，常常成为政界粉饰现实的重要工具。政治委婉语的掩饰功能可以表现在以下几方面：

首先，可以帮助掩盖贫困、犯罪这些社会问题的严重性，粉饰现实。这一点在上面已经论述过，这里就不再重复。第二，掩盖政治丑闻。所谓“水门事件”委婉语是指英文中用来代替“scandal”(丑闻)一词的后缀：“-gate”。1972 年轰动美国内外的水门事件后，“Watergate”一词用来指任何类似的政治事件或大的丑闻。此后，几乎凡是丑闻都用“-gate”，而不像以前那样直接使用“affair”或“scandal”。例如著名的“debate-gage”(辩论丑闻)，指代 1980 年里根和卡特两位总统进行最后一次电视竞选辩论前，里根的竞选班子得到一份卡特如何和里根进行辩论的文本，从而使里根在这次关系重大的辩论中占了上风；再如“Monica-gate”(莫尼卡丑闻)，指莱温斯基与美国总统克林顿的桃色事件等。同一时期，美国政界也产生了一连串掩盖其政治真相的委婉语，例如，White House horror，实指一些 government-sponsored crimes；再如，intelligence gathering activity 指代 the crime of breaking and entering 等等。第三，掩饰侵略战争之实质。有的国家为了掩盖战争罪行，把 war(战争) 说成 massive exchange(大规模的交火)。为了掩盖 invasion(侵略战争) 的本质，将一个国家对另一国家所发动的 aggression(侵略) 说成是 active defense (积极防御) 或者 preventive war(防御战争)。美国在“越战”期间曾经创造过大批委婉语，明明是 bombing (轰炸)，burning (烧毁)，imprisonment(监禁)，却掩饰为 pacification (绥靖之举)，其根本目的就在于掩盖赤裸裸的侵略战争。类似的战争方面的委婉语：

(1) civilian casualties 平民伤亡 collateral damage/manslaughter 附带损伤/过失杀人

(2) aggression 侵略 police action/active defense 警察行动/积极防御

(3) nuclear weapon 核武器 ultimate deterrent 最后的震慑

(4) surprise attack 偷袭 preemptive strikes 先发制人的攻击

(4) bombing 轰炸 air/ground operation 空中/地面手术

(5)air—raid 空袭 surgical strikes 外科手术式的打击

(6) retreat 撤退 phased withdrawal 阶段性撤退

(7) failure 失败 incomplete success 不成功的行动

(8) destroying crops 毁灭庄稼 defoliation 落叶

(9) radiation release 辐射释放 energy release 能量释放

(10) neutron bomb 中子弹 clean bomb 清洁子弹

(11) attack 进攻 pacify the area 绥靖

综上所述，我们在以往研究的基础上，从语用学交际功能的角度出发，对英汉委婉语掩饰功能的异同进行了对比。虽然英汉委婉语在表达形式上各有不同，代表着不同的文化背景、历史渊源及社会风俗，但两种语言在使用过程中委婉语的表达效果却存在很大的相似性。从文化心理上来讲，它使语言变得更为文明、体面，使交际更加得体、有效。因此，委婉语是适应社会需要而出现的一种语言现象，通过以上对英汉委婉语在婚姻、犯罪、经济及政治等方面的分析，将有助于我们更深入地了解委婉语，更好地掌握和运用这种语言现象，以及对跨文化交际外语教学等应用性学科的研究具有很好的指导意义。

参 考 文 献

[1] 包惠南，包昂．中国文化与汉英翻译．北京：外文出版社，2004．

[2] 柏拉图．柏拉图全集，王晓朝，译．北京：人民出版社，2002．

[3] 岑运强．言语交际语言学．北京：中国人民大学出版社，2008．

[4] 封宗信．现代语言学流派概论．北京：北京大学出版社，2006．

[5] 何兆熊．新编语用学概要．上海：上海外语教学出版社，2005．

[6] 李国南．辞格与词汇．上海：上海外语教育出版社，2002．

[7] 林玉山．世界语言学史．长沙：湖南人民出版社，2009．

[8] 刘萍，曾文华．英汉称谓的语用对比研究．中农业大学学报，2004 (4)：103–107．

[9] 鲁苓．多元视域中的模糊语言学．北京：社会科学文献出版社，2010．

[10] 玉婷．韩非子．广州：广州出版社，2004．

[11] 冒国安．实用英汉对比教程．重庆:重庆大学出版社，2004．

[12] 苗力田．西方哲学史新编．北京：人民出版社，2005：66．

[13] 王充著，陈蒲清．论衡．长沙：岳麓书社，2006．

[14] 王先谦．庄子集解．西安：三秦出版社，2005．